教育部人文社会科学研究项目资助出版

广西高校人文社会科学重点研究基地——区域社会管理创新研究中心资助出版

让农地 *流转起来*

——集体产权视角下的农地流转机制主体创新研究

蒋永甫 / 著

人民出版社

序

　　拿到蒋永甫教授的新著，眼睛一亮，其《让农地流转起来》的书名一下吸引了我。吸引我的并不只是其书名，而是我所在团队近几年为深度认识中国进行了深度的农村调查并引发的一些思考。

　　做学问有基本的规范，一是重逻辑，二是重事实。中国是一个以农为本的国家，在历史上创造了世界上最为灿烂的农业文明。这是不争的事实。但中国农业文明是如何创造出来的，与中国农村社会制度有无关联，却是有待进一步探讨的问题。

　　土地和劳动力是农业生产的主要要素。自两千多年前的春秋战国时代以来，中国农村社会制度发生了革命性的变化，这就是由以家户为单位的土地私有制度的形成。伴随这一基本制度的形成，中国农村出现了两大特征，一是劳动力的自由流动，二是土地的自由流动，并出现了相应的劳动力市场（华北许多地方称之为"人市"）和土地市场。这两大特征突破了以往"井田制"将人和土地固化的束缚，使得生产要素能够流动起来。土地与能够活动的人不同，是固定的，但土地的所有者和经营者却是不固定的。因此，历史上经常说"田无常主"、"千年的田八百主"。

　　土地要素自由流动的一般趋势是向想种地、会种地、能种地的人手上集中。由此出现了所有者与经营者的分离。土地的所有者并不一定直接耕种土地。而无论是雇工经营或者租佃经营，其基本特征都是让土地发挥出最大效益。因此，在中国，土地得到最大限度的利用，很少有抛荒，更没有外国才有的休耕的说法。这是中国能够创造世界最为灿烂的农业文明的密码之一。

　　而在传统时代，世界上绝大多数地方的劳动力和土地是不能自由流动的，其特征是人牢牢地附着于固定的土地上，土地身份固化，不能自由流动。在实行村社制的俄国，农民不能自由流动到其他村社和地方。尽管土地会定期重分，但只是村社内部为避免社会分化的重新调整，并不是为了获得更大的土地效益，相反，村社成员共有和定期重分导致土地收益低下。在实行部落制的国家，人和土地都牢牢限制在部落内部，不能跨部落自由流动。就是在作为近代自由主义起源地的西欧封建庄园，农民也不过是对封建庄园主具有人身依附关系的农奴，土地身份化、世袭化、固定化。只是由于"圈地运动"对无主地的占有才产生土地的自由流动。劳动力和土地要素不能自由流动势必影响其效益的发挥。有劳动能力的人不能在更广阔的空间里发挥其作用，土地不能自由流向想种地、会种地、能种地的人手中。这也是传统农业社会，其他国家未能创造与中国同样的农业文明的重要原因。

　　当然，任何一种生产要素都是在特定的生产关系中使用的，并会产生多重性的后果。劳动力和土地的自由流动能够发挥其最大的经济效益，但土地的家户私有和自由流动也会导致社会分化，导致相当一部分社会成员缺乏必要的社会保护和救济，一旦发生天灾人祸，很容易贫困化，甚至陷于破产。这也是传统中国尽管创造了最为灿烂的农业文明，同时又发生了世界上最为频繁和规模最大的农民反抗的重要原因之一。相反，其他国家的农业经济效益不高，但有一定程度的基层社会保护和约束，农民反抗相对较少，程度也较低。

　　19世纪以来，中国步入到一个新的世界格局之中。一方面，中国引以为傲的农业文明在源起于西方的工业文明面前相形见绌，表现为文明的翻转，文明的先进性翻转为落后性；另一方面，传统中国的周期性变迁步入下行轨道，封建王朝初期，人地矛盾缓和，随之人地矛盾日益紧张，土地的有限性及其造成的社会矛盾格外突出。正是在这一背景下，20 世纪的中国，农村和农民问题日益严重，有识之士纷纷探讨中国农村的出路，也是中国的出路。其中，对后世影响最大的是毛泽东等中国共产党人依据马克思主义生产关系理论进行的探讨。1943 年，毛泽东在《组织起来》一文中指出："在农民群众方面，几千年来都是个体经济，一家一户就是一个生产单位，这种分散的个体生产，就是封建统治的经济基础，而使农民自己陷于永远的穷苦。克服这种状况的唯一办法，就是逐步地集体化；而达到集体化的唯一道路，依据列宁所说，就是经过合作社。"① 正是根据这一判断和思路，中国共产党执掌政权以后，推动了农业集体化，在农村实行集体所有制。这是中国历史上的一场重大变革。执政者试图通过集体和国家的力量保障每个社会成员都能获得大致同等的生活来源，满足千百年来农民对获得稳定生活的期望。

但是，以人民公社为组织载体的集体经济，也限制了农业生产要素的自由流动。一是劳动力只能在固定的土地上劳动，不能充分发挥其从事其他产业或者在其他地方进行劳动以获得更多报酬的作用。二是土地严格限制在各个农村集体组织内部，即"三级所有，队为基础"。尽管土地的产出增加了，但主要是劳动力不断堆积的结果，土地的产出为不断增长的人口所消费，人口的增长超出了土地产出的增长。由此出现了新的人地失衡，即过多的人口堆积在有限的土地上。这也是从 1949 年到 1979 年，30 年里中国尚未从根本解决吃饭问题——80% 的人口仍然不得不从事农业生产的重要原因，也是中国改革只能从农村开始的重要原因。

1978 年开启的以家庭承包制为核心的农村改革，最主要的成果是农民获得了生产经营自主权，农村劳动力获得了解放。农民只要按承包合同完成

---

① 《毛泽东选集》第三卷，人民出版社 1991 年版，第 931 页。

了相应的任务后，便可以自由流动到其他地方，从事其他职业，劳动力这一
生产要素的效能得到极大释放。这是推动中国经济增长，及至创造中国经济
奇迹的基础。

农村改革在土地集体所有基础上将土地承包给农民。农民根据其农村
集体组织成员的资格获得承包土地。这一制度安排是建立在农民都从事农
业，并能够通过平均承包的土地获得稳定的生活来源的基础上的，是对原有
集体经济制度的完善和创新。但是，随着经济社会发展，特别是工业化、城
镇化进程，大量人口从土地上转移出来，这一制度安排的缺陷也开始显现出
来。这就是承包地具有身份性，只有本集体组织成员才能获得土地。由此就
产生了两对矛盾：一是相当一部分人口已不再从事农业，甚至完全离开农村
集体，但其原来承包的土地仍然在其名下；二是一部分愿种地、会种地、能
种地的人却因为身份所限，无法获得更多的土地。身份固化的承包地限制了
土地的自由流动，也限制了规模经营。在市场经济时代，没有规模，就没有
效益；没有效益，就没有投入；没有更多的先进生产要素的投入，农业发展
就会受到制约。正是在这一背景下，土地流转成为当下农业生产发展的重要
选择，成为历史逻辑的自然选择，也是未来时代的呼唤。《让农地流转起来》
一书正是对时代呼唤的回应！因此具有特别重要的现实价值。

当然，当下的土地流转与传统时代家户私有基础上，以土地自由买卖
为特征的土地自由流动有着完全不同的制度底色。当下的土地流转的土地仍
然为集体所有，为原有承包家庭所承包，同样一块地具有三种权利，即所有
权、承包权和经营权，且三项权利处于分置状态。这一制度安排，从国家治
理的角度，可以理解，它希望实现公平与效益、社会与个人、劳动与资本的
最佳平衡。但最美好的制度安排往往是最难以实现的，所面临的问题也最复
杂。土地流转的设想是将土地流转到愿种地、会种地、能种地的人手中。但
要从集体和承包户手中获得土地其本身就是一件难事，由于中间环节过多产
生的交易费用过高又限制了土地的流转，同时还有相当一部分人对流转的土

地别有所图。因此，让土地流转起来不是"一流了之"，其中还有大量问题需要探讨。本书的副标题"集体产权视角下的农地流转机制主体创新研究"便显示出了作者探讨土地流转中的理论与实践问题的良苦用心。

本书还有一个重要特点就是对近邻的东亚国家和地区的土地流动进行了探讨，其中包括日本和中国台湾地区在土地私有基础上的土地流转，再就是越南在土地国有制基础上的土地流转。这两类土地流转相对简单，没有中国这样的所有权、承包权、经营权的三权分置，但是土地流转中一些趋向、经验和教训都值得借鉴。除了理论研究以外，本书还注意实地调查。土地流转是在实际生活中发生的。而实际生活的丰富性、复杂性和曲折性远远超过理论研究的想象。本书深入实际生活，对土地流转的实际过程进行了调查。这对于我们了解土地流转的实际过程、面临的问题，及在此基础上探索其对策大有裨益。当然，如果作者能够将研究视野拉得更长，从中国土地制度变迁的长时段里寻找其规律和特性，便可以为读者提供更丰富的信息。这不是作者的局限，而是整个社会科学缺乏"历史维度"和历史学界缺乏"现实关怀"的生态造成的。随着这一生态的改变，作者会以更为丰富的研究成果奉献给学术界。

作者正处于年富力强的岁月，相信随着时光的流转，作者的学术智慧将犹如流转的土地一样，产生更大的价值！

徐 勇

2017 年元月 7 日于武汉

目　录

导　论

一

1. 问题的提出

"贫穷"是中国农村面临的最大问题，也是推动农村社会变革的巨大动力。从 20 世纪七八十年代以来，"分田到户"、"村民自治"到"农民流动"相继占据农村这个最富戏剧性的乡村大舞台，依次拉开了中国乡村社会巨大变革的序幕。近十年来，伴随着工业化和城市化、农业市场化和农业产业化发展进程，"农地流转"又推动着新一轮的农村社会巨变。

农地流转，就其实质而言是农地资源的合理配置问题。自农业非集体化运动以来，伴随着家庭联产承包责任制的推行，中国农业又回到家庭经营的小农经济时代。这种家庭经营的小农经济模式因释放了农民生产经营的活力取得了巨大的制度绩效而广受推崇，由一种地域性的农民首创迅速转变成全国性的农业基本经营制度，受到了宪法、相关法律的保护，并不断地以"中央 1 号文件"的形式予以肯定和重申。但是，分散化的家庭经营带来的农村社会管理的弱化、农田基础水利设施的废弃和农村社会事业的停滞不前却受到了有意无意的忽视。同时，以"集体所有，家庭经营"为特征的土地承包责任制导致了土地零散化、细碎化，无法形成农业规模化经营，难以带来规模经济效益。这种家庭经营的小农经济模式与农业市场化、产业化发展趋势存在着结构性的张力，这种张力随着农业市场化的进程而日益凸显。

　　事实上，自实行家庭联产承包责任制以来，农地流转也应运而生，主要表现为农户间的土地租佃行为。但是，农地流转率一直处于小规模、低水平状态。据 1990 年农业部对农村土地承包经营权制度的考察，当时全国实际流转的耕地仅占全部耕地总面积的 0.44%，涉及农户仅为总农户的 0.9%[①]。全国农村固定观察点的调查资料也同样显示，1984—1992 年的 8 年间，在所有调查的 7012 户农户中，完全没有转让过耕地的农户占比高达 93.8%，转让一部分耕地的农户比重仅为 1.99%[②]。当前，农户间的土地租佃行为得到了政府的引导和鼓励，政府希望通过农地流转，将分散的土地重新集中起来，实现农业规模化经营，发展现代农业。但是，农地流转的进展仍不理想。无论就全国而言还是从地方来看，我国的农地流转率都不是很高。一些论者的调查数据显示，2001 年年底大陆以各种形式流转承包经营权的耕地面积比重为 5% 左右[③]。据保守估计，在全国 2.3 亿承包土地的农户中，参与流转的仅占 26% 左右，小农户仍是农业生产的主体[④]。同时，区域间的农地流转差异也十分明显。经济发达的东部地区明显高于中西部地区。相关研究发现，经济发达的东部地区（如浙江省）在 2008 年至少有 37% 的耕地发生了流转，是当年全国农地流转率的 2 倍多，中部地区以湖北省为例，其农地流转率有 20%，四川省、辽宁省的农地流转率均为 13%，河北省的农地流转率为 11%，而相对落后的西部地区（如

①　农业部课题组：《中国农村土地承包经营制度及合作组织运行考察》，《农业经济问题》1993 年第 11 期。

②　马晓河、崔志红：《建立土地流转制度，促进区域农业生产规模化经营》，《管理世界》2002 年第 11 期。

③　李以学、彭超、孔祥智：《农村土地承包经营权流转现状及模式分析》，《价格理论与实践》2009 年第 3 期。

④　刘奇：《农村土地问题的现实困境》，《决策》2014 年第 4 期。

陕西省）的农地流转市场发展却几乎处于停滞，其土地流转率一直没有超过 5%①。

　　近年来，伴随着城镇化进程和大量农民进城务工，导致农业经营主体弱质化和农业经营环境日益恶化，出现了大量农地抛荒现象。另一方面，在农业市场化发展的推动下，城市工商资本下乡对农地的需求也日益旺盛。如何推动农地流转促进农业产业化发展已成为地方政府的重大新"农政"。2008 年 10 月，中央明确提出允许农地承包经营权以"多种形式流转"，农地流转再次成为引起实务部门和学界共同关注的重大理论与实践课题。中央农业部门还专门制定了相关规定来规范农地流转的程序。近年来我国农村土地承包经营权流转呈现出日渐扩大的趋势，全国农地流转率已达到了 25%②，但总体来说，还处于一个较低的水平。

　　问题在于，为什么在市场机制和政府机制的双重推动下，农地参与流转的比重还是这么低？换言之，影响农地流转的因素有哪些？本书主要以农地集体产权制度安排为背景，以交易费用为理论分析工具，着力分析农地流转机制的交易费用、农地流转主体的交易费用以及它们与农地流转的关系。本书的研究目标，概括起来主要有以下四个方面：

　　其一，通过对现行农地集体产权制度安排的考察，分析政府、农民集体和农民个体在农村土地流转过程中的地位与作用。在现行的农村土地产权制度安排下，政府（县、乡基层政府）、农民集体（集体政治和经济组织包括村委会和农民经济合作组织）和农民个体都拥有农地产权。这种产权主体的多元化和产权边界的模糊化，虽然可以尽可能地保障各方的土地权益，但也构成了实现土地流转的产权障碍。

　　其二，通过对国内农村土地流转的现状分析，揭示目前农村土地流转

---

① 郜亮亮：《中国农地流转发展及特点：1996—2008 年》，《农村经济》2014 年第 4 期。

② 林远：《全国农地流转面积已达 1/4》，《新华每日电讯》2014 年 1 月 15 日。

的主要类型和方式。通过研究，我们希望发现不同类型的农村土地流转的实现机制、方式以及内在障碍因素。

其三，分析目前农村集体产权制度下土地流转的市场机制、政府机制的利弊，寻找农地流转的第三种机制。市场机制和政府机制是农地流转机制的两种理想类型，但在实际的农地流转过程中往往互为支撑和互相渗合。通过分析这两种土地流转机制的利弊，我们希望找寻第三种现实可行的土地流转机制，提出并论证农地流转机制创新命题。

其四，分析农地流转过程中的农地流转主体，揭示不同农地流转主体的概念内涵，分析不同农地流转主体在农地流转过程中的作用与功能，揭示不同农地流转主体的交易费用，提出并论证农地流转主体创新命题。

2. 研究意义

工业化、城镇化和农业现代化是中国未来相当长时期内的一项重大任务。工业化是城镇化的重要推力，城镇化则为农业现代化创造基础和条件。城镇化发展不仅是土地城镇化，更是人口城镇化，把符合落户条件的农业转移人口逐步转化为城镇居民是推进城镇化的重要任务。在未来相当长的一段时期内，随着我国城市化率的不断提高，可以大量转移农业多余人口，从而改变农村人多地少的矛盾。如何抓住这一契机，通过农地流转的机制创新和主体创新，实现农业规模经营，具有重要的战略意义。

第一，我国的农地集体产权制度并非单一主体结构，而是双重二元主体结构，即在农地产权内部构造中同时存在"国家—集体"与"集体—农民"两种不同类型的产权主体结构。按照西方产权经济学理论，我国的农村土地集体产权制度是一种残缺的产权制度。它不能给土地承包者以足够的经济刺激，从而影响农业经济的稳定增长。但是，大量研究表明，这种农村土地集体产权制度仍具有生命力，比较符合中国的国情，同时在相当长的一段时期内也不可能发生大规模的产权制度变迁。因此，在农地集权产权制度背景下，探讨农地流转的机制和主体创新具有重要的理论价值，可以建构不同于西方产权理论的新的理论图景。

第二，农地流转问题也是地方政府的一项重要实务。地方政府推动的农业招商引资和农业综合开发，离不开农村土地资源的优化配置，而实现农村土地资源优化配置必须通过农地流转的方式。在农地集体产权制度框架下，通过农村土地流转机制、主体创新，可以实现土地资源的优化配置。因此，本书的研究对于农地流转实务也具有一定的指导和参考价值。

二

在当代中国以"三农问题"为问题域的农村研究中，土地问题一直是一个重要的研究领域。从某种意义上讲，"三农"问题的实质是农村土地问题。农村土地问题研究集中于土地制度与土地流转两个方面。

1. 农地产权制度研究

当代中国的农村土地制度一直是国内外学者关注的焦点。国外学者倾向于运用新制度主义研究范式，研究当代中国农地集体产权的制度安排。戴慕珍、安德鲁·瓦尔德针对中国农村土地制度安排提出了一个大问题，即怎样的制度安排才能促成"欣欣向荣的农村经济"[1]。荷兰学者何·皮特在《谁是中国土地的拥有者——制度变迁、产权和社会冲突》一书中分析了中国现行的农地产权制度的"有意的制度模糊"对地流转所产生的影响。尽管如此，作者仍认为中国现行的土地集体所有制结构不但具备一定的合理性，

---

[1] Jean C. Oi and Andrew G. Walder, "Property Rights in the Chinese Economy：Contours of Process of Change", In Jean C. Oi and Andrew G.Walder (eds), *Property Rights and Economic Reform in China*，Stanford：Stanford University Press，1999，p.2.

而且还得到了政府和广大农民的一致推崇[1]。在国外学者看来，中国现行的农地集体产权制度安排存在以下几个方面的问题：一是权属不清，易引起土地冲突；二是土地使用权高度分散，农业经济规模效应受到很大的影响；三是在现代的农地集体产权制度安排下，农户的土地权益得不到有效的保障。国外学者因其新制度主义的研究视角得出的结论具有一定的参考价值。

关于农地产权制度与农地资源配置的关系，科斯指出，在交易成本为零的情况下，农地最初的产权制度影响到农地流转最后的均衡结果[2]。阿尔钦和德姆塞茨认为土地产权制度确定了人们的生产劳动和产品分配规则，稳定的土地产权有利于农地流转[3]。何·皮特认为中国农村土地集体所有制是一种产权结构模糊且含混不清的产权制度。但是这种"有意的制度模糊"可能导致土地集体产权惨遭践踏，地方政府借公共利益挪用或盗用集体土地所有权，极大地削弱土地承包制的可行性，可能成为土地所有权转移过程中潜在社会冲突的导火索[4]。这类研究比较关注土地产权制度如何影响到农地流转的问题。在土地产权发展方向方面，西方学者也存在争议。一些学者强调土地产权发展的私有化方向。拉坦在诱致性制度变迁假说中指出相对要素价格诱导所有权变迁，随着相对要素价格提高，所有权朝着私人所有方向发展[5]。舒尔茨也认为改造传统农业的制度保证应通过农产品和生产要素价格

---

[1] ［荷］何·皮特：《谁是中国土地的拥有者——制度变迁、产权和社会冲突》，社会科学文献出版社 2008 年版。

[2] Ronald H. Coase, "The Problem of Social Cost", *Journal of Law and Economics*, 3, 1960, pp.1-44.

[3] Armen A.Alchian and Harold Demsetz, "Production, Information Costs and Economic Organization", *The American Economic Review*, Vol.62 No.5 (Dec., 1972), pp. 777-795.

[4] ［荷］何·皮特：《谁是中国土地的拥有者——制度变迁、产权和社会冲突》，社会科学文献出版社 2008 年版。

[5] Ruttan, Vernon and Yujiro Hayami, "Toward a Theory of Induced Innovation", *Journal of Development Studies*, 1984.

刺激农民，并使所有权和经营权合二为一①。费德尔和费尼（Feder & Feeney）的研究表明，产权清晰的土地资源对提高农业投资和农业生产力有重要作用。明晰的土地产权不会降低交易成本，通过把生产要素配置给最有效率的农户，形成规模经营，最终提高农业生产力②。宾斯万（Binswanger）指出，土地所有权和使用权的流转会使土地资源配置更有效，并刺激土地资源开发的深度投资，减少农户的风险规避行为③。但反对土地产权私有化的主张也不鲜见。泰瑞（Terry V. D.）认为在土地私有化过程中会出现土地碎片化、产权分散化等问题，由于缺乏有效的农地流转或交易市场，产权私有化并不必然带来经济效率④。奈杰尔·斯万在研究东欧社会主义国家转型时期的土地产权改革时，认为土地所有权变得稳固又分散，导致其土地利用效率大打折扣，转型时期谁能成为成功农民，取决于文化资本和社会资本，而不是取决于土地产权⑤。道格拉斯（Douglas C. Macmillan）指出，土地可以在公开市场上自由交易，但土地交易过程可能发生市场失效，导致土地利用动荡，政府部门应积极干预土地交易市场，以弥补市场竞争不足等缺陷⑥。马修·戈登（Matthew Gorton）在对摩尔多瓦（Moldova）地区小规模土地经营现状进行分析后，指出农业生产联合经营能够减少土地交易障碍，但前提

①　[美] 西奥多·W. 舒尔茨：《改造传统农业》，商务印书馆1987年版。

②　Feder，C. D. Feeney，"The Thoery of Land Tenure and Property Rights"，*World Bank Economic Review*，1993，5（7），pp.135-153.

③　Binswanger，H. P. & Deininger，Cz F.，"Power，Distortions Revolt and Reforming，Agriculture Land Relations"，*Handbook of Development Economics*，1993，3（2），pp.2661-2772.

④　Terry V. D.，"Scenarios of Central European Land Fragmantation"，*Land Use Policy*，2003（20），pp.149-158.

⑤　奈杰尔·斯万：《东欧转型国家中的土地产权改革：问题与前景》，载中国社会科学院农村发展研究所宏观经济研究室编：《农村土地制度变革：国际比较研究》，社会科学文献出版社2009年版。

⑥　转引自吴晨：《农地流转的交易成本经济学分析》，经济科学出版社2011年版。

是土地具有明晰的产权,否则土地市场功能将处于微弱状态①。

农村土地制度一直是国内学界研究的热点问题,产生了大量的学术成果。除了海量的学术论文外,还有不少具有代表性的专著问世。在《中国农村土地制度改革》一书中,张红宇运用新制度经济学理论分析和解释了中国农地制度变迁的动因、绩效和过程,揭示了其表现和潜存问题的实质,并对农地制度变迁的未来方向作出了判断②。廖洪乐的《中国农村土地制度六十年——回顾与展望》运用制度—效率的分析框架,梳理了中国农村土地制度六十年的变迁轨迹,并对未来农地制度发展提出了富有建设性的展望③。黄韬运用产权经济学理论与方法研究农地集体产权制度,认为,我国农村集体所有权已经名义化和空洞化,在此基础上,作者提出了基于农村土地集体产权制度建设的"三个原则"即集体产权界定主体化、集体产权流转的资本化和集体产权基础上的合作化的农村土地产权制度的具体架构④。中国农村土地制度研究,从来没有最好,只有更好。在《共有与私用——中国农地产权制度的经济学分析》一书中,赵阳"紧紧抓住产权制度这个农村土地问题的中心命题,运用制度经济学的理论,借助于计量经济学做分析工具,对我国的农地产权制度进行了深入剖析,揭示了家庭承包经营制度的'共有与私用'的产权特征及对现实经济生活的影响。"⑤研究中国农村土地制度是为了更好地促进农村土地制度的改革和完善。董栓成的《中国农村土地制度改革路径优化》分析了中国农地产权制度主要存在农村土地产权供给不足、承包制度供给不足、经营制度供给不足以及土地产权制度结构不完善等四个方面的问题,并指出了中国农村土地改革的根本方向⑥。

---

① 转引自吴晨:《农地流转的交易成本经济学分析》,经济科学出版社 2011 年版。
② 张红宇:《中国农村的土地制度变迁》,中国农业出版社 2002 年版。
③ 廖洪乐:《中国农村土地制度六十年——回顾与展望》,中国财政经济出版社 2008 年版。
④ 黄韬:《中国农地集体产权制度研究》,西南财经大学出版社 2010 年版。
⑤ 赵阳:《共有与私用——中国农地产权制度的经济学分析》,三联书店 2007 年版。
⑥ 董栓成:《中国农村土地制度改革路径优化》,社会科学文献出版社 2008 年版。

2. 家庭联产承包责任制的研究

近年来，家庭联产承包责任制的弊端引起了广泛的关注。相关研究集中在土地制度和土地经营方式两个方面。从农村土地制度的角度来看，家庭联产承包责任制存在土地产权主体不明确、土地承包经营权不稳定、土地产权残缺和农地均分的土地细碎化等问题①，成为农业规模经营的阻碍。付宗平对我国现阶段的土地制度的弊端进行了综述，发现：我国现行的农村土地制度存在不少问题，如家庭联产承包责任制的规模效益差、经营水平和经营条件与规模经营不对称、土地流转困难造成土地资源配置效率低下、农村集体土地所有权主体界定不清和承包使用权不稳定等②。李文政认为20世纪80年代以来的家庭承包经营的农村土地制度刺激了农民的生产积极性，解决了农民的温饱问题，但也因其产权残缺、土地细碎化、经营规模狭小、难以实现市场流转等弊端而不断受到批评③。白俊超对我国现行的农村土地制度进行了研究，发现：我国现行的"农民集体所有，家庭承包经营"的农村土地制度，在调动农民生产积极性的同时，存在土地产权归属模糊、权责混乱、农民的土地权不稳定以及土地资源细碎化、资源配置效率低等问题④。张静认为："家庭联产承包责任制"作为现行的农村土地制度，存在土地产权不明晰、所有权主体虚位和易位，所有权残缺、经营效益低下等问题⑤。黄荣华、马勇华、王友明提出：十一届三中全会以后，我国农村普遍实行了农地集体所有、家庭经营的农地制度，土地使用权的回归大大解放和发展了农业生产力。然而，这种制度的弊端也日益暴露，如土地产权主体模糊、土

① 宋辉、姜会明：《中国农村土地制度的缺陷与创新》，《当代经济研究》2009年第3期。
② 付宗平：《中国农村土地制度改革的动力、现实需求及影响》，《财经问题研究》2015年第12期。
③ 李文政：《"永佃理论"与农村土地制度改革》，《中国海洋大学学报》2008年第4期。
④ 白俊超：《我国现行农村土地制度存在的问题和改革方案研究》，《经济问题探索》2007年第7期。
⑤ 张静：《对现行农村土地制度的思考》，《改革与战略》2006年第6期。

地分割细碎化经营等①。从农业经营方式的角度来看，学者们普遍认为：家庭联产承包责任制恢复了农业的小农经营方式，土地细碎化、农业规模经营难等构成家庭承包责任制的最大弊端。家庭联产承包责任制按照土地的优劣程度、远近、肥瘦对土地进行划分，将土地分给一家一户经营，导致土地七零八落，十分零碎。秦庆武对我国的农业经营方式进行了探究，认为：发轫于 20 世纪 70 年代末期的农村土地制度——家庭联产承包责任制，形成了中国一家一户的小农生产经营方式，这种家庭承包经营的小农经济存在以下显著的弊端：一是分散经营、独立决策、经营效益低下；二是难以运用新技术、新装备进行规模经营；三是无法规避自然与市场的双重风险②。郎佩娟认为，农业规模经营难以实现是家庭联产承包责任制的主要困境之一③。于金富、胡泊认为，家庭承包经营制仍然是一种小农经营方式，从现代社会的视角看，它是一种分散、落后的生产经营方式，导致了农地的分散和细碎化，阻碍了广大农民真正地从土地上解放出来，又阻碍了农业经营的规模化、集约化与农业生产技术的现代化④。王剑锋、邓宏图对家庭联产承包责任制的绩效、影响和变迁机制进行了分析，以丰富的个案证实：家庭联产承包责任制下的小农经营方式导致规模经济收益的丧失⑤。巴特尔等指出，家庭联产承包责任制下的土地细碎化和小规模经营方式，无法适应现代农业的要求，不利于适度规模经营及农业的组织化和专业化⑥。学者们普遍认为，

---

① 黄荣华等：《近 20 年来我国农村土地制度模式研究综述》，《中国经济史研究》2004 年第 2 期。

② 秦庆武：《适应农业经营方式变化推进农业管理体制改革——基于山东农业发展的调查与思考》，《理论学刊》2010 年第 10 期。

③ 郎佩娟：《农村土地流转中的深层问题与政府行为》，《国家行政学院学报》2010 年第 1 期。

④ 于金富、胡泊：《从小农经营到现代农业：经营方式变革》，《当代经济研究》2014 年第 10 期。

⑤ 王剑锋、邓宏图：《家庭联产承包责任制：绩效、影响与变迁机制辨析》，《探索与争鸣》2014 第 1 期。

⑥ 巴特尔等：《家庭联产承包责任制的创新和困境研究》，《管理现代化》2013 年第 5 期。

解决家庭联产承包责任制面临困境的出路就是应在"依法、自愿、有偿"的基础上推动土地流转，发展多种形式的适度规模经营，实现农业的规模化经营。事实上，自从农村改革以来，国家有关农业发展的重要文件也为农地流转提供了政策方向。2012年、2013年连续两个"中央1号文件"都重申在"依法、自愿、有偿"原则的基础上鼓励农地流转，允许农民以转包、出租、互换、转让、股份合作等形式流转土地承包经营权，发展多种形式的适度规模经营。

3. 农地流转研究

自改革开放以来，伴随着工业化和城市化的进程，大量的农村人口向城市涌动，或打工、或经商，其中一部分人实现了在城市中定居，由此带来的土地流转问题引起了国内学者的广泛关注并产生了大量的学术成果。研究内容涉及农地流转的类型与方式、农地流转的制度、农地流转的过程和农地流转的社会冲突等，基本涵盖了农地流转的方方面面。

（1）关于农地流转的制度分析。在学者们探讨影响我国农地流转的制度因素中，农村土地的产权制度与经营制度是其关注及研究的重点之一。张厚安、徐勇等在《大陆农地制度变革60年的基本经验与教训》一文中，从国家宏观政策层次梳理了中央促进和鼓励农地流转的相关文献和制度，揭示了30年来土地制度变革中的土地资源属性和财产属性，并提供了土地制度变革的大致方向，即农地市场化、财产化和物权化[①]。税杰雄指出农村土地集体所有的"集体"在法律上的主体地位具有相对性，而村民委员会仅是村民自治组织的执行机构，既不属于集体经济组织的范畴，也不能成为独立的所有权主体。由此，农村土地存在产权主体错位、所有权客体模糊、产权内

---

① 张厚安、徐勇：《大陆农地制度变革60年的基本经验与教训》，徐勇、赵永茂主编：《土地流转与乡村治理——两岸的研究》，社会科学文献出版社2010年版，第213页。

容虚化及统分结合的经营制度于法理不合等产权要素缺陷①。王环等把我国农村土地产权制度存在的缺陷分为产权主体与客体模糊、产权关系混乱、产权权责不清、管理机制乏力和土地承包经营权权能残缺②。

(2) 关于农地流转的主体研究。于建嵘在《土地承包经营权流转的主体是农民》一文中提出"土地承包经营权流转的主体是农民"的命题，并指出国家需要确定土地承包经营权的流转是农民的法定权利，而且政府需要提供土地承包经营权流转的各项服务，以及司法机关提供法律救济与保障③。但一些学者在实证层面上揭示了基层组织和农村集体经济组织在农地流转中的主体地位。王权典与杜金沛针对《土地承包法》规定的"土地承包经营权流转的主体是发包方"提出质疑，指出土地承包经营权流转是一种合同关系，集体也可以成为流转关系中的主体，农地流转中提供土地的主体既可是承包方，也可是发包方④。这与于建嵘认为"农地流转的主体是农民"的观点既有相同之处，也有相异之点。钱忠好分析了农地流转中的乡村干部行为，指出，乡村干部在与农户打交道时往往处于强势地位，这使乡村干部的偏好和行为对农地承包经营权具有极大的影响。为了追求自身利益最大化，乡村干部偏好于经常性行政调整承包地，从而在一定程度上抑制了农地流转市场发育机制的发育⑤。管清友、王亚峰的研究揭示了农村集体组织在农地流转过程中处于"主角"地位⑥。

---

① 税杰雄：《浅析我国农村土地产权制度的缺陷》，《农村经济》2005 年第 9 期。

② 王环：《我国农村土地产权制度存在的问题与改革策略》，《农业经济问题》2005 年第 7 期。

③ 于建嵘：《土地承包经营权流转的主体是农民》，《中国经贸导刊》2008 年第 23 期。

④ 王权典、杜金沛：《农地承包制与农地流转的冲突与协调——兼论〈土地承包法〉流转规范设计的不足与完善》，《华南农业大学学报》(社会科学版) 2009 年第 1 期。

⑤ 钱忠好：《农地承包经营权市场流转的困境与乡村干部行为——对乡村干部行为的研究》，《中国农村观察》2003 年第 2 期。

⑥ 管清友、王亚峰：《制度、利益与谈判能力：农村土地"流转"的政治经济学》，《上海经济研究》2003 年第 1 期。

（3）对农地流转的方式类型的研究。各研究者根据自己基于对某一省市的局部地区的实证调查研究，揭示了目前农村土地流转的几种主要的类型。如：钱良信将农地流转方式归纳为转包、返租倒包、股份合作制、租赁、土地信托、土地置换等六种方式类型①。余爱平把当前农村土地流转的形式归纳为八种：转包、转让、互换、出租、入股、委托流转、委托代耕和拍卖经营②。而丁关良则从国家正式法律制度出发，将农地流转归纳为九类，即转让、转包、出租、互换、入股、抵押、继承、代耕、准占用③。

（4）关于农地流转的制约因素分析。学者们还进一步探讨了影响我国农地流转的制约因素，冯振东、霍丽等梳理了国内相关文献，把影响我国农地流转的制约因素归类为以下几种：农村土地制度缺陷论、交易费用过高论、有效供给不足论、社会保障体系缺位论、市场微观结构不足论等。一些学者还针对现行土地产权主体结构对于农地流转的影响展开了研究，认为土地所有权主体的错位、缺位或虚位，产权关系的模糊，使得土地在流转中出现流转市场混乱、农地流转过度、农民权益被掠夺等状况。

（5）关于农地流转的机制研究。郭荣朝总结了农地流转的七种动力机制，即经济推动力、政策牵引力、规划导向力、市场调节力、思想观念活力、文教科技拉力、创新持续力，分别探讨了不同的动力机制在农村土地流转过程中存在的问题，并提出相应的对策建议④。王忠林、韩立民等探讨了我国农村土地流转的市场机制问题，认为我国农村土地流转是市场机制作用与政策推动的结果。土地流转通过市场机制推动了农村土地资源的有效配置，降低了流转中的交易成本，推动了流转市场体系的形成，减少和控制了

---

① 钱良信：《土地使用权流转的主要模式及需要注意的问题》，《调研世界》2002 年第 10 期。
② 参见徐勇、赵永茂主编：《土地流转与乡村治理——两岸的研究》，社会科学文献出版社 2010 年版。
③ 丁关良：《农村土地承包经营权流转的法律思考——以〈农村土地承包法〉为主要分析依据》，《中国农村经济》2003 年第 10 期。
④ 郭荣朝：《农村土地流转机制研究》，《科学·经济·社会》2005 年第 2 期。

流转双方的矛盾纠纷①。

（6）关于农户流转意愿的研究。钟涨宝、王绪朗等从有限理性视角出发，研究了农地流转过程中的农户行为选择。认为农户行为选择受到农地市场以及特定社会文化环境所形成的心理与主观认知的影响，农村资源要素结构的独特性以及人群特征的分化共同决定了农户行为的差异性，但农户的行为选择显示出"有限理性"。同时，作者从农户在农地流转过程中的意愿强度角度，把农户的行为选择归类为顽固型、观望型、情感型和探索创新型四种②。刘洋、刘慧君研究发现，农地流转农户意愿影响因素按影响强度排列依次是非农就业率、恩格尔系数、单位面积农业纯收入、交通便捷度、签订流转书面合同比率、家庭文化程度、粮食安全保障率、经济发展水平、家庭人口数、农业劳动力数和受访者年龄③。另一些学者对农户农地流转意愿影响因素的分析也得出了相似的结论。钱文荣认为人均收入、非农产业以及受教育程度影响农户的农地流转意愿，并且这些因素与农户农地流转意愿的关系呈先提高后下降的趋势，而信息失灵、交易费用高和农地收益低等阻碍了农地流转行为的发生④。

国内学术界对农地流转的研究产生了大量优质的学术成果，为进一步研究积累了相关知识理论，也提供了进一步研究的方向，如何把农地集体产权、流转机制和农民集体组织结合起来，在实证研究和比较研究的基础上建构农地流转的理论框架和实务流程，将是下一步研究创新的空间所在。

----

① 王忠林、韩立民：《我国农村土地流转的市场机制及相关问题探析》，《齐鲁学刊》2011 年第 1 期。

② 钟涨宝、王绪朗等：《有限理性与农地流转过程中的农户行为选择》，《华中科技大学学报》（社会科学版）2007 年第 6 期。

③ 刘洋、刘慧君：《基于 Logistic 模型的农地流转农户意愿影响因素研究》，《安徽农业科学》2009 年第 2 期。

④ 钱文荣：《农地市场化流转中的政府功能探析——基于浙江省海宁、奉化两市农户行为的实证研究》，《浙江大学学报》（人文社会科学版）2003 年第 5 期。

三

1. 基本思路

农地集体产权制度是我国特有的一种农村土地制度安排。在这种集体产权制度下，农村土地资源的有效配置主要通过农地流转的方式来完成，不同于土地私有产权下的土地买卖和土地国有产权下的"计划分配"。农地流转是适应于农地集体产权制度安排下的一个概念术语，表述的是一种不同于土地"买卖"和"计划分配"的一种土地资源配置方式。因此，农地集体产权制度既是农地流转的制度背景，也构成了本书研究的切入点和基本分析框架。正是农村集体产权制度改革，拉开了农地流转的序幕以及农业经营方式的变革。通过分析农村土地集体产权的构造、特征，可以揭示其对农地资源配置的影响。

农地集体产权制度决定了农地流转主体、机制及其交易成本。在农地集体产权制度下，地方政府、基层农民集体组织和农户都构成农地产权主体，都参与农地流转过程，从而成为农地流转主体。但农地流转存在交易成本，交易成本既存在于农地流转机制当中，也存在于不同的农地流转主体当中，农地流转的交易成本则决定农地流转的效率。在农地流转过程中，主要存在两种农地流转机制，即政府机制和市场机制，通过分析两种不同的农地流转机制存在的问题，结合区域经验提出农地流转的第三种机制即社会合作机制。就农地流转主体而言，农地流转主体从广义上讲是指农地流转过程中的各参与方，可以分为农地流出方主体、农地流转中介方主体和农地流入方主体包括龙头企业、农业公司、种养大户、合作社等。在农地集体产权制度下，农地流转主体的交易成本也是不同的，由此引出农地流转主体创新的问题。

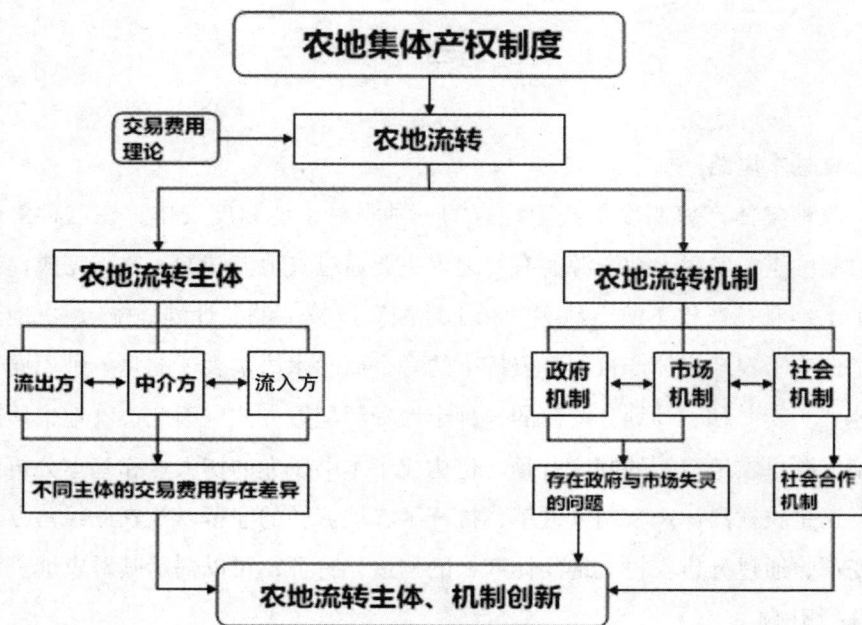

图 0-1　本书研究思路

2. 研究方法

　　本书以农地集体产权作为研究视角，以农地流转为研究对象，探讨在农地集体产权制度条件下，如何通过农地流转的机制、主体创新，让土地流转起来。本书使用的研究方法主要有：

　　（1）文献研究法。文献研究法主要用于收集相关土地产权的法律、法规和政策文献，加以梳理，分析当代中国土地产权的基本法律制度规定，揭示当代中国独特的农村土地集体产权制度的构造与特征。

　　（2）比较研究法。比较研究法主要用于总结域外特别是日本、越南以及中国台湾地区的农地产权制度和农地流转经验，为当下中国的农地流转机制、主体创新提供有益的借鉴。之所以选择这三个国家或地区，是基于以下几个方面的考虑，三个国家或地区同样面临"人多地少"矛盾；而越南则与中国一样属于社会主义国家范畴，面临相同的现代农业发展任务。台湾与大陆共属一国，但实行不同的土地产权制度。这些国家或地区的农地制度安排以及农地流转对于中国具有一定的借鉴价值。同时，比较研究法还用于对广西桂东南和桂西北地区农地流转机制、主体的比较分析。

（3）实证研究法。实证研究法主要用于区域农地流转的研究。通过实地调研、田野调查、深度访谈等各种方式，分析广西桂东南和桂西北地区农地流转的现状，比较两种不同的农地流转的机制及其存在的问题，揭示农地流转机制、主体创新对经济欠发达地区农地流转的作用。

3. 研究内容和主要观点

（1）农村土地集体产权的制度框架

农地的产权制度安排既关系到农村社会经济发展和稳定，也关乎农地资源的合理有效配置。一般而言，土地产权主要分为私有产权、国家产权和集体产权三种形式。不同的产权形式具有不同的形成和发展的历史和政治经济逻辑。我国的农地集体产权制度形成于农业集体化时期，农村改革以来，家庭联产承包责任制突破了传统农地集体产权制度的集体所有、集体经营的制度特征，形成了集体所有、家庭经营的双层经营体制。我国的农地集体产权构造，主要包括集体产权的主体构造和权能构造两个方面。在农村土地集体产权制度下，存在着三个产权主体，即政府、农民集体和农民个体或家庭。这三个权利主体通过不同的途径和方式分享对农村土地的权利，并形成错综复杂的产权关系。

（2）集体产权制度下的农地流转交易费用

一般而言，权利的转让、获取和保护所需的成本叫作"交易成本"①。农地流转交易费用是指农地流转主体为实现农地承包经营权的转移而付出的成

---

① 参见［美］巴泽尔：《产权的经济分析》，上海人民出版社 1997 年版。

本，包括流出方主体、中介组织、流入方主体的交易费用。在需求带动型的农地流转交易中，农地流转交易费用主要是指流入方主体的交易成本。不同的农地产权制度安排会产生不同的农地流转交易成本。在农地集体产权制度下，由于存在多元产权主体，再加上产权界定模糊，通过市场机制实现农地资源配置存在较高的交易成本。基于集体产权制度下的农地交易成本，需要实现农地流转机制和主体创新来降低农地流转的交易成本。

（3）农地产权制度与农地流转的比较分析

农地产权制度要达到两个方面的目标，一是有利于实现产权主体的土地权利，二是有利于土地资源有效配置和合理利用。在世界范围内，主要存在三种农地产权制度，即私有产权制度、国家产权制度与集体产权制度。一般而言，西方发达资本主义国家主要实行农地私有产权制度，在一些社会主义国家如越南则实行农地国有产权制度。在中国，农村土地则实行集体产权制度。在不同的农地产权制度下，农地资源配置呈现出不同的形式和特点。

（4）集体产权制度下的农地流转机制分析

在集体产权制度下，农地流转主要存在两种机制。一是市场机制，即通过农地市场的供求关系形成有效的市场价格信号，从而引导农地资源的有效配置。二是政府机制，即通过法律规范、行政指导、政策引导鼓励农地向新型农业经营主体集中。这两种不同的机制的作用机理不同，在农地流转中发挥了不同的作用。一般而言，在市场经济条件下，大多数资源主要通过市场来实现有效配置。但是，另一方面，政府作为农业规模经营和农业产业化的推动者、农村各项政策的制定者和制度供给者，在农地流转的过程中发挥着重要的补充作用。但是，在农地流转中，无论是市场机制还是政府机制，其作用发挥都必须依赖于一定的农业内外部条件的存在。在西部地区，无论是农业经营的内部条件还是外部条件都无法形成和吸引新型农业经营主体从事农业生产和经营，使农地流转的市场机制和政府机制都发挥不了作用。在这种情况下，必须寻找农地流转的第三种机制，即社会合作机制，通过农地在村庄成员内部流转（置换），实现家庭适度规模经营。

（5）集体产权下的农地流转主体分析

在农地集体所有、分户经营的农业经营管理体制下，农户拥有集体土地的长久承包经营权，拥有对承包土地的继承、转让、转包、入股等处分权。根据《物权法》的规定，农民的土地承包权具有用益物权的性质。因此，拥有农地承包经营权的农民个体或家庭在农地流转过程中属于农地流出方主体。而构成农地流转过程的另一方则是农地流入方。农地流入方主体包括种养大户、农业公司以及以土地入股的农民专业合作社。除此之外，在农地流转过程中，还有中介方主体，包括基层政府、村民委员会或村民小组以及新兴的农地流转中介公司。农地流转的顺利进行，一方面取决于农户的农地流转意愿，另一方面需要存在现代农业经营主体，从某种意义上讲，现代农业经营主体是决定农地流转的关键因素。而农民基层自治组织及其代表村干部则在农地流转过程中发挥了极其重要的中介作用。不同的农地流转主体基于不同的效用预期，对于是否流转农地采取不同的行动策略，这种行动策略又影响了农地流转的顺利进行。

（6）集体产权下的农地流转机制主体创新

以广西为例，探讨桂东南地区和桂西北地区的农地流转的机制、主体及其效果。在桂东南地区，农地流转主要以市场机制为主，农地流转的方式主要有：租赁、转让和村屯农地集体流转三种主要方式。在农地流转中，农地向种田能手、经济能人、涉农龙头企业、农民经济组织等个人或组织集中。农地流转主要取决于作为农地流入方（包括种植大户、合作社和农业公司）的流入意愿和流入能力。因此，地方政府通过政府机制鼓励农地向新型农业经营主体集中，并提供包括财政支持在内的各项扶持政策。但是，在桂东南地区，农业经营主体的单一、缺乏强有力的农业市场主体是导致农地流转率低的重要原因。

在桂西北地区，由于农业外部经济条件差，社会合作机制在农地流转中发挥了主要作用。农地流转方式主要是置换、土地入股成立合作社。同时，农地流转的社会合作机制以农民为主体，通过村庄内部的谈判、协商等方式，实现耕地整治和小块并大块，发挥了农地流转中的农民主体作用，实现了农业适度规模经营。

(7) 集体产权下农地流转机制主体创新的对策

在农地集体产权制度下，推进农地流转，实现农地资源的优化配置，需要完善农地集体产权制度，增进农地流转各方的土地权益。必须创新农地流转机制，在发挥市场机制在农地资源配置中的基础性作用的同时，充分发挥政府机制和社会合作机制的作用。在经济欠发达地区，农业外部经济落后和农业内部经济条件差，缺乏农地流入方主体，是导致西部地区农地流转率低以及农业现代化发展慢的根本原因。因此，必须注重培育新型农业经营主体，并发挥政府在农地流转中的服务作用。

第一章　农地集体产权的制度框架

土地是农业生产活动的要素之一。农村土地制度安排既关系到农村社会经济发展和稳定，也关乎农地资源的合理有效配置。近三十年来的农村改革起始于农村土地制度的改革，而农村土地制度的变革又带来了农村社会经济的巨大变化。本章主要梳理农地集体产权制度的形成与发展，揭示农地集体产权的内涵、构造和特征，并进一步分析政府、农民集体与农民个体基于农地集体产权制度安排下的互动关系及其机理。

第一节　农地产权制度的形成与发展

产权是社会经济制度的法律表达形式。同样，土地产权是土地经济制度的法律表达形式。土地产权是土地制度的核心内容，包括土地所有权、土地使用权、土地租赁权、土地抵押权、土地继承权、土地发展权以及地役权等。一般而言，土地产权主要分为私有产权、国家产权和集体产权三种形式。不同的产权形式具有不同的形成、发展的历史和政治经济逻辑。

一、产权与土地产权

（一）产权的概念、特征与功能

自 1960 年科斯的《社会成本问题》发表后，产权（property rights）便成为现代经济学理论的最为重要的概念和理论分析工具。关于产权，现代经济学的典型定义是：一个社会所强制实施的人们在资源稀缺条件下使用、处置物品或劳务的适当规则。这些规则体现的是对物的使用所引起的人与人之间的一种基本关系。在制度经济学中，产权作为一种制度安排受到了特别的关注。根据产权理论的代表人物之一德姆塞茨的定义："所谓产权就是指使自己或他人受益或受损的权利。"①德姆塞茨进一步指出："产权是一种社会工具，其重要性就在于事实上它们能帮助一个人形成他与其他人进行交易时的合理预期。这些预期通过社会的法律、习俗和道德得到表达。"②阿尔钦认为产权"是一个社会所实施的选择一种经济品的使用的权利"③。E. G. 菲吕博腾和 S. 配杰威齐在分析已有的产权学派的研究文献时总结道："产权不是指人与物的关系，而是指由物的存在及关于它们的使用所引起的人们之间相互认可的行为关系。产权安排确定了每个人相应于物时的行为规范，每个人都必须遵守他与其他人之间的相互关系，或承担不遵守这种关系的成本。因此，对共同体中通行的产权制度可以描述的，它是一系列用来确定每个人相对于稀缺资源使用时的地位的经济和社会关系。"④现代经济学的产权定义是与自然资源的稀缺性联系在一起的，正是因为自然资源稀缺性的存在，才引起了人与人之间在资源占有、使用、转让、收益和处分上的相关关系，因此才需要有效地界定产权，使资源得到有效的利用，以促进经济增长。制度经济学意义上的产权概念，由于引入了"交易"这个变量，侧重于由对物的使用而产生的两种或两种以上的平等的所有权之间的权责关系。因此，它是一个动态的、实证的概念，它侧重于界定权利而不是确定权利，

① [美] 德姆塞茨：《关于产权的理论》，《经济社会体制比较》1990 年第 6 期。
② [美] 德姆塞茨：《关于产权的理论》，《经济社会体制比较》1990 年第 6 期。
③ [美] R. 科斯、A. 阿尔钦、D. 诺斯等：《财产权利与制度变迁》，上海三联书店 2004 年版，第 166 页。
④ [美] R. 科斯、A. 阿尔钦、D. 诺斯等：《财产权利与制度变迁》，上海三联书店 2004 年版，第 204 页。

以避免外部性问题。

作为一个法律概念，产权与财产权具有同样的含义，产权就是财产权（Property Rights）而不是"所有权"（ownership）。《牛津法律大辞典》有关产权或财产权的界定是："财产权是指存在于任何客体之中或之上的完全权利，包括占有权、使用权、出借权、转让权、用尽权、消费权和其他与财产有关的权利。不要把财产权视作单一的权利，而应当把它视作若干独立权利的集合体。"① 尽管所有权与财产权都是表示财产关系的法律用语，但这两个概念不仅体现了两大法律即英美法系与大陆法系不同的法律文化，而且本身具有不同的内涵。所有权指的是一种权利资格，指财产所有人依法对自己的财产享有占有、使用、收益的处分的权利。美国学者伯尔曼指出："所有权（ownership）指的是对所拥有的东西的绝对的、不可分割的、排他的权利。"② 而财产权指的则是所有者拥有的、为公共权力所正式承认的、既可以排他性地利用资产又可以通过出售或其他方式来处置资产的权利。根据著名的财产权利专家劳伦斯·贝克尔的解释，财产权（Property Rights）就是包含于所有权中的那些权利。这些包含在所有权中的权利主要有：占据权（occupy）、占有权（possess）、使用权（use）、滥用权（abuse）、用尽权（use up）、出租权（let out）、出借权（lend）、担保转让权（transfer in security）、销售权（sell）、交易权（exchange）、赠与权（gift）、遗赠权（bequeath）和销毁权（destroy）③。

财产权（Property Rights）与所有权（ownership）密切相关。所有权是一项独立完整的权利，是诸种权利的集合体，而财产权利则是存在于所有权中的每一项权利和全部权利。一个人对某物不拥有所有权，但却可以拥有其

---

① 转引自王克强等主编：《土地经济学》，上海财经大学出版社2005年版，第17页。

② [美] 哈罗德·J. 伯尔曼：《法律与革命——西方法律传统的形成》，中国大百科全书出版社1993年版，第381页。

③ Lawrence C. Becker, *Property Rights*, Boston, 1977, p.18.

中的一项或几项财产权利。就中国农村土地而言，根据宪法和其他基本法律的规定，农村土地属于国家和集体所有，国家和集体是土地的所有者。由于土地的国家和集体所有制的权利主体的虚化，作为集体组成部分的农民个人，可以拥有对集体土地的"权利束"中的部分财产权。据此，我们可以把农民的土地财产权定义为农民拥有对集体土地的承包经营权、使用权、收益权和处置权（交易），这些都构成农民的土地财产权。

产权作为一种调节人与人之间的经济权利关系的社会工具，具有排他性、有限性、可交易性、可分解性、行为性等基本属性。第一，排他性。所谓产权的排他性，实质上就是产权主体的对外排斥性或对特定权利的垄断性。第二，有限性。所谓产权的有限性，包括两个方面的含义，一是指任何产权与别的产权之间，必须有清晰的界限；二是指任何产权必须有限度。前者指不同产权之间的界限或界区，后者是特定权利的数量大小或范围。第三，可交易性。"产权的交易是产权在不同主体之间的转手和让渡。"① 根据制度经济学家康芒斯的观点，交易是人类经济活动的基本单位，可以区别为买卖的、管理的和限额的交易，实际上就是产权在不同主体间转移的三种不同方式。产权的可交易性是由产权的排他性和有限性决定的，产权的可交易性既是产权能够成为产权的重要属性，也是产权发生作用或实现其功能的内在条件。产权的资源配置功能、收益分配功能、降低交易费用功能等的实现很大程度依赖于产权的交易。第四，可分解性。产权的可分解性，是指对特定财产的各项产权可以分属于不同主体的性质。例如，土地的所有权、占有权、支配权和使用权可以分解开来，分属于不同的主体。第五，行为性。产权的行为性就是产权主体在财产权利的界区内有权做什么，不做什么，有权阻止别人做什么，必须做什么等的性质，是针对产权权能而言的。因此，产权的行为性是由产权的功能决定的。

---

① 黄少安：《产权经济学》，经济科学出版社 2004 年版，第 133 页。

产权的功能就是指产权对于社会经济关系和经济运行的作用。一般而言，除了减少不确定性、实现外部性内部化以外，产权的功能主要有三个方面：

其一，激励功能。根据德姆塞茨的观点，产权的一个主要功能就是导引人们实现将外部性较大地内在化的激励。产权具有权能与利益两个不可分割的方面。权能意味着产权主体有权做什么，而利益则界定了他得到相应的利益。如果经济活动主体有了界定清晰的产权，就界定了他的选择集合，并且使其行为有了收益保证或稳定的收益预期。这样，其行为就有了利益刺激或激励。

其二，约束功能。产权的约束功能是建立在产权的有限性这一基本的属性基础之上的。产权的有限性意味着产权主体存在着有限的权能边界和利益边界。换言之，产权既确定了产权主体能做什么，也确定了产权主体不能做什么。产权的有限性决定了产权同时具有对产权主体的约束功能。"因为产权的权能空间是有界区的，这在确定了其选择集合的同时，也限制了其作用空间，……因为产权的利益是有限度的，因而在确认和保证其可以得到什么的同时，也确定了他的利益边界，限制了他不可以得到的更多东西。"[①]因此，明晰的产权，为人们的选择提供了理性判断的依据。具体到土地产权制度，一旦某种制度安排作为社会工具得以确立，它就必然作为一个重要的约束条件，深刻影响着农民的生产、投资等行为，影响着农业生产资源配置的效率[②]。产权的约束可以分为自律或他律，或者内部约束和外部约束两种。自律是指产权主体自己限制其行为的作用范围和利益获取方式和数量，不要越权或侵权。他律是指来自产权主体自身以外的约束。因为产权本质上是人与人之间的经济权利关系，界定了甲的某些产权，也就同时界定了甲与别人

① 黄少安：《产权经济学》，经济科学出版社 2004 年版，第 209 页。
② 王小映：《重要的是重塑核心产权》，《经济学消息报》2001 年 10 月 5 日。

在某些产权上与别人的关系。如果甲的权能和利益超越了其产权界区，别人就会制止他的越权或侵权行为。

其三，资源配置功能。产权的这种资源配置功能主要表现在以下四个方面：第一，相对于无产权或产权不明晰状况而言，设置产权就是对资源的一种配置。第二，任何一种稳定的产权格局或结构，都基本上形成了一种资源配置的客观状态。第三，产权的变动也同时会改变资源配置状况，包括改变资源在不同主体间的配置，改变资源的流向和流量，改变资源使用的分布状况。第四，产权状况影响甚至决定资源配置的调节机制。在不同的产权结构下，人们会作出不同的选择，人们的不同选择又会导致不同的资源配置效率。

（二）产权制度

产权制度就是制度化的产权关系或产权关系的制度化，是划分、确定、界定、保护和行使产权的一系列规则①。因此，所谓产权制度，是指既定产权关系和产权规则结合而成的且能对产权关系实现有效的组合、调节和保护的制度安排。产权的规则和制度可以分为两类。一类是正式规则，包括法律规则、社会契约、组织机构的构造和确定。所谓组织机构的构造和确定，是指建立一定的组织机构，如企业，这些机构拥有一定的产权，这些产权因为这些机构相对稳定的存在和得到社会承认及法律认可而制度化②。另一类是非正式规则，包括人们的文化传统、习惯或约定俗成的习俗和道德规范等。一般说来，产权不仅是一种权利，而且还是一种制度规则。这是因为，一种产权关系能够存在，都是因为有相应规则的支持，这种规则可能是正式的，也可能是非正式的，可能具有强硬的约束力，也可能约束力软弱。因此，事实上的产权基本上是制度化的产权。

---

① 黄少安：《产权经济学》，经济科学出版社 2004 年版，第 97 页。
② 黄少安：《产权经济学》，经济科学出版社 2004 年版，第 97 页。

作为一种制度规则，产权是形成并确认人们对资产权利的方式。根据产权经济学家阿尔钦的观点，产权制度形成主要有两种基本途径，一种是经由国家强制实施，保障人们对资产拥有权威的制度形式；另一种是通过市场竞争形成的人们对资产能够拥有权威的社会强制机制。

（三）土地与土地产权

土地是一切物质财富的源泉，在人类认识到它的性质和作用之后，土地本身开始成为财产的主要项目，成为个人的一种重要的财产形式。在人类历史上，土地最初具有部落和氏族的共有财产性质。在土地的私有化过程中，动产起了最关键的作用。动产按其本质是倾向于归个人所有的，动产不论在过去还是在现在都是土地财产变换的最活跃的因素。土地的私有化起源于宅地的分配，"土地私有制……是从房屋修建所占用的那些地段开始，因为，房屋被认为是动产，可以归属于修建房屋的住居其中的个人所有。"[①] 而房屋是作为动产而被承认的，这是由于房屋常与死者的其他动产（如武器、装饰品、衣物以及心爱的牲畜等）一起焚毁，所以有古西欧谚语"火炬能燃烧者为动产"。早期罗马和日耳曼部落均将房屋列入动产之中，当家庭开始从共同体中分化出来后，房屋便不可避免地成为家庭财产的中心。由于修筑住宅所占用的那块土地也同它构成一个整体，都变成了个人财产，宅基地隐约间便具有家庭财产的性质，很快地个人财产的概念就扩大到住宅周围的土地。

土地成为私有财产必须具备两个条件，一是土地等生产资料的私有化，二是国家对私人拥有土地等私有财产的确认和保护。从这两个条件来看，土地成为私人财产是人类社会的通例，但在不同的文明下，土地的私有财产性质呈现出不同的特征。在西方，自古希腊古罗马以来，土地便开始成为私有财产。在古希腊和罗马，城邦是以公民权概念为核心建立起来的一个政治共

---

① 拉法格：《财产及其起源》，三联书店 1962 年版，第 67 页。

同体，公民权与土地所有权是紧密联系在一起的，只有公民才能拥有土地财产。公民就是一个不动产拥有者集团。在古代中国，土地作为一种重要的生产性财产，名义上归国家（国王）所有，即所谓"普天之下，莫非王土"，但在事实上却归农民私人所有，农民享有对土地的所有权、使用权、收益权、处置权。

（1）土地产权的概念与类型。土地产权（land property right）是指有关土地财产的一切权利的总和，一般用"权利束"加以描述。土地产权包括一系列各具特色的权利，它们可以分散拥有，当聚合在一起时代表一个"权利束"，包括土地所有权及与其相联系的和相对独立的各种权利，如土地所有权、土地使用权、土地租赁权、土地抵押权、土地继承权、地役权等①。土地所有权是指土地所有者在法律规定的范围内自由使用和处理其土地的权利，受国家法律的保护。土地使用权是依法对一定土地加以利用并取得收益的权利。土地使用权是由土地所有权派生出来的一种权利，是独立于土地所有权能之外的含有土地占有权、狭义的土地使用权、部分收益权和部分处分权的集合②。土地租赁权是指土地所有权人或土地使用权人通过契约将土地占有权、狭义的土地使用权和部分收益权转让给他人。它与广义的土地使用权的最根本的区别是土地租赁权人不拥有对土地的部分处置权，在一般情况下，土地租赁人未经出租人同意不能将自己承租的土地再以任何方式转让出去。土地租赁者获得租赁权的目的是以支付租金为代价，利用他人的土地开发地上物并从中获益③。土地抵押权是土地受押人对于土地抵押人不转移占有并使用收益而提供担保的土地，在债务不能履行时可将土地的拍卖价款作为受清偿的担保物权④。

① 参见陆红生：《土地管理学总论》，中国农业出版社2011年版。
② 毕宝德：《土地经济学》，中国人民大学出版社2001年版，第335页。
③ 王克强等主编：《土地经济学》，上海财经大学出版社2005年版，第17页、21页。
④ 毕宝德：《土地经济学》，中国人民大学出版社2001年版，第336页。

土地产权主要分为土地国家产权、集体产权和土地私人产权三种类型。在我国，由于全部土地归国家和集体所有，由此形成了土地国家产权和土地集体产权两种产权形式。土地国家产权是建立在土地国家所有制基础上的一种产权形式。集体产权（Collective Property Rights）是由集体所有制决定或具体化的产权形式①。集体产权是集体所有制关系的法律表现形式。它包括集体财产的所有权、占有权、支配权、使用权、收益权和处置权。在我国，所谓集体产权主要是指农村土地的集体所有权，具体而言就是农民集体所共有的产权。目前，有关集体产权的研究尚不多。根据刘金海的论述，集体产权是具有中国特色的财产权利安排，是在我国国家政权建设过程中构造出来的财产权利，担负着政治使命和社会责任②。

（2）土地产权是土地制度的核心问题。土地制度（land institution）是指在一定社会制度下，为制约人们利用土地所形成的经济关系和法律关系而设定的行为规范。土地制度可以从广义与狭义两个维度来理解。广义的土地制度是指包括一切土地问题的制度，是人们在一定的社会经济条件下，因土地的归属和利用问题而产生的所有土地关系的总称，包括土地所有制度、土地使用制度、土地规划制度、土地保护制度、土地征用制度、土地税收制度和土地管理制度等。而狭义的土地制度仅仅指土地的所有制度、土地的使用制度和土地的国家管理制度。

二、域外农地私有产权制度的形成与发展

农村土地的私有化是近代以来各国土地制度变革的一般趋势。农村土地私有化主要表现为土地的私有财产化。从世界其他国家和地区的土地私有化经验来看，土地的私有化主要采取以下两种形式。

---

① 黄韬：《中国农地集体产权制度研究》，西南财经大学出版社 2010 年版，第 48 页。
② 刘金海：《产权与政治——国家、集体与农民关系视角下的村庄经验》，中国社会科学出版社 2006 年版，第 281 页。

（一）西方国家土地私有产权制度的形成及路径

西方国家的土地私有化主要有两种形式，一种是美国的土地私有化形式。由于美国没有经历过封建制度，美国的土地私有化不是对封建土地制度的侵蚀，而是对大量无主地的开垦占领，再由政府赋予占有者或拓荒者土地私有权而形成的。具体而言，就是通过美国国家扩张的西进运动，赋予拓荒者稳定、明晰的土地私有权而实现了农村土地的私有化。另一种是西欧国家的土地私有化形式。

西欧国家的农村土地私有化的发展过程就是一部逐渐打破已经开始动摇的封建土地制度的历史，具体表现为封建土地的私人财产化。西欧国家在实现土地私有化之前，盛行的是封建土地财产制度。封建土地财产是一种不完全、不彻底的私有财产形式①。自13世纪以来，随着商品经济的发展、城市的兴起以及货币财产或资本财产的产生和发展，瓦解了封建制度包括封建土地财产制度，逐渐形成了近代土地私有制度。西欧国家土地私有化的过程经历了三个阶段：第一阶段是封土的世袭化。在封建制度下，一切土地都属于国王所有，其余的人只能依据一定的条件占有土地，而国王保留收回封地重新分配的权利。从理论上讲，地产被封臣作为采邑而持有，但土地所有权仍属于国王。但是"采邑一旦授予附庸，附庸关系中子承父业的要求就会变得难以抵御。"②封土的世袭制在12世纪基本完成。随着封土世袭化而来的是封土的自由转移和自由买卖。封土的自由转移一般采取两种形式，一是再分封，二是出售或转让封土。随着西欧中世纪后期商业活动范围的扩大，财产普遍采取了商品化的形式，其必然结果就是使封土日益进入流通领域，成为商品，可以买卖。西欧的土地自由买卖在13世纪已大为流行，到1300年，英国的封建持有地更像私有地了，因为它们可以买卖和继承③。土地私有化

① 参见蒋永甫：《西方宪政视野中的财产权研究》，中国社会科学出版社2008年版，第45页。
② ［法］马克·布洛赫：《封建社会》，张绪山译，商务印书馆2004年版，第313页。
③ 赵文洪：《私人财产权利体系的发展》，中国社会科学出版社1998年版，第120—125页。

的第二阶段是对公地的侵占。封建土地财产主要以公地（common fields）的形式存在并受多种封建义务的束缚，保留着共同体财产的性质。公地主要有两类，一类是条田（strips），包括种庄稼的耕地、收割干草的草地；一类是供放牧的天然牧场地、沼泽地、荒地、林地等①。在盛行"没有无领主的土地"的原则的封建制度下，一切公地在名义上都属于国王和领主所有，但公地的使用权却属于公社农民。中世纪的人们一般认为，公地是集体劳动的成果，草地被看得比一切自然产物还重要，被认为是全体人与生俱来的权利。而封建的习惯法也保护公地的集体使用权。这里的所谓集体的使用权，不是指集体拥有对公地的使用权，而是指集体中的每一个人都可以任意地接触资源，不受限制。公有地的使用，必然带来使用的低效。城市人口的增长，对粮食和乳制品以及各种农产品的需求的增加，刺激了对公地的侵占。对公地的侵占主要采取了圈地的形式。所谓圈地就是在一块露天土地的周围竖起篱笆，防止公众放牧或其他侵权事件的发生。圈地运动的过程就是西欧的公共田地、草场、牧场及其他可耕土地划分或合并成为详细标界、个人所有和个人经营管理的现代农场耕地的过程。在圈地之前，许多农用土地都是为数众多的分散条块形式，它们仅在一年的作物生长和收获季节受个人耕作者控制。此后直至下一个生长季节之前，土地由社区处置，可用作村里放牧及其他。圈地运动使农场庄园可用于常年牧场的范围扩大，同时也提高了农业的效率。通过圈地运动，欧洲公有的可耕土地——现代农业最可怕的障碍——已大体消失。圈地运动最先发生在英国，随即扩大到西欧其他国家。圈地运动的根本原因在于城市和工商业的发展，市场的扩大对农产品的需求增加，要求土地得到更加有效的利用，向城市和市场提供更多的农产品。而土地的更有效的利用要求改变土地的公有状态，刺激了土地的私人所有权利的

---

① 克里吉：《英国的公地》，转引自赵文洪：《私人财产权利体系的发展》，中国社会科学出版社1998年版，第87页。

发展。圈地运动的实质就是把封建土地财产转变成近代意义上的个人私有财产。关于这一点，马克思正确地指出："掠夺教会地产，欺骗性地出让国有土地，盗窃公有地，用剥夺方法、用残暴的恐怖手段把封建财产和克兰财产转化为现代私有财产——这就是原始积累的各种田园诗式的方法。"① 到16、17 世纪，封建制度下的公地终于转变成个人的私有财产。除了贵族和大土地所有者通过圈地完成了土地所有权和占有、使用权的集中外，广大自耕农也通过侵占未被集中的小块土地获得了土地私人财产权。土地的私人财产权利的发展，也进一步刺激了对土地的开发和利用。土地私有化的最后阶段是对土地私有财产化的确认。在封建土地财产的私有化过程中，专制政府起先采取了限制政策，如英国王室通过法令限制圈地运动，保护土地的公有性质。1789 年以前的法国国王曾作出许多努力来保护公有财产和保留农民的特权及其共产主义组织。因此，近代土地私有化发展的最后一步就是通过政治革命，推翻专制政治，确立了土地私有财产权制度。拉法格指出：1789年的法国资产阶级革命创造了土地私有制。在此以前法国的土地既属于贵族，也属于农民，都得服从地役法，它在一个时期内完全剥去了土地的私有财产性质。农民不仅可以在贵族所霸占的森林中放牧牲畜，并且可以在耕地上放牧；一旦收割完毕，土地就成为公共的了，农民可在上面放牧自己的畜群②。

（二）发展中国家和地区的土地改革与农村土地私有化

在发展中国家和地区，土地私有化一般通过国家（政府）主导的土地改革的方式，实行"耕者有其田"的土地政策，从而实现农村土地的私有化。二战结束后的亚洲的日本、韩国和中国台湾地区先后进行了农村土地改革，消灭了封建土地所有制度，实现了农村土地的私有化，从而促进了这些

---

① 《马克思恩格斯文集》第 5 卷，人民出版社 2009 年版，第 842 页。
② 拉法格：《财产及其起源》，商务印书馆 1962 年版，第 114—115 页。

国家和地区的农业发展和农村的现代化。

二战后，日本政府在美军占领当局的支持下，在 1946 年至 1949 年的四年间，进行了农村土地改革。土地改革法案规定，政府对地主在限度外的土地实行有偿收购，收购之土地按低价转卖给佃农。日本政府进行的农地改革，建立了农民土地所有制，实现耕者有其田。这种农地产权制度安排，有助于农业劳动者对其农地经营活动形成稳定、合理的预期，进而产生有效的激励，调动其农地经营的积极性。为了巩固土地改革形成的自耕农土地所有制成果，日本政府于 1952 年进一步制定了《农地法》，加强对农地的管制。这种以"农业经营、农业劳动、农地所有"三位一体为基础的自耕农土地制度，再加上政府对农地的严格管制，限制了土地的合理流转，从而很快成为农业进一步发展的障碍。

中国国民党政权败退台湾后，于 20 世纪 50 年代实施了旨在解放农村生产力的土地改革。土地改革以前，台湾的土地制度基本上是封建土地占有制度。在美台"中国农村复兴委员会"的策划下，从 1949 年 4 月开始实施"三七五减租"，规定：私有出租土地地租额不得超过土地产出的 37.5%，原租不到 37.5% 者不准提升租额，高于 37.5% 者必须降至 37.5%，土地租佃期限不少于 6 年，并且严格土地租约手续，不得随意变动。通过"三七五减租"，使地主农民两利，对于恢复台湾农业生产起了积极作用。在此基础上，台湾当局从 1951 年开始实施"公地放领"，以扶持自耕农。所谓"公地"是指把抗日战争胜利后国民党政权所接收的被日本霸占的 17.6 万公顷耕地及所有"公地"的所有权转给（卖给）农民，并规定农民购买土地的数量及地价。购领公地者在交满地价后成为土地所有人，领取土地所有证。经过 1952 年 1 月后的土地清理、地籍归户核查，1953 年 1 月，正式实施"耕者有其田"政策，规定地主只能保有一定数目的土地，超过部分一律由政府征收，转放于现耕农民受领。通过这一政策实施，共征收放领耕地 143568 亩，占私有出租耕地的 55%。地主土地被征者为 166049 户，占地区性总户数的

60%。受领耕地的农户 194823 户，占承租私有耕地佃农的 65%[①]。这样，从 1949 年到 1953 年，台湾成功地推行了以"三七五减租"、"公地放领"和"耕者有其田"为三大特征和阶段的第一次土地改革。通过土地改革，瓦解了封建地主制经济，实现了农村土地的私有化，基本上解决了农民的土地私有财产权问题。台湾的土地改革，实现了土地私有化的农村土地制度安排。但是，土地的全面私有化严重影响了土地的有效使用和规模经营。在一个人多地少的社会，土地私有化的最大弊端是土地经营规模无法扩大，土地交易成本过高，并鼓励了土地投机[②]。

（三）两种农地私有化路径比较

从制度变革的角度来看，西欧国家的土地私有化的确立是一个自然渐进式过程，其中也不乏血与火的洗礼。它经历了封土的世袭化和私有化、圈地运动对封建公有地的侵蚀以及资产阶级政治革命后对土地私有财产权的确认三个阶段，最终实现了封建土地的私有化并发展成为近代意义上的私人财产。发展中国家和地区的土地私有化是一种强制性制度变迁，主要通过政府主导的土地改革，消灭地主土地所有制，实现自耕农土地私有制。强制性制度变迁需要政府特别是中央政府具有高度的理性和自律。中央政府高度的理性和自律是保护土地改革取得成功的关键。

三、我国农地集体产权制度的形成

农地集体产权是建立在农村土地集体所有制基础上的一种产权形式。我国目前实行的农村土地集体产权制度是半个世纪以来一系列国家主导的强制性制度变迁和市场驱动的诱惑性制度变迁共同作用的结果。根据《中华人民共和国农地土地承包法》第二条规定，"农村土地，是指农民集体所有和

① 张兴定等：《国民党在大陆与台湾》，四川人民出版社 1991 年版，第 159 页。

② 文贯中：《海峡两岸的土地制度及对农业发展的影响》，见赵玉琪、文贯中主编：《台湾的启示：土地改革研讨会记详》，纽约东方新闻出版社 1992 年版，第 75 页。

国家所有依法由农民集体使用的耕地、林地、草地，以及其他依法用于农村的土地。"同时，《中华人民共和国城市管理法》第八条第二款规定，"农村和城市郊区的土地，除由法律规定属于国家所有的以外，属于农民集体所有；宅基地和自留地、自留山，属于农民集体所有。"

（一）农地集体产权制度形成的历史背景

古代中国的封建制度瓦解比较早，土地作为一种重要的生产性财产，自秦以后，名义上归国家（国王）所有，即所谓"普天之下，莫非王土"，但在事实上却归农民私人所有，农民享有对土地的所有权、使用权、收益权、处置权。土地私有化和土地的自由买卖，导致了土地集中，失地农民日益增多，引发了大规模的流民问题，最终导致周而复始的农民起义和王朝更替。以平均土地占有为核心的"耕者有其田"成为几千年来农民造反有理的依据。在近现代以来的中国革命中，"耕者有其田"不仅成为孙中山先生三民主义的主要内容和解决民生问题的关键，而且也是中国共产党动员农民革命的政治纲领。1931 年 2 月，毛泽东在《给江西省苏维埃政府的信》中，明确地提出了农民土地所有权问题。1933 年 6 月，中华苏维埃共和国中央政府土地人民委员部发表布告，宣布土地归农民私有。1947 年 9 月，中共中央在西柏坡村制定的《中国土地法大纲》确认了人民对所分得土地的所有权，规定：凡人民分配得到的土地归各人所有，由政府发给土地所有证，并承认其自由经营、买卖及在特定条件下（如身老孤寡、家无劳力等）可以出租的权利。

20 世纪 50 年代，中国共产党在夺取全国政权之后，即开始推行土地改革，通过剥夺地主和富农的土地，把它分给无地或少地的农民，建立起现代意义上的农民土地私有制，使农民获得较完整的土地所有权。这种农民的土地所有权结构，是一种集所有权、使用权、收益权、处置权于一体的"单一产权结构"，这种土地所有权制度根据"土地所有证"颁发而得以确立，并经由几个宪法性文件和新宪法加以确认。新中国成立后通过的《中国人民政治协商会议共同纲领》第三条规定："有步骤地将封建半封建的土地所有制改变为农民的土地所有制，……"，第二十七条明确了"必须保护农民已得土地的所有权……实现耕者有其田"。根据 1954 年 9 月 20 日的《中华人民共和国宪法》第八条："国家依照法律保护农民的土地所有权和其他生产资料所有权。"新中国第一次从宪法上确定了"耕者有其田"是基本的农村土地制度。

农民土地所有权的获得不是依据传统、习俗，而是凭借国家暴力。从制度变迁的角度来看，这是执政党依据国家政权力量推动的一种强制性制度变迁。"其出发点不是对已有土地产权的保护，而是对既有产权的调整和重新安排，重新界定财产权利的主体和财产权。"① 这种制度变迁的政治逻辑在于巩固新政权，为新政权提供合法性依据。也就是说，土地改革赋予农民土地所有权，其政治意义远大于其经济意义。另外，这种强制性制度变迁模式也说明了农民的土地所有权端赖于国家，国家可以赋予农民土地所有权，也可以收回农民的土地所有权。事实上，农民土地私有制的制度安排根本不是社会主义中国农村土地改革的最终目标，由此决定了这种土地所有制结构是短暂的。

（二）农业集体化运动与土地集体产权的形成逻辑

从一开始，共产党人就把土地改革看成是走向农业集体化过程中的一个必需阶段②。国家的工业化要求实现农业的集体化，以完成工业化所需要的庞大资本积累。土地改革后不久，中共中央开始按照预定的农业合作化计划，从互助组到合作社再到人民公社，土地制度经历了农民私有到农民私有、集体统一经营使用再到土地为集体统一所有、统一经营的土地集体所有

---

① 刘金海：《产权与政治——国家、集体与农民关系视角下的村庄经验》，中国社会科学出版社 2006 年版，第 10 页。
② [美] 莫里斯·梅斯纳：《毛泽东的中国及其发展》，中国社会科学出版社 1992 年版，第 158 页。

制度。国家规划下的农村社会变迁，实现了土地产权制度的变革。土地私有制度不复存在，产生了一种新的土地产权制度安排，即农村土地的集体产权制度。这种国家政权主导下的农民集体土地所有权制度安排，具有以下几个方面的特点：

第一，包括土地在内的一切农业生产资料都收归农民集体所有。集体包括三个层次即人民公社、生产大队和生产队。到 1962 年 9 月，中共中央八届十中全会通过的《农村人民公社工作条例（修正草案）》即《农业六十条修正草案》，最终确立了"三级所有，队为基础"的集体所有的制度安排。生产队、生产大队和人民公社各自拥有在其范围内的土地财产权，都有参与土地收益的分配权。

第二，在这种土地农民集体所有制度下，农民不仅失去了土地等生产资料，而且还失去了对自己劳动力的支配权利。"土地私有制在中国事实上已经不复存在，土地全部收归国家和农村集体所有。直到 20 世纪 80 年代中期农村非集体化改革以前，土地政策基本上保持不变，有所调整的只有以下两个方面内容：一是集体所有制的水平，二是私人使用土地的自由度。"[①]

第三，权利主体的模糊性。农村土地既是集体的，又是国家的，国家在某种程度上以产权主体资格参与分配，农民的利益不可避免地被侵占。

因此，自 1956 年农村集体化运动后，维系几千年的农村土地私有制度被消灭，土地私有制在中国事实上已经不复存在，农村土地全部收归国家和农村集体所有。自此以后，土地所有权掌握在国家和农村集体手中，土地集体产权制度替代了原来的个体农民所有制结构，并成为当代中国的一项基本的农村经济制度。由于集体产权制度的单一性、所有权与经营管理权的高度合一，必然导致劳动监督成本、组织成本过高和劳动激励过低的弊端。其直

---

① ［荷兰］何·皮特：《谁是中国土地的拥有者——制度变迁、产权和社会冲突》，社会科学文献出版社 2008 年版，第 10 页。

接结果是农业生产率大幅度滑坡，农业生产长久的持续停滞不前。受饥饿逻辑的驱使，农民自发地兴起了"分田到户"，产生了家庭联产承包责任制这种土地财产制度安排。

（三）我国农地集体产权制度改革与发展

传统的农地集体产权制度具有农地集体所有、集体经营的制度特征。这种农地集体产权制度安排，导致农地资源使用效率极其低下。农村改革，首先突破农地集体经营体制，形成了家庭联产承包经营责任制。从 1978 年至今，农地产权制度改革稳定朝着家庭承包经营责任制变迁，其中又可以分为三个主要改革发展阶段。

（1）家庭联产承包责任制的产生。我国的农地产权制度形成于农业集体化运动时期，最初的制度形态表现为农地集体所有、集体经营。这种集体产权制度由于没有实现所有权与使用权的分离，没有赋予农民明晰的土地财产权利，更没有界定国家、集体和农民个体的土地权利界区而归于失效。改革开放以来，由于人民公社体制整体的制度失效而导致农民自发地寻求制度变革，因而具有诱致性制度变迁的特征。家庭联产承包责任制的实践首先突破了农村土地集体所有、集体经营的传统集体产权制度安排，转向土地集体所有、家庭承包经营制度的过渡、演化、形成和完善，从而构建了市场经济条件下的新型农地集体产权制度。

1978 年夏秋之交，安徽发生了百年不遇的特大旱灾，拉开了中国农村盛行三十来年的集体所有、集体经营的传统农地集体产权制度变革的序幕。安徽省凤阳县梨园公社小岗村村民率先突破了这种产权制度，从"包产到户"到"包干到户"，迅速突破了人民公社体制的束缚，实现了农地产权制度的创新。针对农村风起云涌的制度变革对传统体制的突破以及地方政府的默认，中央政府采取了谨慎的态度。1979 年 9 月 28 日，中共十一届四中全会第四次全体会议通过了《中共中央关于加快农业发展若干问题的决定》，由原来的"不许包产到户"和"不许分田单干"改为承认了某些地方、某些农户的"包产到户"行为，赋予了少数生产队"包产到户"的合法性，农地集体产权制度开始出现较大的松动。

1982 年中共中央颁布了《全国农村工作会议纪要》（又称第一个"中央 1 号文件"），正式确认了包产到户的合法性。1983 年 1 月，中共中央颁布了第二个"中央 1 号文件"——《当前农村经济政策的若干问题》，进一步明确了家庭联产承包责任制的合法地位，并提出要扩大家庭联产承包责任制的实施面。两个"中央 1 号文件"大大推动了包产到户的发展。包产到户就是在农村土地集体所有的制度下，实现家庭分散经营与集体统一经营的结合，实现农地所有权与经营权的分离，农民拥有了经营自主权和剩余劳动的处置权。到 1983 年年底，全国实行联产承包的队数达 81.3 万个，占生产队总数的 99.5%，其中实行大包干的队数达 98.3%。1984 年，家庭联产承包责任制扫尾工作全部结束，实行各种联产承包制的队数达 100%，其中实行大包干的队数达 536.6 万个，占总数的 99.1%[①]。至此，"三级所有，队为基础"的人民公社时期的集体农地经营制度已被集体所有、家庭承包经营制度完全取代。

除了通过政策规定外，新型的农地集体产权制度也得到了法律保障。1986 年 4 月第六届全国人大常委会第四次会议通过的《民法通则》为新型农地产权制度提供了法律保障。根据《民法通则》第八十条和第八十一条的规定，"公民、集体依法对集体所有的或者国家所有集体使用的土地的承包经营权，受法律保护。承包双方的权利与义务，依照法律由承包合同规定。"但同时也规定，"土地不得买卖、出租、抵押或者以其他形式非法转让。"1986 年 6 月第六届全国人大常委会第十六次会议通过并颁布的《中华人民共和国土地管理法》，也从法律上对农民承包责任制作出了法律方面的规定和解释。该法第十二条规定，"集体所有的土地，全民所有制单位，集体所有制单位使用的国有土地，可以由集体或者个人，有保护和按照承包合

---

① 　王琢、许滨：《中国农村土地产权制度论》，经济管理出版社 1996 年版，第 155 页。

同规定的用途使用利用土地的义务。土地承包经营权受法律保护。"与《民法通则》一样，"《中华人民共和国土地管理法》从法律上确认了承包责任制的合法性及土地承包经营权的私人性。"①

　　1992 年 9 月 13 日，国务院批转农业部《关于加强农业承包合同管理意见的通知》，除了重申家庭联产承包责任制外，强调要把稳定和完善家庭联产承包责任制的工作纳入法制管理的轨道，要重视承包合同，将承包合同的管理纳入法制框架，依法管理承包合同。"其目的在于依法调整和规范村庄与农民、农民与国家之间的关系。"②

　　（2）家庭联产承包责任制的发展。家庭联产承包责任制的农地收益主要表现为"交足国家的、留足集体的、剩下是自己的"的分配方式，反映了新型集体产权制度下的国家、集体和农民的土地权利关系，"实质上就是国家、集体、农户三者之间博弈而达成的具有约束力的产权交易协议"③。在国家与集体、国家与农民之间形成了一种新的产权交易关系。但是在这种产权制度下，农民家庭承包权经营权期限不明确，承包经营权的权能仍不完善。为此，中央政策致力于从以下几个方面巩固和发展家庭联产承包责任制。

　　第一，延长承包期。1984 年 1 月 1 日，中共中央出台了《关于一九八四年农村工作的通知》（即第三个"中央 1 号文件"）。一方面，明确规定："土地承包期一般应在十五年以上。生产周期长的和开发性的项目，如果树、林木、荒山、荒地等，承包期应当更长一些。"延长土地承包期 15 年，稳定了农户的土地预期，为稳步推行承包制扫清了制度性障碍。1993 年 11 月 5 日，中共中央、国务院颁布了《关于当前农业和农村经济发展的若干政策措

---

① 张厚安、徐勇等：《大陆农地制度变革 60 年的基本经验与教训》，徐勇、赵永茂主编：《土地流转与乡村治理——两岸的研究》，社会科学文献出版社 2010 年版，第 68—69 页。
② 张厚安、徐勇等：《大陆农地制度变革 60 年的基本经验与教训》，徐勇、赵永茂主编：《土地流转与乡村治理——两岸的研究》，社会科学文献出版社 2010 年版，第 72 页。
③ 刘艳：《农地使用权流转研究》，北京师范大学出版社 2010 年版，第 42 页。

施》（即 1993 年"中央 11 号文件"）在重申"稳定、完善以家庭联产承包为主的责任制和统分结合的双层经营体制"的基础上，进一步规定：第一，承包地在原定的耕地承包期到期之后，再延长三十年不变，开垦荒地、营造林地、治沙改土等从事开发性生产的，承包期可以更长。1998 年 10 月，中共十五届三中全会通过了《中共中央关于农业和农村工作若干重大问题的决定》，再次提出要长期稳定以家庭联产承包经营为基础，统分结合的双层经营体制。

第二，完善承包经营权权能。1993 年 7 月 2 日，全国人大通过了《中华人民共和国农业法》，相对于《土地管理法》和《民法通则》，《农业法》对于承包地的权利规定得更加具体：一是明确了承包者的经营权，承包者有权安排生产结构。二是明确了承包者对其产品的处分权和收益权，承包人可以自由处理承包土地的产品。三是承包者对承包地有一定的处置权。"在承包期内，经发包方同意，承包方可以转包所有承包的土地、山岭、草原、荒地、滩涂、水面，也可以将农业承包合同的权利、义务转让给第三者。"四是承包者对原有承包地有优先承包权。"承包期满，承包人对原承包的土地、山岭、草原、荒地、滩涂、水面享有优先承包权。"五是承包土地有继承权。"承包人在承包期内死亡的，该承包人的继承人可以继续承包。"1996 年国务院颁布了国发 23 号文件——《关于治理开发农村"四荒"资源进一步加强水土保持工作的通知》，首次提出鼓励企事业单位、社会团体及其他组织或个人采取不同的方式治理开发"四荒"，允许承包、租赁、拍卖"四荒"使用权，最长不超过 50 年。在规定的使用期限内，对于实行承包、租赁和股份合作方式治理的，可以依法继承、转让或转租；对于购买使用权的，依法享有继承、转让、抵押、参股联营的权利。

第三，鼓励农地流转。自农村非集体化改革以来，农村集体土地的家庭承包经营权的市场流转也发展起来，土地的转包、转让在一些地方开始出现并逐渐增多。为此，从 1984 年的"中央 1 号文件"以来一直到 2002 年的

《农地土地承包法》，中央一直对农地流转提供政策支持和引导。

一是农地流转的政策引导。针对农村出现的土地调整问题、土地分散经营低效问题以及专业大户的合法性和合理性问题，第三个"中央1号文件"进一步鼓励土地流转。"鼓励土地逐步向种田能手集中，社员在承包期内，因无力耕种或转营它业而要求不包或少包土地的，可以将土地交给集体统一安排，也可以经集体同意，由社员自找对象协商转包，但不能擅自改变向集体承包合同的内容。"1984年中共中央发布《关于一九八四年农村工作的通知》，指出在继续稳定和完善联产承包责任制的前提下，要帮助农民在家庭经营的基础上扩大生产规模，提高经济效益。延长土地承包期，鼓励农民增加投资，培养地力，实行集约经营。土地承包期一般应在15年以上。生产周期长的和开发性的项目，如果树、林木、荒山、荒地等，承包期应当更长一些。在延长承包期以前，群众有调整土地要求的，可以本着"大稳定，小调整"的原则，经过充分商量，由集体统一调整。鼓励土地逐步向种田能手集中。社员在承包期内，因无力耕种或转营他业而要求不包或少包土地的，可以将土地交给集体统一安排，也可以经集体同意，由社员自找对象协商转包，但不能擅自改变向集体承包合同的内容。转包条件可以根据当地情况，由双方商定。在目前实行粮食统购统销制度的条件下，可以允许由转入户为转出户提供一定数量的平价口粮。对农民向土地的投资应予合理补偿。可以通过社员民主协商制定一些具体办法，例如给土地定等定级或定等估价，作为土地使用权转移时实行投资补偿的参考。对因掠夺经营而降低地力的，也应规定合理的赔偿办法。荒芜、弃耕的土地，集体应及时收回。自留地、承包地均不准买卖，不准出租，不准转作宅基地和其他非农业用地。1986年1月1日，中共中央颁布第五个"中央1号文件"即《中共中央、国务院关于一九八六年农村工作的部署》，针对分户经营带来的农业效益递减问题，强调要增加农业的投资，确保农业的基础地位以及调整农业产业结构，发展经济作物。在农地产权制度方面，针对小农分散经营的风险性和弱质性，中央再次鼓励扩大耕地经营规模，鼓励大户经营。"随着农民向非农产业转移，鼓励耕地向种田能手集中，发展适度规模的种植专业户。"总之，在坚持土地集体所有和不改变土地用途的前提下，政策鼓励农地流转，允许土地的使用权依法有偿转让。

二是提供农地流转的法律规范。2002 年 8 月，全国人大常委会通过了《中华人民共和国土地承包法》，以立法的形式明确了农民土地承包经营权的流转。该法从保障农民的土地权益和稳定农村大局出发，提出按照依法、自愿、有偿的原则，积极稳妥地推进土地使用权的合理流转，使之朝着健康、有序的方向发展。2003 年 10 月，中共十六大第一次提出了在稳定家庭承包经营的基础上的土地承包经营权流转问题。"坚持党在农村的基本政策，长期稳定并不断完善以家庭承包经营为基础，统分结合的双层经营体制。有条件的地方可以按照依法、自愿、有偿的原则进行土地承包经营权的流转，逐步发展规模经营。"2003 年 3 月，《中华人民共和国农村土地承包法》颁布实施，其中第三十二条规定："通过家庭承包取得的土地承包经营权可以依法采取转包、出租、互换、转让或者其他方式流转。"第四十四条规定："不宜采取家庭承包方式的荒山、荒沟、荒丘、荒滩等农村土地，通过招标、拍卖、公开协商等方式。"2005 年农业部《农村土地承包经营权流转管理办法》，对农地流转的原则、当事人权利、流转方式、流转合同、流转管理进行了规范，提供了操作性规定。随着土地承包经营权流转纠纷的增多，最高人民法院于 2005 年发布《关于审理涉及农村土地承包纠纷案件适用法律问题的解释》。

第四，完善家庭承包责任制的运行环境。1985 年 1 月 1 日，中共中央、国务院颁布了第四个"中央 1 号文件"即《关于进一步活跃农村经济的十项政策》，包括取消统购统销政策、调整产业结构以及放宽林地和山地政策等，为农业发展和农地产权制度运行提供了良好的市场环境。

针对农业市场化条件下小农与大市场的矛盾、小农的生产服务供给与农业效益继续低位徘徊的问题以及社会中一部分人对承包责任制的质疑，1987 年 1 月 22 日，中共中央政治局通过了《把农村改革引向深入》，即 1987 年中央五号文件。重申完善双层经营，稳定家庭联产承包制，提出要加强为农户提供生产服务。1991 年 11 月，中共十三届八中全会通过了《关于进一步加强农业和农村工作的决定》，提出"把以家庭联产承包为主的责任制、统分结合的双层经营体制，作为我国乡村集体经济组织的一项基本制度长期稳定下来，并不断充实完善"。对要求回到集体经营的呼声作出回应，强调"统"和"分"两者的重要性。1992 年 9 月 13 日，国务院批转农业部《关于加强农业承包合同管理意见的通知》，除了重申家庭联产承包责任制外，强调要把稳定和完善家庭联产承包责任制的工作纳入法制管理的轨道，要重视承包合同，将承包合同的管理纳入法制框架，依法管理承包合同。"其目的在于依法调整和规范村庄与农民、农民与国家之间的关系。"[①]

（3）家庭承包责任制的完善。自 1997 年以来，农产品价格下跌，农业比较效益下降，农民纷纷外出务工经商，耕地抛荒比较严重。为了应对土地抛荒和提高耕地的生产效益，省、市、县三级政府都在推动土地流转，但在转流过程中，存在不少违背农民意愿、损害农民承包经营权的现象：有的强行流转，有的借流转敛财，有的将土地长时间大面积租给企业，有的借流转将农用田转为非农用田[②]。针对以上情况，中共中央颁布了 2011 年第 18 号文件——《关于做好农户承包地使用权流转工作的通知》，一是要求土地流转必须与家庭承包责任制相容，在责任制的前提下流转。二是农户承包地使用权流转必须坚持依法、自愿、有偿的原则，不能搞强迫，也不能无偿剥夺，流转的主体是农户，不能以结构调整为名搞"反租倒包"。三是土地流转只

----

① 张厚安、徐勇等：《大陆农地制度变革 60 年的基本经验与教训》，徐勇、赵永茂主编：《土地流转与乡村治理——两岸的研究》，社会科学文献出版社 2010 年版，第 72 页。
② 张厚安、徐勇等：《大陆农地制度变革 60 年的基本经验与教训》，徐勇、赵永茂主编：《土地流转与乡村治理——两岸的研究》，社会科学文献出版社 2010 年版，第 72 页。

能在农户之间进行，企事业单位只能从事产前、产后服务和"四荒"资源开发、农业技术推广。2011年中央第18号文件在保障农户承包权、维护农民权益的同时，也限制了农户承包的内容。

2003年1月正式实施的《农村土地承包法》，在完善和创新农地产权制度方面具有重要价值。第一，明确规定和划分了承包土地的各类产权，承包土地具有经营决策权、产品处分权、使用权的处置权、继承权，这些权利都受到法律保护，同时也规定特殊人员如进城人员、妇女的承包权利。第二，明确规定了土地增殖收益的分配方式。"在承包期内，承包方交回承包地或者发包方依法收回承包地时"，"承包方对其在承包地上投入而提高土地生产能力的，土地承包经营权依法流转时有权获得相应的补偿。"第三，明确规定承包土地经营权可以有偿流转，"通过家庭承包取得的土地承包经营权可以依法采取转包、出租、互换、转让或者其他方式流转……。土地承包经营权流转的转包费、租金、转让费等，应当由当事人双方协商确定，流转的收益归承包方所有。"第四，明确规定承包土地经营权可以折价入股。第五，明确了各类土地的承包期限。2007年，十届全国人大五次会议通过了《中华人民共和国物权法》，在对现行的《宪法》、《民法通则》、《土地管理法》、《担保法》、《农村土地承包法》等相关农地产权制度条款进行整合的基础上，进一步把农地承包经营权和宅基地使用权定义为"用益物权"，也就是农民的财产权。但是"未能解决农地承包权和宅基地使用权的抵押问题"[1]。

农地集体产权制度改革变革的主要内容就是实现农地集体所有权与农户家庭承包权的分开，在此基础上，不断完善家庭承包经营权的承包年限以及权能结构。因此，农村改革以来的农地制度变革，创造了一个独一无二的农地产权结构。"它在不改变农地所有权的条件下，赋予农民土地经营权，收益权

---

[1]　张厚安、徐勇等：《大陆农地制度变革60年的基本经验与教训》，徐勇、赵永茂主编：《土地流转与乡村治理——两岸的研究》，社会科学文献出版社2010年版，第80页。

与处置权，并以承包权这个概念予以统御，将一元化的农地产权结构多元化，承包权包括经营权、收益权与处置权，所有权与承包权实现了二权分离。"①

2008 年 10 月，中共十七届三中全议通过了《中共中央关于推进农村改革发展若干重大问题的决定》，在该决定中，土地承包期由"长期不变"变为"长久不变"，稳定了农民的承包经营权。在这个基础上，提出允许农民以多种形式流转土地承包经营权，建立健全农村土地承包权经营市场，农民的用益物权得以确立，农村土地从资源变成了资产，从资产变成了生产要素，土地终于回归原有的生产属性和财产属性。同时，农地承包经营权通过《土地承包法》、《物权法》，从法律上具有了用益物权的性质。在农地产权制度变迁中，政策发挥了巨大的作用。从 1982 年到 2014 年，中共中央通过十六个"中央 1 号文件"对农地产权制度改革不断加以规定、完善。同时，注重利用法律手段把这种新型的农地集体产权制度上升为国家意志。

同时，通过对土地承包权流转及其市场的放开，使农地产权的权能更加完备。更为重要的是，农地制度变革从土地权利发育出若干新的权利束，一是从横向扩展，发育出了农民的若干经济权利，如生存权、财产权、保障权等，二是纵向扩展发育出了经济权利（财产权利），又从经济权利中发育出了社会权利和政治权利，如公民权。

第二节　农地集体产权的内涵、构造与特征

中国农村土地集体产权，是经由国家政权主导下的农业集体化运动过程中构造出来的具有中国特色的土地产权制度。农村改革以来，农村土地集体产权的变革和发展趋势就是实现土地所有权与经营权的分离以及实现农民

① 张厚安、徐勇等：《大陆农地制度变革 60 年的基本经验与教训》，徐勇、赵永茂主编：《土地流转与乡村治理——两岸的研究》，社会科学文献出版社 2010 年版，第 82 页。

集体与农民个体的分离。农村土地集体产权的这种权能分离和主体分离，使其具有不同于国有产权和私有产权的产权特征，并对农村经济社会发展产生了深远的影响。

一、农村土地集体产权的内涵

集体产权并不是一个主流经济学的产权概念，而是一个具有中国特色的财产权利安排。因此，有关农村土地集体产权（Collective Property Rights）的概念内涵，一直引起学术界的争论，存在三种观点：

其一，农村土地集体产权本质上是一种土地的集体所有权。中国农村土地集体产权本质上就是一种集体所有权。根据传统的民法理论，所有权是一种绝对的、最高的权利，具体包括占有、使用、收益、处置等四项权利。集体所有权是指一个集体内部所有成员共同拥有某项资产，在集体内部，每个人的权利都是平等和相同的，不经全体同意，任何个体都无法决定财产的使用和转让的一种财产权制度安排。农村土地的集体所有权是指农民集体对于属于其所有的农村土地依法享有的占有、使用、收益和处分的权利，是农村土地集体所有制在法律上的表现。在荷兰学者皮特看来，中国农村土地集体产权制度，是建立在"所有权"概念之上的一种集体土地所有制度。所有权是理解农地集体产权的关键。"当我们讨论中国农村土地集体所有制的相关问题时，最好使用'所有权'而不是'产权'一词。"① 周其仁则把土地集体产权看作是一种集体公有制。在他看来，集体公有制既不是一种"共有的、合作的私有产权，也不是一种纯粹的国家所有权，而是由国家控制但由集体承受其控制结果的一种农村产权制度安排"②。

---

① ［荷兰］何·皮特：《谁是中国土地的拥有者——制度变迁、产权和社会冲突》，社会科学文献出版社 2008 年版，第 34 页。

② 周其仁：《产权与制度变迁：中国改革的经验研究》，社会科学文献出版社 2002 年版，第 6 页。

其二，农村土地集体产权是一种由集体土地所有制决定或具体化的产权形式。土地集体产权以土地所有权为基础，但它并非指土地所有权。它又存在两种观点，一种观点把土地所有权排除在土地集体产权之外。如陈志刚等认为，所有权不等于产权，完整的农地产权划分为土地使用权、转让权和收益权三大部分[1]。另一种观点则把土地所有权包含于土地集体产权之内。农村土地产权是指以农村土地所有权为基础，以土地使用权为核心的一切关于土地财产权利的总和，是由各种权利组成的土地权利束。它包括土地所有权、使用权、收益权、处分权、出租权、转让权、抵押权等权能组成的权利束。因此，农村土地集体产权既包括农民集体的土地所有权，又包括集体成员对集体土地的承包经营权，具体而言就是土地的使用权、收益权、处分权、出租权、转让权、抵押权等。

其三，农村土地集体产权是一种集体成员享有的土地权利。成员权是界定集体产权的基本准则。万举认为，集体产权是指在转型经济中由集体（或社区）所有成员共同拥有和行使并对非集体（或非社区）成员具有排他性的产权[2]。在他看来，集体产权与私有产权、国有产权一起共同构成基本的产权形式。集体产权是集体成员在集体中的成员身份具有的经济权利束的综合体现，集体产权对集体外人员的排他性和集体成员的成员权的稳定共享性是缺一不可的。但是，也有学者认为，基于土地的集体所有而产生的集体产权在当代农村社会的实践中有着丰富的界定准则，虽然基于传统社会和公社时期的集体概念而形成的成员权原则是集体内权利分配的最基本准则，但成员权并不是界定集体产权的唯一准则。集体产权的界定不仅在成员权、市场逻辑和乡土原则多种原则中得以呈现，还要从集体产权与国家、周边村社

---

[1]　陈志刚、曲福田：《农地产权制度的演变与耕地绩效：对转型期中国的实证分析》，《财经研究》2003 年第 6 期。

[2]　万举：《公共产权、集体产权与中国转型经济》，《财经问题研究》2007 年第 5 期。

组织和个人以及成员内部的分配等三个层面来认知①。

中国农地集体产权的内涵，必须结合农村改革以来家庭联产承包责任制来加以界定。农村改革以前的农地集体产权，主要是以所有权为基础的一种产权制度。在这种产权制度下，农民集体拥有农村土地的所有权以及由所有权派生出来的经营使用权、收益权、处置权。家庭联产承包责任制实现了农地集体产权的制度创新，具体而言，就是实现了土地所有权与土地承包经营权的分离以及实现了农民集体与农民个体的分离。农民集体拥有农村土地的所有权，而农民个体（以农户家庭为单位）则拥有农村土地的承包经营权。这种农地集体产权制度具有"共有私用"的基本特征，即土地的所有权归农民集体所有，也就是"共有"，土地的使用权和收益权（土地承包权）归农户所有，也就是所谓的"私用"②。

二、农村土地集体产权的构造

集体产权是集体性的社会组织对某一确定的财产享有包括占有权、使用权、收益权和处置权等权能的法律界定。我国的农地集体产权形成于农业集体化时期，发展和完善于农村改革以来的农民首创、国家政策支持和法律追认。农村土地集体产权构造，主要包括两个方面，一是集体产权的主体构造，二是集体产权的权能构造。

（一）农村土地集体产权的主体构造

我国农地集体产权的构造经历了两个阶段，即农业集体化阶段和非集体化的农村改革两个阶段。农村土地的集体产权制度形成于农业集体化时期，在人民公社时期最终形成了土地集体所有，统一经营、集体劳动、统一分配的集体产权运行模式。这种集体产权的运行模式因为无法解决搭便车以

①　申静、王汉生：《集体产权在中国乡村生活中的实践逻辑：社会学视角下的产权建构过程》，《社会学研究》2005 年第 1 期。

②　赵阳：《共有与私用——中国农地产权制度的经济学分析》，三联书店2007年版，第17页。

及激励问题导致农业生产停滞不前，甚至导致农业危机。在经历了多次国家与农民的博弈之后，几经调整，虽然土地集体所有始终没有动摇，但在经营体制上却不断创新，最终确立了以家庭承包责任制为主、统分结合的"双层经营"的新的主体结构。

1. 农业集体化时期土地集体产权的主体构造。一般而言，人民公社时期农民集体主要有三个层次，依次为人民公社、生产大队和生产队。人民公社是一个政社合一的组织，是国家和农民集体的结合体，既是最高层次的农民集体，也是国家政权机关。生产大队的前身是"行政村"，实行人民公社后，转变为生产大队，成为人民公社时期的农村基层组织，在建制上，既是公社直接管辖的行政编组（行政区），又是生产预算单位。生产队则是最基层的农村基层组织，其前身是自然村，直接管理农户。农民因为失去独立的生产资料和财产权利，演变成公社的"社员"。

在确立农村土地集体所有制度的条件下，这三个层次的农民集体，究竟哪个层次代表农民集体？这一直是一个政治问题。事实上，在执政党内部一直存在争议。1958 年 8 月 29 日《关于在农村建立人民公社的决议》，具体规定了原集体所有制度不变，也就是说，农地产权主体包括高级社或生产队。1958 年 12 月 10 日《关于人民公社若干问题的决议》，规定了农村生产资料的公社所有制。在追求"一大二公"的政治狂热中，公社理所当然地成为农业生产资料的集体所有权主体。1959 年 3 月 3 日发布的《关于人民公社管理体制的若干规定（草案）》则做了退步，提出了三级所有，三级核算，并且以队的核算为基础。1959 年 4 月发布的《关于人民公社的十八个问题》，规定了三级所有，生产队为基础；同时，生产小队也应当有部分的所有制和一定的管理权限。1960 年 11 月 3 日中共中央又发布了《关于农村人民公社当前政策问题的紧急指示》，对集体所有制又提出了"三级所有，生产队为基础，生产小队的小部分所有制"。1962 年 2 月 13 日，在《关于改变农村人民公社基本核算单位问题的指示》中，中央高层再一次确认了"三级集体所有制、生产队为基本核算单位"的政策。经过了三年的争论和政策调整，1962 年 9 月，中共中央在北京召开党的八届十中全会，通过了《农村人民公社工作条例（修正草案）》，即众所周知的"农业六十条"，最终形成了"三级所有、队为基础"的集体产权主体的规定。所谓"三级所有"就是指农村土地集体所有制共有三个主体，代表国家的人民公社、代表农民集体的生产大队以及代表农民的生产小队。"队为基础"在最直接的意义上是说，生产队实行独立核算，自负盈亏，直接组织生产，组织收益的分配。"生产队是人民公社中的基本核算单位。……生产队范围内的土地，都归生产队所有……集体所有的山林、水面和草原都归生产队所有。"尽管生产队是农村土地集体产权的最直接的所有者，直接作为财产主体享有财产权利，但是"三级所有"的规定，也意味着另两级财产所有者即国家和生产大队也享有对集体财产的相应的权利。这里值得提出的是，集体产权的三级主体，主要通过政策而非法律来构造。这是因为中国的法律制度的特征是"法律自身过于零散，法院依赖于地方政府，法律服从于政策"①。

2. 农村改革以来的土地集体产权的主体构造。农村改革以来，如何维护农地集体所有制与农民个体经营之间的现实矛盾，构成了农地集体产权构造的核心。因此，集体产权制度构造必须作出两个方面的调整，一是界定利益归属，二是保证农村土地的充分利用，克服农地资源的有效配置的障碍。调整的主要方式除了政策外，还有法律。因为改革开放以来，随着社会主义民主法制的恢复和完善，法律与政策共同成为国家治理的重要手段。

农村改革以来的农地集体产权制度，主要依据《宪法》、《物权法》、《土地管理法》、《农村土地承包法》、《农村专业合作社法》等一系列法律和有关政策予以确定。根据《宪法》的规定："农村和城市郊区的土地，除由法律

---

① ［荷兰］何·皮特：《谁是中国土地的拥有者——制度变迁、产权和社会冲突》，社会科学文献出版社 2008 年版，第 73 页。

规定属于国家所有的以外，属于集体所有；宅基地和自留地、自留山，也属于集体所有。"同时，《土地法》对农地集体产权也作出了基本的规定："农村和城市郊区的土地，除法律规定属国家所有的以外，属农民集体所有；宅基地和自留地、自留山，属农民集体所有。"即农民集体是农村土地的所有者。但《土地法》对农民集体的界定不明，且存在着若干个农地所有权主体，包括村农民集体、农民集体经济组织、村民小组以及乡（镇）农民集体。这些出现在法律条文中的主体都是模糊的，它们都不是法律意义上的组织，而是全体农民的集合，是一个抽象的集合群体，不具有法人资格，因而是一种"虚拟的所有权主体"①。这种虚拟性实际上造成了一种所有权主体的缺位。这就使各种法定管理者，包括村委会、村民组及乡（镇）政府等，成为了实际上的所有者②。"国家虽然把农地界定给农民集体所有，但是国家各级政府仍然保留了土地征用权、总体规划权、管理权等重要的实际控制权，也成为实际上的农地产权主体之一。"③ 农村土地集体产权的主体构造，既要避免单个私人单独享有权利，又要解决集体成员集体享有权利时的意志协调。因此，"如果所有权界定明确，所有权的权益与责任有明确的所有者承担，那么，所有权与经营权的统一会使所有权的使用最有效率。如果所有权与经营权分离，但缺乏有效的激励与约束措施，或者所有权与经营权虽然没分离，但所有权的权益与责任没有明确的所有者承担，企业的效率都将受到损失。"④ 在计划经济的很长时间里，乡村农民集体的主要目标是为国家提供尽可能多的剩余产品。在市场经济时期，集体的代理人或集体中的少数人为了获得更多个人利益，也使集体活动偏离共同利益目标，出现了集体资产流

---

① 郭艳：《我国农村土地集体所有权的法律界定》，《上海行政学院学报》2007 年第 5 期。
② 吉朋晓：《农地产权：现状与问题》，"三农中国网"，http：//www.snzg.cn/。
③ 转引自吉朋晓：《农地产权：现状与问题》，"三农中国网"，http：//www.snzg.cn/。
④ 朱善利：《产权构造与企业效率的冲突——国有企业改革的难题之二》，《经济与信息》1999 年第 9 期。

失等问题。……集体在什么程度上能够实现其成员的共同利益，取决于国家对集体产权的保护程度和普通成员在集体中的地位，也取决于集体自身的组织结构和运作机制，这是由集体的组织特点所决定的①。

根据现行法律和相关政策，农地集体产权的主体主要有：

村民小组（原生产队）。村庄是一个最基本的农村聚落单位。在规划的社会变迁中，自然村庄构成行政村下的村民小组。村民小组集体土地所有权是指自然村的土地（包括承包地、林地、水域、农户宅基地等）属于村民小组内的所有农民集体所有。但农村改革以来，农村土地实现了所有权与承包经营权的分离，承包地、林地、水域依法由相应的承包人占有、使用、经营并获取收益，没有进行承包的土地仍由村民小组集体经济组织经营和管理。村民小组（生产队）集体经济组织拥有农户耕地、林地、水域等土地所有权的形式是农村集体土地所有权的基本形式。

村（原生产大队）。村农民集体土地所有权，如村办小学、村办企业、村委会办公场所等土地属于全村农民所有，村集体经济组织的法人机关或者法定代表人，是村农民集体土地所有者的法定代表。

乡镇政府。乡（镇）农民集体土地属于全乡（镇）农民集体所有，一般由乡（镇）办企、事业单位使用，也可以由乡农民集体或个人使用。乡（镇）农民集体所有的土地一般由乡（镇）人民政府代管，即由乡（镇）人民政府代行乡（镇）农民集体的土地所有权。

农民个体。除了集体产权主体外，农民个体也成为重要的土地产权主体。首先，自农村改革以来，家庭联产承包责任制成为中国农村最基本的土地经营制度，这种土地经营制度在保留土地集体所有的前提下，实现了所有权与承包经营权的分离，即集体拥有农村土地的所有权，而农户家庭则拥有

---

① 参见黄韬：《中国农地集体产权制度研究》，西南财经大学出版社2010年版，第52—53页。

承包经营权。农户及农户家庭成为一个独立的经营主体。家庭联产承包责任制实现了农地产权关系的重大变化，在国家、集体同农户的土地利益分配上有了很大的调整，农民进一步享有农业经营成果的剩余追索权，即"交够国家的，留足集体的，剩下的是自己的"。以后的政策与法律调整的方向稳定地朝着实现农民土地财产权的方向行进。进入 21 世纪以来，国家法律和政策不断强化对农民土地承包经营权的法律和政策保护，农民的承包经营权通过确权、登记和颁证，开始向物权化方向稳步发展。农民个体或家庭的承包地成为农民的一项不动产，具有了用益物权的性质，农民可以通过流转土地获得财产性收入。

（二）农地集体产权的权能构造

农村集体产权的权能构造主要是解决集体产权的运作问题。根据传统民法理论，所有权包括占有、使用、收益和处分四项权能。关于所有权权能结构，主要形成了权能分离说和权能集合说两种理论。权能分离说把所有权的权能称作所有权的作用，所有权的各项权能是所有权的不同作用，权能与所有权发生的分离，不过是所有权的不同作用的体现。而权能集合说认为，所有权是由各项权能组成的集合体，各项权能都可以成为单独的权利，组合起来即构成所有权。所以，所有权的权能是指构成所有权的权利。

前苏联民法主要采用所有权集合理论。1922 年的《苏俄民法典》第五十六条规定："所有人在法律规定的限度内有占有、使用和处分财产的权利。"因此，一些前苏联学者认为，"各种权能加总起来便构成了所有权的内容，这些权能构成所有权的要素。"① 我国沿袭了《苏俄民法典》的定义模式，采用了权能集合说。因此，在权能集合理论中，"所有权"构成集体产权制度的核心。集体所有权主要采用"集体所有、集体经营、集体管理、平

---

① 　B. II. 格里巴诺夫等：《苏联民法》，上册，法律出版社 1984 年版，第 278 页，转引自梅夏英：《财产权构造的基础分析》，人民法院出版社 2002 年版，第 24 页。

均分配"的运作模式。

(1) 农业集体化时期的土地集体产权的权能构造。在"三级所有、队为基础"的集体产权权能构造中，国家（通过人民公社）保留了对农村土地的最终所有权，垄断了对土地的处置权，所以，无论是生产队或生产大队都没有处置土地权属的权利。同时，国家作为农村土地的所有者，通过计划经济体制参与农业集体经营和管理，并且通过针对农产品的统购统销政策参与农业利益的分配。生产大队作为集体土地的一级所有者，其主要任务并不是经营集体财产，而是从事生产经营的管理工作即拥有一定的生产计划安排的权力（包括指导、检查和督促生产队的生产、财务管理和分配工作），督促生产队完成国家规定的粮食和其他农副产品的征购、派购任务，以及经营好大队所有的山林和企业。生产队作为集体土地的一级所有者，享有集体财产的生产经营管理自主权和收益分配自主权，是三级所有的最直接的集体财产的合法权利主体，享有作为财产主体所应享有的直接占有权、有一定限制的生产经营使用权和收益分配权。

(2) 农村改革以来的土地集体产权的权能构造。农村改革以来，实现了土地的集体所有权与农户个体承包经营权的分离。《土地管理法》主要涉及农地产权变更的问题。《土地管理法》确认了《土地法》对于农村土地的农民集体所有权的基本规定，明确了集体所有权的不同主体，即所有的土地依法属于村农民集体所有的，由村集体经济组织或者村民委员会经营、管理；已经分别属于村内两个以上农村集体经济组织的农民集体所有的，由村内各农村集体经济组织或者村民小组经营、管理；已经属于乡（镇）农民集体所有的，由乡（镇）农村集体经济组织经营、管理。同时，第十一条规定，"农民集体所有的土地，由县级人民政府登记造册，核发证书，确认所有权。农民集体所有的土地依法用于非农业建设的，由县级人民政府登记造册，核发证书，确认建设用地使用权。"而《农村土地承包法》则是专门性的关于农地产权实现形式的法律。《农村土地承包法》规定：国家实行农村土地承包经营制度。农村土地承包采取农村集体经济组织内部的家庭承包方式，不宜采取家庭承包方式的荒山、荒沟、荒丘、荒滩等农村土地，可以采取招标、拍卖、公开协商等方式承包。

除此之外，农民个体或家庭获得了集体土地的承包经营权。承包经营权是一种笼统性的权利术语，不同于所有权所强调的土地归属问题，而是强调土地的利用和有效使用。最初主要表现为农民个体或家庭对集体土地的使用权，并施加了诸多限制，如"土地不准买卖、转让和荒废，否则集体有权收回"（1982 年"中央 1 号文件"）。随着，农民的土地承包经营权的权能不断完善，又包括了使用权、剩余追索权、经济自由权和土地处置权。进入 2011 年以来，国家政策（通过"中央 1 号文件"）朝着"落实所有权，稳定承包权，放活使用权，保障收益权、尊重处分权"方向，不断完善农民土地产权权能。特别是 2014 年"中央 1 号文件"提出要赋予农民对承包地占有、使用、收益、流转及承包经营权抵押、担保权能，容许经营权抵押，目的是要给予农民更多的处分权，让农民有机会分享更多的财产性权益。2016年"中央 1 号文件"明确提出稳定农村土地承包关系，落实集体所有权，稳定农户承包权，放活土地经营权，完善"三权分置"办法。中国农村土地产权正在从所有权（集体）、承包经营权（农户）的"两权分离"转向所有权、承包权和经营权的"三权分置"发展。继续引导开展农户土地经营权等入股龙头企业、农民合作社以及经营权抵押贷款试点活动，使农民土地使用权再次放活。

三、农村土地集体产权的特征及其影响

（一）农地集体产权的特征

新型农地集体产权制度，是在国家与市场的共同作用下形成的一种新的农村土地产权制度安排。这种产权制度安排具有以下特征：

1.产权主体的多元性。农村土地集体产权的主体包括国家、集体和农

民个体或家庭。首先，国家是土地的最高所有者。国家的土地所有权是与生俱来的权利，所有土地名义上都属于国家所有。土地是现代国家的三要素之一，国家土地所有权可以由现代国家的领土主权推导出来。其他的土地所有权和使用权都由国家（通过法律）来规定。同时，国家也可以改变现有的土地所有权。只要遵照合法的土地征用程序，政府可以把集体土地所有权转变为国家土地所有权①。农民集体是农村土地的实际所有者，也就是说，农村土地的所有权归农民集体所有。在农村改革以前，农民集体不仅拥有土地的所有权，同时也拥有农村土地的经营使用权。家庭联产承包责任制度实施以来，集体不再行使农村土地的经营权，而是通过代表农民集体机构——主要是村民委员会或村民小组——将土地发包给农民个体或家庭分户经营。农户在新的集体产权制度安排下，拥有农村土地的使用权、收益权、处置权。

2. 土地权属的模糊性。在产权制度中，所有权是一项最为重要的权利。但农村土地集体产权制度在农村土地所有权主体上却存在"有意的制度模糊"。集体产权制度的模糊性源自"农民集体"概念的模糊性。在农村土地集体产权形成的人民公社时期，农民集体分为人民公社、生产大队和生产队三个层次。根据 1962 年中共八届十中全会通过的《农村人民公社工作条例（修正草案）》（"农业六十条"）的规定，土地所有权属于最低一级的集体单位（生产队）。"生产队是人民公社中的基本核算单位。……生产队范围内的土地，都归生产队所有……集体所有的山林、水面和草原都归生产队所有。"但是到了改革开放时期，对于生产队的后继者（自然村或村民小组）来说，它们手中的土地所有权却变得含混不清。根据修订后的《土地管理法》的规定："农民集体所有的土地依法属于村农民集体所有的，由村集体经济组织

---

① ［荷］何·皮特：《谁是中国土地的拥有者——制度变迁、产权和社会冲突》，社会科学文献出版社 2008 年版，第 36 页。

或者村民委员会经营、管理；已经分别属于村内两个以上农民集体经济组织的农民集体所有的，由村内各该农村集体经济组织或者村民小组经营、管理；已经属于乡（镇）农民集体所有的，由乡（镇）农村集体经济组织经营、管理。"[1] 虽然法律规定农村中的农民集体是土地所有者，但是对于代表农民集体的组织或者成分，法律并没有给出明确的定义。法律规定，集体经济组织和村民委员会仅拥有经营和管理土地的权利，这并不意味着它们就是土地的合法所有者，也不是说它们可以合法地行使土地的所有权，并从土地的所有权中获取收益[2]。可见，政府在制定法规时有意模糊了"集体"这一概念，使我们无法确定，究竟哪一级的集体单位掌握土地实权。在中国首次开展了全国范围内的集体土地登记，但登记工作恰恰在最为关键的环节上戛然而止，自然村并未继承土地原主——生产队——的土地权利[3]。何·皮特指出，中央政府希望通过维持集体土地所有权的模糊性，在社会经济和法律的发展过程中化解各级集体（自然村或村民小组、行政村及乡镇）之间的矛盾[4]。集体产权的权属问题不仅要解决土地的归属问题，更要解决土地的利用和有效使用问题。由于在农村集体土地上的国家、农民集体和农民个体之间的产权关系存在较大的糊模性，在土地处置即利用和有效使用上容易引发大量的社会矛盾和土地冲突。

3. 产权权能的残缺性。产权残缺（property defects）来源于产权理论的代表人物德姆塞茨于 1988 年提出的所有权残缺（the truncation of ownership）概念。与产权经济学家 Y. 巴泽尔的"产权稀释"（Attenuation of Rights）具有相同的内涵。所谓产权残缺是指完整的产权权利束里有一部分被删除。根

①　参见《中华人民共和国土地管理法》，第 8 条、第 10 条。
②　参见徐锋：《股份合作与农业土地制度改革》，《农业经济问题》1998 年第 5 期。
③　参见［荷］何·皮特：《谁是中国土地的拥有者——制度变迁、产权和社会冲突》，社会科学文献出版社 2008 年版，第 33 页。
④　参见［荷］何·皮特：《谁是中国土地的拥有者——制度变迁、产权和社会冲突》，社会科学文献出版社 2008 年版，第 47 页。

据产权理论，一个完整的产权包含所有权、使用权、收益权、转让权四个方面，其中所有权、使用权和转让权合称为控制权。因此，产权也可分为收益权和控制权两个部分。同时拥有物品或资源的收益权和控制权属于产权完整，仅拥有其中的一种权利或者某种权利被弱化表明对该物品或资源的产权是不完整的，或者说属于产权残缺。

农村土地集体产权制度下，土地属于集体所有，但集体土地的经营使用权经由承包制转归农民个体或家庭。因此，农民集体并不享有所有权的全部权能，农民个体或家庭也不享有使用权的全部权能。集体唯一可以作为的只是依法将土地发包给农户私人，在长达 30 年以上的法定承包期内，唯有私人承包方才有权使用和经营农地，获取相应的收益并可在市场上自主转让农地的经营权；集体发包方无权终止、收回、调整农户承包权，无权截流承包收益权，也无权干预承包方的转让权①。对于拥有土地的使用权的农民个人而言，也并不享有完整的产权，如农地不能买卖、农地也不能作为抵押物，农地的转让权受到"土地的农业用途"的限制，从而使拥有土地承包经营权的农民个体或家庭并不享有农地发展权。

4. 土地权利的不稳定性。在农村土地集体产权制度下，土地的所有权属于集体，即村庄社区所有成员，这种成员资格主要依据出身而自动获得。因此，村庄社区所有成员是一个包含过去、现在和未来的连续性实体，也就是说，社区内所有新增人口都有获得土地的天然权利，村庄社区再以家庭为单位分配土地的使用权。一旦家庭人口发生变化，集体就面临重新调整土地的分配。因此，随着家庭人口的变化，村组内土地必然要定期进行再分配，即"土地调整"②，这就必然造成农民土地权利（地权）的不稳定性。同时，国家也可以通过土地征收的方式剥夺农民集体的土地所有权以及连带的农民

---

① 周其仁：《产权与制度变迁：中国改革的经验研究》，北京大学出版社 2004 年版，第 86 页。
② 赵阳：《共有与私用：中国农地产权制度的经济学分析》，三联书店 2007 年版，第 10 页。

个体的土地承包经营权。

（二）农地集体产权制度的影响

在农地集体产权制度下，基层政府、村民委员会、村民小组以及村民等多元主体各自享有农地的部分权利。一方面，基层政府、村民委员会以及村民小组之间为争夺农地所有权而产生冲突；另一方面，由于农地产权权能残缺，导致了农地资源配置效率低下。

农村土地集体产权主体多元，导致了村庄不同利益主体之间包括基层政府与村委会之间、村委会与村民小组之间、村民小组与村民之间的土地纠纷。土地利益纠纷的发生，一方面打破了村庄和谐、安宁的环境，另一方面村庄主体之间因利益争夺破坏了相互间信任与平等关系的同时也破坏了村庄基层民主的实现基础，加剧了村庄主体之间的对立与仇视，由此破坏了村民之间进行集体行动、守护村庄的能力。

农地集体产权制度是我国在农村的一项重要制度安排。在改革开放初期，集体所有、分户经营的家庭联产承包责任制度在维护社会稳定、实现农村社会的分配公平等方面发挥了重要的作用。农地集体所有，家庭承包经营，不仅维护了国家的权威，而且调动了农民的生产积极性，提高了农业生产效率，达到了资源优化配置的目的。然而，随着国家城市化、工业化建设步伐的加快，越来越多的农民脱离农业生产，进入城市从事二三产业的生产活动。农村出现了大量耕地无人耕种、农村土地被闲置的现象。国家政策鼓励农村土地向种田能手集中，鼓励城市工商资本进入农村从事现代农业生产经营活动，以实现农地资源的合理优化配置。一方面，不愿意从事农业生产经营活动的农民，将土地的经营权通过转让、出租等方式流转给其他种田能手、农业企业，以实现农地资源的合理利用与开发。另一方面，村委会通过集中村庄的荒山、荒地，将经营权流转给种植大户、合作社、农业公司等新型农业经营主体，重新整合农地资源，实现农地资源最大限度地开发。但是，农地集体产权制度在农地流转过程中也暴露出了一些问题，特别是农地产权主体的多元化和农地产权主体间权利界限与权利内容的模糊化，弱化了产权本身具有的约束人与人之间利益关系的制度功能，导致了不同主体在争夺土地权利上的利益纠纷，降低了农地资源的配置效率。因而，优化农地集体产权制度，合理安排产权关联者之间的关系是提高产权制度本身在稀缺资源配置效率上的积极作用的重要保障。

第三节　农地集体产权制度下的国家、集体与农民

在农村土地集体产权制度下，存在着三个产权主体，即政府、农民集体和农民个体或家庭。这三个权利主体通过不同的途径和方式分享对农村土地的权利。

一、国家的土地权利

（一）国家对集体土地权利的理论分析

根据《土地法》的规定，我国的土地所有权分为国家所有和集体所有两种，形成了城乡两种不同的土地所有制即城市国家所有制和农村集体所有制。其中，国家所有的土地包括：城市市区的土地；农村和城市郊区中依法没收、征收、征购为国有的土地；依法不属于集体所有的林地、草地、山岭、荒地、滩涂、河滩以及其他土地；农村集体经济组织全部成员转为城镇居民的，原属于其成员集体所有的土地；因国家组织移民、自然灾害等原因，农民成建制地集体迁移后不再使用的原属于迁移农民集体所有的土地。所有人为国家，由国务院代表国家行使所有人权利，实务中主要是市县政府及其土地主管部门代表国家行使。不属于国家所有的土地都归集体所有，包括农村和城市郊区的土地，除由法律规定属于国家所有的以外，属于农民集体所有；宅基地和自留地、自留山，属于农民集体所有。所有人为集体，实务中由村委会、村民小组或者乡镇政府代表所有人经营管理。

　　但是，即便是农村集体所有的土地，国家仍然是一个重要的土地权利主体。国家作为土地权利主体的主要表现之一就是拥有对国家范围内一切土地包括农村集体所有土地的原始所有权。现代国家是建立在一定疆域上的主权体。土地构成现代国家的三要素之一（另外两要素是指人民和政权）。由于土地不是由人创造的，因此，土地的私有财产权必然来自于一个主权实体。如在中国传统社会，盛行"普天之下，莫非王土"的信条。土地在名义上属于国王所有，臣民仅拥有有限的土地产权。如在英国，土地所有权都来自国王，国王将土地分封给贵族和武士，作为交换，这些贵族和武士就得在军事上尽忠于国王。在美国，土地在理论上是由国家（各州）让与的，至今国家（各州）在理论上对土地还有一定的所有权，当一块土地无人继承也没有转让给他人时，这块土地就归还给了国家①。

　　（二）农地集体产权制度安排下的国家土地权利的构成

　　当前，我国农村土地的产权制度存在国家所有和集体所有两种形态，前者是指土地产权归国家所有，但依法由农民集体使用的农村土地，后者指土地产权由集体所有，农民承包经营的农村土地。但不论哪种形态的农村土地，国家（政府）均拥有土地权利。国家（政府）的土地权利表现为农村土地管理权、征收或征用权、土地二级市场垄断权和增值收益权，国家（政府）的三种土地权利相互关联，土地管理权和土地征用权为国家的土地财产权奠定了基础和前提，而国家依靠法律法规垄断了土地二级市场的交易权，从而获得土地增值收益，这正是国家土地财产权的实现路径。

　　1. 土地管理权。土地管理权又叫警察权（police power）。警察权是指政府管理社会的权力，而不是通常所理解的警察执法权。具体是指主权国家用以维护国家安全和社会治安秩序，预防、制止和惩治违法犯罪活动而依法实行的强制力量。警察权属于国家政治权力的范畴，来源于公民的授权，是一

① 李进之等：《美国财产权》，法律出版社1999年版，第6页。

个主权者固有的权力。从财产权的角度来看，政府的警察权主要是指政府对土地财产的管理权①，即政府为了保护公众健康、安全、伦理及福利而无偿对财产所有人财产施以限制乃至剥夺的权力。

　　为了规范农村土地承包经营、使用、流转等，国家实行严格的土地管理制度，县、乡（镇）两级政府及土地管理部门通常作为国家管理农村土地的管理机构和主体，并在实践中借助村民自治组织代表政府进行农村土地日常管理。其中，县级政府主要是为农村土地确权并进行土地档案造册，如《土地管理法》（2004 年修正）第十一条规定："农民集体所有的土地，由县级人民政府登记造册，核发证书，确认所有权。农民集体所有的土地依法用于非农业建设的，由县级人民政府登记造册，核发证书，确认建设用地使用权。"乡（镇）一级政府及土地管理部门主要行使管理农村土地中房屋建设用地的审批权，如在多数农村地区，农民兴建房屋（使用原有宅基地建设房屋、利用农用地建设房屋）由村民小组、村民委员会以及乡（镇）土地管理部门实行三级管理。具体而言，村民小组负责核实房屋建设所在地是否位于村内房屋建设规划区内，并向村民委员会上报土地使用证明等材料；村民委员会负责核实土地使用面积等，并代理乡（镇）政府土地管理部门征收土地建设使用费；乡（镇）土地管理部门对房屋建设土地造册，并行使土地使用审批权。只有乡（镇）政府土地管理部门同意审批后，农村房屋建设土地的使用才具合法性，即政府掌握了农村土地使用的审批权和管理权。

　　审批和管理农村土地用于房屋建设是政府行使农村土地管理权的表现之一，政府对农村土地享有管理权的另一个表现是农村土地流转管理权。《土地承包法》第十五条规定："农民集体所有的土地由本集体经济组织外的单位或者个人承包经营的，必须经村民会议三分之二以上成员或者三分之二以上村民代表的同意，并报乡（镇）人民政府批准。"《土地承包经营权管理

---

① 李进之等：《美国财产权》，法律出版社 1999 年版，第 191 页。

办法》第五条规定："县级以上人民政府农业行政主管（或农业经营管理）部门依照同级人民政府规定的职责负责本行政区域内的农村土地承包经营权流转及合同管理的指导"，第三十二条规定："县级以上地方人民政府农业行政（或农村经营管理）主管部门应当加强对乡（镇）人民政府农村土地承包管理部门工作的指导。乡（镇）人民政府农村土地承包管理部门应当依法开展农村土地承包经营权流转的指导和管理工作，正确履行职责"等。除此之外，县、乡（镇）两级政府土地管理部门还负责农村土地承包经营权流转纠纷的调解或仲裁。

政府对农村土地行使管理权的主要目的在于防止农用地用于建设用地以及规范农村土地权利运用，但政府的土地管理权会超越相关土地管理法律法规，干预农村土地权利运用，甚至借助土地管理权与农民集体或农地承包户分享农村土地权利运用收益。

2. 土地征收权（eminent domain；taking power）。征收是指政府依法有偿从私人手中取得财产占有权。基于对公民私有财产权的保护原则，宪法对政府的征收权又设定了诸多限制。美国联邦宪法第五修正案规定："非依正当法律程序，不得剥夺任何人的生命、自由或财产；非有合理补偿，不得征用私有财产供公共使用。"该修正案规定了征收的三项要素：正当法律程序、合理补偿以及公共使用[①]。我国的宪法和法律同样对土地征收实施规范和限制。根据我国《宪法》的规定，城市的土地属于国家所有，农村和城市郊区的土地，除由法律规定属于国家所有的以外，属于集体所有；宅基地、自留地、自留山，也属于集体所有。……任何组织或者个人不得侵占、买卖或者以其他形式非法转让土地。该条款确认了我国土地所有权状况，即国家土地所有制与集体土地所有制相结合的土地所有权制度。土地的使用权可以依照法律的规定转让。《土地管理法》规定："国家为了公共利益的需要，可以依

---

① 李进之等：《美国财产权》，法律出版社 1999 年版，第 200 页。

法对土地实行征收或者征用并给予补偿。"政府征用土地是以政府强制力作为后盾，在有偿的前提下强制将农村土地征用为城市土地，是农村土地集体产权单向向城市土地国有产权转变的唯一途径。由于国家禁止任何单位和个人侵占、买卖或者以其他形式非法转让农地，也即政府垄断了农村土地集体产权向城市土地国家产权的土地交易一级市场。

在我国，农村土地或属于国家所有，或属于农民集体所有。一方面，国家为了保护耕地，禁止农村土地自由交易，严格限制农用地用于非农建设用地，不论是国家所有还是农民集体所有的农村土地均不能进入市场进行自由交易即自由买卖。另一方面，农村土地是全民公有财产或农民集体共有财产，国家为了保障公共利益或维护农民集体利益，防止农村土地自由交易而引起公共利益或农民集体利益受到侵害。除此之外，自由交易农村土地可能引起土地向大户或其他组织集中，导致农村贫富差距扩大等。因此，在法律和政策不允许农村土地买卖以及严格限制农用地用于非农建设用地的背景下，农用地向建设用地或农村土地向城镇建设用地转变需通过政府征地过程，而政府根据城市建设规划以及征地指标依法征地，通过征地使农村土地的集体产权转变为城镇土地的国家产权。

但是，国家对农村集体土地的征用权，必须满足两项条件：为了公共利益的需要，可依法有偿征用农村土地的权利。第一是公共利益的规定。宪法和土地管理法从原则上限制了土地征收必须基于公共利益的需要。但相关法规和实施细则对哪些利益是公共利益以及界定公共利益的程序没有规定。因此，什么时候征地，在多大范围内征地，一般由县级以下政府说了算。因此，征地的决定权看上去是一个征不征地的问题，实际上是公共利益的解释权问题。在发展型政府条件下，经济建设需要被广泛理解为符合公共利益的规定。事实上，经济建设需要可以区分为两种模式：一种是从国家整体经济绩效和社会效益出发的模式，这种模式虽然不属于公用的范畴，但还可以宽泛地纳入公共利益的范畴。另一种是从单纯政府财源和短期利益出发，而进行的大兴土木，既不属于公用范畴，也不属于公益的范畴。目前，第二种模式已成为普遍的征地目的，也就是说，以公共利益的名义征收的土地主要是用于增加政府财政收入和短期利益。这种以公共利益的名义征收的土地未必真的符合公共利益的需要。因此，如何规范公共利益的解释权成为规范土地征收权的关键。

第二是征地补偿。但有关征地补偿的一个问题是法律规定的征地补偿标准太低。法律规定的征地补偿的标准是相对固定的。比如，按《土地管理法》第四十七条规定，征收耕地的土地补偿费，为该耕地的土地补偿费，为该耕地被征前 3 年平均产值的 6 至 10 倍。每个需要安置的农业人口的安置补助费标准，为该耕地被征前 3 年平均年产值的 4 至 6 倍。但是，每公顷被征收耕地的安置补助费，最高不得超过被征收前 3 年平均年产值的 15 倍。耕地的产值并不是逐年增长，即使农业技术发生了重大突破，产值的增量仍然有限度。可是，征收后的土地在市场上的价值却会逐年浮动，随着社会经济的发展，土地的价值会不断增长。也就是说，在征地补偿和土地出让之间，政府拥有一个巨大的差价空间。并且，由于政府在征地补偿和土地出让中的垄断地位，这个差价空间还可以无限扩大。能够无限扩大的利益空间使地方政府有无限征地的利益驱动力，并诱使地方政府对公共利益做更加宽泛和灵活的解释，有关农民的利益就成为这种任意解释的牺牲品。另一个问题是征地补偿款的使用问题。《土地管理法实施条例》规定：土地补偿费归农村集体经济组织所有，地上附着物及青苗补偿费归地上附着物及青苗的所有者所有。安置补偿费则专款专用，或者交由安置单位，或者在不需要统一安置时，发放给被安置人员个人，或者征得被安置人员同意后用于支付被安置人员的保险费用。所谓土地补偿费归农村集体经济组织所有，通常是把钱交村长、村支书。因为农村多数基层组织权力是集中在村长或村支书手上，有时村长还兼任财务会计。而地上附着物和青苗补偿费、安置补偿费也是通过村长、村支书转交或统一支配。这些补偿款能否正确使用，取决于村里是否有健全的财务制度、民主监督制度以及村干部本人的人品和法律意识。

3. 规划权（zoning power）。规划是指将土地区划为特殊的定义区，以及对该区建筑和建筑物的使用加以限制性规定。规划权的核心是土地的使用。如农业用地和工业用地、粮食主产区、主体功能区等都属于规划权的范畴。政府拥有土地管理的规划权，就是土地和开发利用必须符合政府的土地使用规划，使土地资源的利用为公共提供更好的效果。但是，这种对土地使用的规划权仍受到法律的严格约束。如美国土地分区法包括土地使用综合规划的制定，必须召集社区所有的成员参与，在社区成员讨论通过的基础上才能颁布土地分区法，而且土地所有者在分区法规定的范围内有充分的自主经营和使用权利。政府要管理和调控土地的利用，比如执行土地休耕计划，减少或扩大某类农产品的生产等，联邦和州政府只能通过农业支持项目来吸引农场主参加，并不能强迫和指令农场主执行某个种植计划或调整其产业结构①。

4. 土地增值收益权。土地增值收益权是国家土地财产权的核心权利，表现为政府对土地增值收益的占有权和支配权。政府完全占有土地增值收益与土地交易市场有关。首先，在农用地转变为城镇建设用地的过程中，因政府禁止土地买卖，政府垄断了土地由农用地进入建设用地的一级市场，即政府通过土地征用成为唯一的土地购买方。其次，土地成为城市建设备用地后，政府有权自由处置城市建设备用地，备用地主要用于城市公共建设诸如道路、广场、政府机构建设等以及商业开发如商品房建设等，其中前者主要是通过政府规划及土地使用分配，土地增值收益效应隐性化，后者往往通过拍卖方式进行，土地增值效应外显化，这部分土地增值收益即为通常所言的土地增值收益，也是地方政府土地财政依赖的核心资源。

因此，政府垄断了整个城市土地增值过程，即在城市建设备用地转化

① 王环：《从新农村建设的角度看美国农地产权制度》，"中国农经信息网"，http：//www.caein.com/index.asp？xAction＝xReadNews&NewsID＝45843。

为城市商业开发地的过程中，政府作为土地的唯一卖出方，独享城市土地用途转换的增值收益。因政府享有城市土地增值收益权，而土地增值收益大大增强了城市政府的财政收入与支配能力，致使一些地方城市政府财政过度依赖土地增值收益。在政府财政高度依赖土地增值收益的背景下，土地一级交易市场常出现违法、违规行为，表现为超标征地、以租代征以及低价强征等。

二、农民集体的土地权利

（一）集体与农民集体

集体（Collective）的概念源于前苏联社会心理学中的一个基本概念，是指执行有益的社会职能的高度发展的群体，是社会主义社会人们的特有组织形式。集体的本义是指为了共同利益而结合在一起的人的团体。但集体的内涵和外延并不确切。在《德意志意识形态》一文中，马克思指出："只有在共同体中，个人才能获得全面发展其才能的手段，也就是说，只有在共同体中才可能有个人自由。"[①] 在马克思的论述中，共同体主要是指国家或者社会，即一种广泛意义上的集体。农民集体是指在一定的地域范围内（村庄）基于土地财产形成的一个政治与法律概念。作为一个政治概念，农民集体主要是国家政策构造的产物。作为一个法律概念，农村集体主要是指村庄农民作为一个整体享有法律主体资格。事实上，农民集体是一个国家构造的法人主体，国家构造的农民集体有一个形成和发展的过程，而这一过程也是农民被组织进集体的过程。

农民无疑是以个体和家庭的形式存在，无论是过去、现在还是将来。所谓农民集体，只不过是现代化进程中的一个国家构造物。诚如有些论者所指出的那样："（农民）集体不像国家和农民这一对关系，并不是天生就有

---

① 《马克思恩格斯文集》第 1 卷，人民出版社 2009 年版，第 571 页。

的，这需要以国家的名义来构造，农业集体化或者说农业合作化的过程就是国家构造集体及集体权利的过程。"[①]

互助组是农民集体的萌芽。互助组主要是一个建立在农民家庭基础上的生产互助组织。互助组内部存在着分工与协作，在互助组的基础上建立起来的农业合作社则是农民集体经济的有效载体。农业合作社分为初级合作社和高级合作社两种形式。初级合作社是农民集体的雏形。土地入股、统一经营是其两个最基本的特征。土地入股，使农民个体或家庭失去了对土地的直接占有的权利，而统一经营，包括田地集中、统一规划、统一种植，农业生产按专业分工，统一安排，粮食集中，统一年终分配，使农民个体或家庭失去了对土地的经营和管理权，而由合作社掌握对土地财产的实际经营、生产和管理权。但是，各家仍保留土地私有权，分配时部分按劳动质量，部分按投入土地的数量。正是在这个意义上，初级合作社标志着国家构造的农民集体开始具备了雏形。由初级合作社转向高级合作社，是农业社会主义改造的方向，也是执政党执意推动的农业合作化运动的目标。高级合作社不同于初级合作社的地方主要表现在以下三个方面：一是主要生产资料（包括土地、耕畜、大型农具）转归合作社集体所有，二是取消土地报酬，三是扩大了合作社的范围[②]。随着高级合作社的建立，农民集体正式形成。

伴随着人民公社的解体，原来建立在农业集体化基础上的农民集体逐渐解体，村民委员会取代了原来的生产大队和生产小队，成为新的农民集体。根据《中华人民共和国村民委员会组织法》的规定，村民委员会依照法律规定，管理本村属于村农民集体所有的土地和其他财产，引导村民合理利用自然资源，保护和改善生态环境。根据《土地法》第十条的规定，农民集

---

① 刘金海：《产权与政治——国家、集体与农民关系视角下的村庄经验》，中国社会科学出版社 2006 年版，第 13 页。

② 刘金海：《产权与政治——国家、集体与农民关系视角下的村庄经验》，中国社会科学出版社 2006 年版，第 22—23 页。

体所有的土地依法属于村农民集体所有的，由村集体经济组织或者村民委员会经营、管理；已经分别属于村内两个以上农村集体经济组织的农民集体所有的，由村内各该农村集体经济组织或者村民小组经营、管理；已经属于乡（镇）农民集体所有的，由乡（镇）农村集体经济组织经营、管理。

一般而言，农民集体是由一个有形的、个人联合起来的、具有法人资格的集体经济组织来代表。但是，农民集体经济组织并不等于农民集体，这是两个不同属性和层次的概念，现实的农民集体经济组织并不能涵盖农民集体中的全体成员，所以往往由村民委员会来代表农民集体。

（二）农民集体的土地权利

土地所有权和土地使用权构成农村土地产权制度的主要内容。农村改革以来，农村土地集体产权制度是与承包经营制度紧密联系、相互依存的。家庭联产承包责任制的推行，使土地所有权与使用权发生了分离。农民集体的土地权利主要是土地所有权，所谓集体土地所有权是指一定范围内的农民集体对集体土地拥有所有权。农民集体对集体土地的所有权主要根据我国法律和有关政策予以确立。确立农民集体土地所有权的法律框架包括《宪法》、《物权法》、《土地管理法》、《农村土地承包法》、《农村专业合作社法》等。如根据《宪法》规定："农村和城市郊区的土地，除由法律规定属于国家所有的以外，属于集体所有；宅基地和自留地、自留山，也属于集体所有。"而《物权法》则确认了国家所有权、集体所有权、私人所有权三种财产权形式，并规定了国家、集体、私人的物权，土地承包经营权以及相关的诸项权利。关于集体所有权的标的，《物权法》规定："集体所有的不动产和动产包括：①法律规定属于集体所有的土地和森林、山岭、草原、荒地、滩涂；②集体所有的建筑物、生产设施、农田水利设施；③集体所有的教育、科学、文化、卫生、体育等设施；④集体所有的其他不动产和动产。"因此，在我国的法律框架下，农民集体的土地权利主要是土地所有权。根据《物权法》的规定，农民集体直接行使所有权的法定情形主要包括：①土地承包方案以及将土地发包给本集体以外的单位或者个人承包；②个别土地承包经营权人之间承包地的调整；③土地补偿费等费用的使用、分配办法；④集体出资的企业的所有权的变动等事项；⑤法律规定的其他事项。

（三）农民集体的土地权能

依据相关法律规定，在农村土地集体产权制度下，集体土地所有权的内容包括使用权能、收益权能、管理权能和处分权能。其中，使用权能和收益权能由农民集体组织成员享有，而管理权能和处分权能由农民集体组织享有。因此，农民集体的土地权能主要由管理权能和处分权能构成。

1. 管理权能。管理权能是指农民集体组织"对农民集体土地及其使用方式进行监督、管理，并在特定情形下和行为发生时采取相应强制性措施的权利内容，主要表现为对集体所有土地的管理和对土地占有、使用人的管理两方面"[①]。农村集体土地产权的管理权能内涵包括：一是农民集体组织掌握农村集体土地的发包权。《土地承包法》第十二条规定："农民集体所有的土地依法属于村农民集体所有的，由村集体经济组织或者村民委员会发包；已经分别属于村内两个以上农村集体经济组织的农民集体所有的，由村内各该农村集体经济组织或者村民小组发包。……国家所有依法由农民集体使用的农村土地，由使用该土地的农村集体经济组织、村民委员会或者村民小组发包。"同时，《土地承包法》第十三条规定："发包本集体所有的或者国家所有依法为本集体使用的农村土地。"作为发包方享有的权利之一，农民集体组织不仅是农民集体所有的集体土地的发包方，还是国家所有归农民集体使用的土地发包方，这意味着农民集体组织有权以农村集体土地的发包权组织实施农民集体所有土地在农民集体组织内的权能分割，这种权能分割主要表现为农村集体所有土地的承包经营权分配与调整。土地承包经营权分配与调整在土地调整频繁的地区或村庄表现得尤其充分。二是监督、管理

---

① 茆荣华：《我国农村集体土地流转制度研究》，北京大学出版社 2010 年版，第 55 页。

土地的使用用途。监管农用地用于非农用建设用地、宅基地占用农田等,以及集体土地占有人、使用人,即管理集体土地流转方向。农民集体组织对集体土地的使用用途和流转方向进行监督和管理,主要基于村民集体利益或者村庄公共利益,因为农民集体组织是村民集体利益和村庄公共利益的代表和维护者。

2. 处分权能。处分权能是指"在集体所有土地上对外设定法定负担的权利内容,包括债权性负担和物权性负担,前者表现为租赁权、占用权等权利负担类型,后者表现为承包经营权、抵押权、地役权等权利负担类型"[1]。这种处分权能与农民的土地承包经营权的处分权存在重叠,导致农村集体土地处分主体出现争议和分歧,即农村集体土地尤其是集体土地的承包经营权流转是单独由农民集体组织控制还是由农民自主决定,或者由农民集体组织与集体组织成员共商决定,再或者农民集体组织是否有权干预农民自主流转农地承包经营权。

从法理上看,农民集体组织享有农村土地集体产权的管理权能和处分权能,但是,农民集体组织本身就是国家构造物,农民集体组织享有的管理权能和处分权能并不是终极意义上的管理权和处分权,最终必须体现国家的意志。因此,土地处分权先是由农民手中转移至农民集体组织手中,紧接着农民集体组织的集体土地处分权因国家行政权力控制而丧失,农民集体组织的集体土地所有者地位实际上被国家取代,"集体土地在某种程度上成了国有土地"[2]。正因为如此,农民集体的土地权能逐步弱化,农民集体虽然在名义上享有土地所有权,但在实践中,多数集体并不享有土地管理权和处分权,特别是基于土地处分权而带来的土地收益,如征地补偿、土地承包经营权流转收益等。

---

[1]　茆荣华:《我国农村集体土地流转制度研究》,北京大学出版社 2010 年版,第 55 页。
[2]　茆荣华:《我国农村集体土地流转制度研究》,北京大学出版社 2010 年版,第 18 页。

三、农民个体的土地财产权

在现有的农地集体产权制度安排下，土地能否成为农民的私有财产权，这在近年来引起了学术界的广泛关注和讨论。但是由于对土地制度、土地产权等相关概念理解的不一和混淆，使得这种争论演变成为私有化与反私有化的争论。因此，最重要的是区分土地所有制度与土地财产权制度。所有制度关注特定物的静态归属层面，而财产权则强调特定标的的动态使用层面。在不同的所有制度下都存在土地财产权制度。因此，即便是在农村土地集体所有的条件下，农民仍拥有对承包土地的财产权。

（一）农民个体土地财产权的理论分析

农民是否拥有土地的财产权一直引发了广泛的争议。农民作为耕者为什么拥有土地财产权？17世纪英国著名政治思想家洛克提出了"劳动创造土地财产权"的命题。这一命题包括两个方面的含义。一方面，劳动确立了对劳动成果的所有权。通过将劳动施加于原材料和其他尚无归属的东西之上，人能使得这些东西成为他或她的私有财产。他的身体所从事的劳动和他的双手所进行的工作，我们可以说，是正当地属于他的。只要他使任何东西脱离自然所提供的和那个东西所处的状态，他就已经掺进他的劳动，在这上面参加他自己所有的某种东西，因而使它成为他的财产。另一方面，劳动还导致了土地的私人占有。"开拓或耕种土地是同占有土地结合在一起的。前者给予后者以产权的根据。而人类生活的条件既需要劳动和从事劳动的资料，就必然地导致私人占有。"① 在洛克看来，个人可以通过劳动获得土地、矿物、能源等的财产权。

农民土地财产权最能从经济效率上得到证明。导致土地由公共财产转变为私有财产的根本原因在于经济效益。美国经济史学家诺思从经济史的角度分析了公有财产下人类所面临的生存困境和解决出路。他指出："所有权

---

① ［英］洛克：《政府论》（下），商务印书馆1964年版，第23页。

的演进，从历史上看包括两个步骤，先是把局外人排除在利用资源的强度之外，而后发明规章，限制局内人利用资源的强度。"①而现代经济学家的"公用地悲剧"理论也从反面证明了土地财产权的合理性。"公用地悲剧"最早是由加勒特·哈定提出来的，其基本含义是集体资源的自由使用会毁灭所有的集体资源。哈定以公用地牧场为例来阐明"公用地悲剧"这一观点：当多把一头牲口放入集体牧地的全部收益落入单个农夫手中，就牧场所增加的压力而言，这一代价将由所有集体牧地的使用者分担，假定所涉及的个人被驱使力图获得最大回报，在这种情况下每个使用者都有很强的动机来借机扩大他的牧群，从而导致牧场的退化②。

在我国的土地集体所有制度安排中，"公用地悲剧"呈现出不同的特征。它不仅导致土地资源的耗尽，而且导致土地资源利用效率的低下。农业集体化运动后，消灭了农民的土地私有制，建立了农村土地的农民集体所有制。在这种集体所有制模式下，建立起集体统一行使经营使用权和收益分配权的土地经营管理体制。这种土地财产制度的效率是相当低下的，其根本原因在于作为农业生产者的农民失去了土地所有权以及相应的经营使用权和剩余索取权，农民没有了农业生产的预期收益，只有选择"私有化"自己的劳动力。其结果是农业生产率大幅度滑坡和农业产出长期持续不前。

（二）农民土地财产权的形成

自20世纪80年代农村经济改革以来，尽管农村土地的集体所有制度安排并未改变，但农村土地家庭承包经营制的实行，使农民不仅获得了对自身及其劳动力的财产权利，而且还获得了一定的土地财产权，且这种土地财产权呈现出强化的趋势。家庭承包责任制突破了严格的集体土地所有制模式，实现了土地集体所有权和农民家庭使用权的分离。这种制度创新虽然没有改

①　[美] 道格拉斯·C. 诺思：《经济史上的结构和变革》，商务印书馆2002年版，第85页。
②　Hardin, G.1977：*The tragedy of the commons*，in O.Hardin and J.Banden (eds) 1977 (first published in Science)，162：1243-8.

变土地的集体性财产性质，但赋予了农民对集体土地的承包经营权，这种承包经营权经由中央政策和相关法律成为农民个体或家庭的财产性权利。

首先，家庭承包责任制使农民获得了集体土地的承包经营权。家庭联产承包责任制虽然没有改变土地的集体所有权制度，但农民获得了土地的承包经营权。土地承包经营权成为农民的一种重要的财产权利。但因经济改革刚刚起步，农村承担着向城市转移资源的行政任务与行政负担，农民的部分土地收益交由国家统筹分配，从而农民仅获得部分土地收益权。随着经济改革深入以及市场经济发展逐步成熟，国家通过农村税费改革，取消了农业税，土地收益完全归农民享有。2002 年 8 月 29 日第九届全国人大常委会通过的《土地承包法》对农民获得的这一财产权利加以认可。《土地承包法》第五条规定："农村集体组织内部成员有权依法承包本集体组织发包的农村土地。任何组织和个人不得剥夺和非法限制农村集体经济组织成员承包土地的权利。"这从法律上界定了农村经济组织成员承包农村土地的权利，即家庭或农户享有农村土地承包经营权。因此，对农民个体而言，其对集体土地的承包经营权就是一种事实上的财产权利。它不仅包括物权意义上的占有权，还包括源于此的使用权、收益权和相应的处分权。2008 年 10 月，中共十七届三中全会审议通过了《中共中央关于推进农村改革发展若干重大问题的决定》，赋予了农民相较过去而言更加完整的土地财产权，包括对承包土地的长久占有权、更加完善的土地经营权、使用权、收益权和处置权。具体而言，一是赋予农民更加有保障的土地承包经营权，现有土地承包关系要保持稳定并长久不变；二是在坚持最严格的耕地保护制度的基础上，完善土地承包经营权权能，依法保障农民对承包土地的占有、使用、收益等权利。按照依法自愿有偿原则，实现土地承包经营权流转。允许农民以转包、出租、互换、转让、股份合作等形式流转土地承包经营权，发展多种形式的适度规模经营。

其次，为了激活农村土地资源配置和转移农村劳动力资源，《土地承包法》和《物权法》等法律对农民的土地权利进行了调整。其中，《土地承包法》第十六条对承包方的权利进行了界定："依法享有土地承包使用、收益和土地承包经营权流转的权利，有权自主组织生产经营和处置产品；承包地被依法征用、占有的，有权依法获得相应的补偿；法律、行政法规规定的其他权利。"而《物权法》将农民的土地承包经营权视为用益物权，并在第一百二十八条规定："土地承包经营权人依照农村土地承包法的规定，有权将土地承包经营权采取转包、互换、转让等方式流转。"这从法律上赋予了农民对承包地的一定的土地处分权。至此，农民在农村土地承包经营权中获得了除土地买卖、抵押等以外的所有土地私有产权的经济权益，即"农民在土地占有、使用、收益等方面已享有更多的权利，但土地处分权从来没有真正赋予农民"①。

在产权经济学领域，经济主体（自然人或法人）对其支配的动产与不动产享有占有、使用、收益和处分的权利。但是，在农村土地集体产权制度下，农民通过获得农地承包经营权构成对其承包地的事实上的支配，然而因农民对其承包地缺乏完整的处分权②，致使土地承包经营权成为一种不完整的产权。这种不完整的土地产权已经影响到农村土地的有效流转和农地经营利用效率的提高，如姚洋在研究农地制度的经济绩效后认为，地权的不稳定性和限制土地交易权对土地产出率具有负面影响。"地权的稳定性和更自由的转让权可显著提高农业绩效。"③ 同时，不完整的土地产权不利于农民合法的土地权益保障，因为农民无法在农地流转过程中排除他人尤其是政府、村集体的干预，以及难以避免合法的土地权益遭受侵蚀。因此，应在农村土地

---

① 赵阳：《共有与私有——中国农地产权制度的经济学分析》，三联书店2007年版，第35页。

② 国家允许农地承包户以出租、入股等方式流转农地承包经营权，农户获得一定的土地处分权。此外，国家并不禁止农地买卖，国家禁止的是农地自由买卖，但农村土地买卖仅存一种情况，即国家通过土地征收方式将承包地的集体产权转变为国家产权，土地买卖的唯一交易对象是国家或政府。

③ 姚洋：《土地、制度和农业发展》，北京大学出版社2004年版，第21页。

集体产权制度内适度地、有条件地赋予农民更多的土地处分权①，以明确界定政府、集体与农户之间的农村土地财产权关系，这样既有利于保护农民土地财产权，也有利于增强经营权流转的自主性，促进农地承包经营权的市场化流转，改善农地资源配置效率和利用效率。除上述农户的土地权利外，中共十八届三中全会以及 2014 年 12 月召开的中央农村工作会议将土地承包经营权赋予抵押、担保权利，至此农地承包户享有承包土地占有权、使用权、收益权、流转权以及土地承包经营权的抵押、担保权。

（三）农民土地财产权的实现路径

在中国现行的法律和政治背景下，农村土地的所有权掌握在国家和集体手中，农民土地财产权的实现途径主要是国家赋权，即通过农村土地制度变革形式实现农民的土地财产权。财产权作为一项最为重要的制度，一直处于制度经济学的制度理论的核心地位。在制度经济学的制度理论中，国家始终处于制度提供者和制度变迁的主导者的地位。根据林毅夫的研究，国家主导的制度变迁既可以是强制性制度变迁，也可以是诱致性制度变迁。当代中国的农村土地国家和集体所有的土地制度安排，是国家主导的强制性制度变迁模式，而家庭承包责任制度则具有典型的诱致性制度变迁的特征。农民获得集体土地的承包经营权虽然是农民自发的行动，但也是经由国家规定而形成的一种全国性的土地财产制度。在农民土地财产权的变革中，国家始终是一个重要的变量，这是因为"国家规定着和实施着所有权"②。半个世纪以来，中国农民的土地所有权的获得和失去一再诠释了制度经济学家关于产权制度变迁中的国家角色的观点。

通过国家赋权的方式，赋予农民土地财产权，从制度上可以保证农民

---

① 赋予农民更多的土地处分权并不意味着土地产权私有化，而是通过赋予农民范围更广、内容更丰富、运用更具自主性的土地处分权，使土地承包经营权具有对抗第三人的效力，以确保农民土地财产权的独立性、排他性。

② ［美］道格拉斯·C.诺思：《经济史上的结构和变革》，商务印书馆 1992 年版，第 9 页。

的土地权益，实现土地经营使用权的流转和促进土地的规模经营，从而能够提高土地的经营使用效率。2008年10月，中共十七届三中全会通过的《关于推进农村改革发展若干重大问题的决定》（以下简称《决定》），是对未来数十年中国农村改革发展的纲领性的文件。《决定》在农村土地制度改革问题上一方面持一种稳健的态度，继续强调稳定和完善"统分结合、双层经营"的农村基本经营制度；另一方面，强调维持现存的土地个人承包经营制度长久不变和在保障农村土地权益的基础上促进农地流转。《决定》包含的农村土地制度的政策选择是在坚持农村土地集体所有的基础上，赋予了农民以较过去而言，更加完整的土地财产权，包括对承包土地的长久占有权，更加完善的土地经营权、使用权、收益权和处置权。具体而言，一是赋予农民更加有保障的土地承包经营权，现有土地承包关系要保持稳定并长久不变；二是在坚持最严格的耕地保护制度的基础上完善土地承包经营权权能，依法保障农民对承包土地的占有、使用、收益等权利。按照依法自愿有偿原则，实现土地承包经营权流转。允许农民以转包、出租、互换、转让、股份合作等形式流转土地承包经营权，发展多种形式的适度规模经营。

总之，农村土地制度改革的主要内容是赋权增利，即通过赋予农民土地财产权，增加农民的土地权益。其目标是促进农村社会生产力的发展、农村社会的和谐稳定和保障农民的土地权益。通过国家对农民赋权，让农民逐步享有更为完善的土地占有、使用、收益和处分等四权统一的土地承包经营权。国家赋权的过程，实际上是界定政府、集体与农民之间的土地产权关系，这有利于增强农民土地财产权的自主性、独立性和排他性。

四、集体产权制度下农地产权主体之间的关系

在集体所有、分户经营的家庭联产承包责任制度框架下，农户享有土地承包经营权，在承包期限内，拥有对土地的使用权、支配权、占有权等权利。随着《物权法》的颁布，农户拥有的土地承包经营权具有了用益物权的

性质，能够拥有对他人所有之物的占有权、使用权、支配权等权利。土地承包经营权属于用益物权的范畴，这也就意味着在农地产权主体归置上，存在多元化的产权主体。国家、村集体与村民分别享有对于农地的产权。国家具有规划发展、改变土地用途的权利，通过征地的方式，对农村集体土地进行强制流转。村民集体拥有农地的所有权，能够作为土地的发包方，将农地在全村范围内进行合理分配，将土地发包给村民的权利。而村民获得的土地承包经营权，在承包期限内，具有对于土地的用益物权。由此，国家、村集体、农民三者构成了对于农地的不同产权主体，产权主体的多元化，带来了产权主体之间利益的多元化，就必然会导致不同产权主体之间的利益冲突与矛盾。特别是在农地流转过程中，各农地产权主体存在两种关系，一种是市场关系，遵循平等自愿的市场原则；另一种是非市场关系，即在农地流转过程中，强势的一方采取各种各样的手段、方式逼迫另一方就范。这两种关系交织在一起，使农地流转呈现出一致与冲突的双重特征。

（一）农民与村集体组织的关系

在农地承包过程中，农民集体与农民个体之间是发包方与承包方的关系，一般而言，农户作为单一的行动个体，是村集体组织中的成员，因而平等地享有本村集体土地的承包经营权，在承包期限内拥有对土地的用益物权、处分权。但是，在农地流转市场中，农户与集体组织之间又存在着一定的冲突关系。在农地流转过程中，作为农民集体代表的村委会往往会占据着主导与支配的地位。村委会逼迫村民将承包的土地流转给村委会，再转租给农业生产经营大户，从中谋取相应的农地流转中介费用。另一方面，村委会或村民小组配合基层政权的农业产业化规划，通过各种方式逼迫和威胁农户流转土地，也会导致村委会与村民之间的关系进一步紧张、矛盾进一步加剧。

（二）农民与政府的关系

农村改革和分户经营以来，国家与农村关系日益松弛，农村回归到远离国家政权管辖下的自治状态。而农村土地集体产权的制度安排，使农村土地成为联系国家、农民集体与农民个体的重要纽带。国家与农民的互动主要通过农村土地发生关联，而农民与政府之间的互动，主要体现在政府征地上。

首先，工业化和城市化的发展产生了对农村土地的强烈需求，征地成为解决工业及城市用地的不二法门。根据宪法和相关法律，国家基于公共需要，可以征收农民集体土地。因此，政府基于国家发展需要，对于农地资源作出重新的安排与使用，这就需要通过征收手段，把土地由集体所有转变为国家所有。因征地带来的利益分配不均、补偿价格不合理等产生了农民与政府之间的冲突。在"强国家—弱社会"的关系状态下，地方政府用公共权力之名向农村行圈地之实，导致了政府与农民集体之间的利益冲突。随着中央权力在底层社会的抽离以及中央政府对地方政府监督成本的升高，地方政府谋取利益的自主性不断扩张。尤其是在土地财政为地方政府带来利益暴涨的背景下，土地征收，可以为地方政府带来丰厚的财政收入。在农村土地集体所有的制度框架下，对于地方政府真正出于维护公共利益、满足公共需求的土地征收，农民集体大都会表示赞同将土地从集体所有变为国家所有。然而，在地方政府的真实意图暴露之后，农民集体往往会对地方政府的征地行为产生反抗，采取上访、静坐等方式，试图向地方政府讨回公平、合理的偿还。在农地征收过程中，农村基层组织是一个重要的中介。在当下农村，"乡村精英"在村庄治理地位逐渐凸显的背景下，村民集体组织、村民自治组织往往由乡村精英掌控。因此，乡村精英成为了地方政府与农民之间的中间桥梁。一方面，农村基层组织是地方政府主要依托的力量，绝大部分征地工作主要由基层政权和基层组织来完成。另一方面，地方政府支付给农户的征地补偿款也由基层组织主要是村委会转交给农户个人或家庭。在这一过程中，农村基层组织会上下其手，截留一部分征地补偿款，在加剧农民与地方政府间的矛盾的同时也恶化了基层治理环境。

（三）农民与流入方主体（工商资本）的关系

在农地流转过程中，农民与农地流入方也会发生各种类型的土地冲突。当前权利冲突、环境冲突、土地冲突和选举冲突共同构成了农村社会冲突的四种主要形式，其中土地冲突最为显著。现阶段，我国因土地问题引发的冲突事件居高不下，农民权益受损，给社会稳定带来极大的隐患。

在各种土地冲突中，除了征地冲突外，农户与工商资本的冲突也十分显著。工商资本与地方政府勾结，通过"以租代征"的方式变相地将农民土地集中起来，用于其他建设用途，比如建设高尔夫球场、建旅游别墅以及建设工业区等，导致失地农民产生抵触情绪。工商资本下乡，通过农地流转获得农村土地从事规模化经营，由于农业投资短时期内回报率低，再加上自然灾害和市场波动导致经营失败，中途撤资甚至跑路，使农民利益受到损害。更有下乡的工商资本利用土地流转之名到农村圈地，投资非农化生产，破坏农村生态环境而导致村民与外部资本的冲突。为了避免农地流转过程中侵农害农事件的发生，需要进一步规范农地流转的法律法规，增强对农地流转主体的外部监督力量，提高农地流转主体违法违规行为的成本，逐步引导工商资本等农地流入方主体规范、有序地从事农地流转，促进现代农业的发展。

第二章　集体产权制度下农地
流转的交易费用

任何产权交易都存在交易费用，即交易成本问题。清晰界定产权，建立产权制度，是为了更好地实现产权的交易和降低交易费用。归属清晰、权责明确、保护严格、流转顺畅的现代产权制度的最主要功能在于降低交易费用，提高资源配置效率。在农地集体产权制度下，由于存在多个产权主体，且产权主体之间的土地权属不清，必然带来较高的农地流转交易成本。

第一节　农地流转

农地流转主要是指建立在农地产权制度安排下的一种农地资源的重新配置。在不同的农地产权制度下，农地流转具有不同的内涵。一般而言，在农地私有产权制度下，农地流转主要是指土地买卖和土地征收。在农地集体产权制度下，农地流转就是农地承包经营权的流通与转让。

一、农地流转的概念、类型与作用

（一）农地流转的概念

所谓农地流转，主要是指农地权利的流通与转让。一般而言，农地权利是一个集农地所有权、使用经营权、收益权、处置权等各项权能为一体的权利束。在农地私有产权制度下，农地的所有权、经营权、收益权和处置权属于私人，但政府仍然拥有对农地的警察权。而在集体产权制度下，农地权利可分解为所有权、承包权和经营使用权三种权利。根据现行相关法律，农地所有权属于农民集体，但由于农民集体概念本身的构造性和政治性，国家在一定程度上也参与其中。农地承包权属于农民家庭或个体，而农地经营权则属于直接经营土地的农民个体、家庭或其他农业经营主体。在不同的农地产权制度下，农地流转具有不同的内涵。在农地私人产权制度下，农地流转主要是指农地所有权的买卖，在农地集体产权制度下，农地流转主要是指农地承包经营权的流通与转让。

（二）农地流转的类型

关于农地流转的类型，学术界存在不同的分类。如茆荣华根据是否改变农村集体土地的用途，将农地流转分为两种类型。一种是为了实现规模经营目的的农地流转，这种流转不改变农地的性质。另一种是土地征收，这是农村集体土地的一种强制流转方式[1]。刘艳把农地流转分为权利流转与所有权流转两种类型，所有权流转主要就是指土地征收。同时，根据流转过程中涉及的各种权利主体的组织属性，可以将农地流转区分为农地的外部流转和农地的内部流转两种类型[2]。农地的内部流转指集体经济组织内部成员通过某种方式获得本集体所有土地的某一权利的一种农地权利流转；农地的外部流转指非集体经济组织成员通过某种方式获得集体组织所有土地的某一权利的一种农地权利流转。傅晓从另一个维度将农地流转分为两大类型，一类是农户自发的土地流转，包括转让、自主转包、互换、出租四种类型；另一类是集体主导的土地流转，包括委托转包、入股、土地信托、反租倒包、两田

---

[1]　茆荣华：《我国农村集体土地流转制度研究》，北京大学出版社2010年版，第7页。
[2]　刘艳：《农地使用权流转研究》，北京师范大学出版社2010年版，第6页。

制五种类型①。本书主要从农地所有权、农地承包权和农地经营权的三维农地产权结构，把农地转流转的类型分为农地征收、农地承包权流转和农地经营权流转三种类型。

1. 农地征收。农地征收是指国家基于公共利益的需要，在经由正当程序的基础上，将农民私人所有土地予以强制性收归国家所有。在我国，土地征收是指"国家基于公共利益的需要，将集体所有的土地强制收归国家所有的行为"②。根据《物权法》第四十二条的规定：为了公共利益的需要，依照法律规定的权限和程序可以征收集体所有的土地和单位、个人的房屋及其他不动产。根据 2004 年第二次修正的《土地管理法》的规定：农地征收是指改变农地所有权关系，由集体所有转为国家所有的行为。农地征收不同于农地征用，后者是不改变土地所有权关系，而仅改变土地使用权关系的行为。

农地征收是一种农地集体土地所有权的强制流转。通过土地征收，农村集体土地的所有权由集体所有转变为国家所有，土地征收后国家不再将土地归还于农民集体而按照征地补偿标准一次性"购买"农村土地的集体产权，即土地征收是一种单向的所有权转移行为。在土地征收过程中，政府预先制订征地补偿标准，在此基础上依据城镇建设规划，设置土地征收规划区，将规划区内的农地强制收归国家所有。在此过程中，农地承包户及农民集体无自主权、选择权。在土地征收中，政府是农地承包户及农民集体的土地流转的唯一交易对象。政府预先设置了土地征收补偿等标准，从而"关闭"了与农地承包户谈判的渠道，若农地承包户及农民集体不愿意放弃农村土地及其相关权利，政府可强制推行土地征收过程。

《宪法》和《土地管理法》等相关法律均规定：国家为了公共利益的需要，可以依照法律规定对土地实行征收或征用并给予补偿。基于相关法律规

---

① 傅晓：《我国农村土地承包经营权流转的现状、难点和建议》，《湖北经济学院学报》2008年第 3 期。

② 茆荣华：《我国农地集体土地流转制度研究》，北京大学出版社 2010 年版，第 71 页。

范，政府进行土地征收的前提和目的应是也必须是实现公共利益目标。当前，我国土地征收主要由地方政府尤其是城市政府为了城市建设用地和城市储备用地而进行的，因政府垄断了土地征收一级土地交易市场和城市土地转让二次土地交易市场，政府能够独享二级土地交易市场与一级土地交易市场之间的土地交易净差价，并通过土地净差价补充政府财政收入，这就是政府"土地财政"。在政府"土地财政"的利益动机下，政府有外扩"公共利益"范畴的趋势，或通过以租代征的方式获取农村土地。农地征收是一种强制性农地流转。国家往往基于公共利益的需要征收农村土地，但是，由于没有明确哪些用途属于公共利益或公共利益界限不清，各地政府往往以公共利益的名义强行征收农村集体经济组织的土地。

2. 农地承包权流转。农地承包权的流转主要有农地调整、"四荒地"拍卖、农地转让等三种形态。

农地调整。实行集体土地的家庭承包经营体制后，一些地方基层组织（村委会或村民小组）因各种原因需要对原承包经营的土地权属界限进行调整。这种调整一般都要取得大多数农户的同意，借助于基层组织如村委会和村民小组，对原来的土地承包作一定范围内的调整，如增人增地、减人减地、土地置换，等等。农地调整一般在集体经济比较强大的北方农村广泛运用，而在南方，由于集体经济解体比较彻底，农地一经分到农户，很难进行调整。

"四荒地"拍卖。在农村地区，存在大量的荒山、荒坡、荒地、荒滩（简称"四荒"）。"四荒"仍然属于农民集体所有，但是由于历史的原因，一直没有实施家庭承包，因而也没有得到很好的治理。在一些贫困地区的农村，农民在实践中创造了"四荒"拍卖制度。具体的做法是，首先进行土地利用规划，然后分片划界并评定拍卖定价，在有关部门和单位的监督及有关领导的主持下，进行"四荒"的拍卖，拍卖完成后即由中标者与村集体签订土地租赁协议，并交纳一定的保证金，这样，中标者就取得了一定期限的

"四荒"使用权,土地管理部门按规定发给中标者土地使用证。中标者在规定的期限内可以使用、转让、出租和抵押所中标的土地①。1996 年国务院颁布了国发 23 号文件——《关于治理开发农村"四荒"资源进一步加强水土保持工作的通知》,首次提出鼓励企事业单位、社会团体及其他组织或个人采取不同的方式治理开发"四荒",允许承包、租赁、拍卖"四荒"使用权,最长不超过 50 年。在规定的使用期限内,对于实行承包、租赁和股份合作方式治理的,可以依法继承、转让或转租;对于购买使用权的,依法享有继承、转让、抵押、参股联营的权利。

农地转让。转让是指承包权的转让,具体而言是指经原承包方申请和发包方同意,原承包方将承包经营权转让给第三方,由其行使和履行相应的土地承包合同的权利和义务。"农地转让是一种比较彻底的流转方式,属于农地承包权利的交易和买卖,一旦承包权实现转让,原承包方就丧失了承包权而不能再收回。"② 农地转让属于农地承包权一次性"买断"。

3. 农地经营权流转。农地经营权流转就是一般意义上所讲的农地流转,也是一种最为普遍的农地流转形态。农地经营权的流转方式主要有转包、出租、互换、反租倒包、入股、土地租佃以及抵押等。

(三)农地流转的作用

农地流转就其实质而言就是农地资源的优化配置。在农地集体产权制度安排下,农地流转具有以下几个方面的作用:

其一,优化配置农地资源,实现土地规模化、集约化经营。农业规模化、集约化经营是发展现代大农业的必由之路,也是实现农业产业化的基本途径之一。但是,人均耕地少、耕地碎片化以及土地地貌形态多样化等问题

---

① 参见赵阳:《共有与私用——中国农地产权制度的经济学分析》,三联书店 2007 年版,第 130 页。

② 黄振华:《大陆农地流转的基本格局》,徐勇、赵永茂主编:《土地流转与乡村治理——两岸的研究》,社会科学文献出版社 2010 年版,第 80 页。

成为发展农业产业化、规模化与集约化经营的障碍。且小农经营往往与家庭口粮挂钩，农产品商品率极低，难以发挥农业规模经营优势。这些问题均可通过农地流转加以解决。首先，农地流转能够有效地调整农户与农户、农户与经营能人或种植、养殖大户、农户与农民经济组织以及农户与涉农企业之间的土地分配，把那些经营不善，或劳动力缺乏，或另谋其他出路的农户的土地向那些劳动力充足或经营管理能力突出的农户、农民经济组织、企业等转移，从而把有限的农地资源转移到农业经营效益高的农户或经济组织，进一步增加单个农户或经济组织可使用的土地面积。其次，农村经营能人、种养殖大户、农民经济组织、涉农企业和外商等，通过农地租赁、地块置换、租地置换等方式，将分散化的土地权益主体的土地聚集在一起，扩大土地经营片区，解决农地碎片化问题。最后，一旦农地碎片化问题得以解决，农地转入方可通过土地平整处理土地形态多样化问题，进而为农业规模化、集约化经营创造条件和奠定基础。

其二，促进农村剩余劳动力转移和农村二、三产业发展。在传统农地制度下，为保证粮食供应和稳定农村土地承包利益关系，国家实行严格的户籍制度，并颁布与农地制度相关的一系列法令，从制度、政策上限制了土地流转发生的可能性，导致农村土地利用率偏低、农业效益差、农民增收极其困难等问题，且农民"离土不离乡"、"离乡不离土"以及"两栖农民"现象非常普遍，这制约了大量农村富余劳动力向非农产业和城镇转移。农地流转解除了"离农"、"离土"、"离乡"农户的后顾之忧，使大批农村劳动力安心转移到城镇的非农产业或其他行业，推动城乡二、三产业发展，且农地转入方——经济能人、农民经济组织、涉农企业等——会逐步创造并形成农业生产—加工—销售的产业链条。此外，"离农"、"离土"农户参与非农产业或转移城镇就业，在获得丰富的知识、信息、较强的管理能力以及初步完成资本积累后，向农村二、三产业逆向投资，如部分"离农"、"离土"农户获得资本积累后，返乡投资兴办企业、工厂，深加工当地特色农产品，为统筹城乡发展、农业产业化、农村二、三产业以及农村工业化、城市化和现代化带来活力与资源。

其三，推动农业产业化升级，优化农村产业结构。传统农业向现代农业转变的根本内容是农业产业化发展与升级，这必然要求市场化配置农村土地等生产要素。农地流转解决土地零星碎片、土地权益主体原子化等问题，将分散的、实力弱小的农户转变为少数竞争力强大的市场主体，实现了农业规模经营、整体规划，进而满足农业规模化、产业化经营的需要。农产品的产业链主要包括产品设计开发、种养殖、深加工以及销售等环节，在产业链中，农产品生产的各个环节的附加值和收益差异明显，如图 2-1 所示。

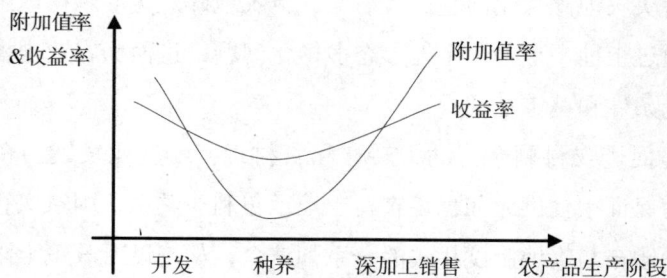

图 2-1　农产品生产各环节附加值与收益曲线

在图 2-1 中，农产品的种植、养殖环节附加值最低，而农产品设计开发与产品加工、成品销售环节附加值最高，与此同时，获得的农产品收益在种养环节最低，而农产品设计开发与产品加工、销售环节获得的收益较高或最高。开放与发展完整的农产品产业链，有助于提升农产品的整体附加值率和整体收益率。此外，延长农产品产业链条，意味着应在农产品设计开发与产品加工、销售等环节深度挖掘。

如何最大限度地获取农产品的附加值？发展农业产业化，并对农业进行产业化升级，打造农产品整体产业链，延长农产品产业链条，或许是矫正当前我国农村地区普遍存在农产品生产附加值偏低的方法。发展农业产业化从根本上要求传统农业向现代农业过渡，其对土地资源提出了新的要求，即土地规模化、集约化经营。农地流转为土地规模化、集约化经营创造了条件，进而为打造高效、优质农业结构格局的农业产业化经营道路奠定基础，促使农村种植、养殖初成品的单一农业经济结构，替代为以规模化的种植、养殖带动农产品品种开发、加工品以及销售等高附加值为农产品主要生产环节的农业产业结构，从而优化了农村产业结构。

其四，拓宽农民致富渠道，增加农民经济收入。在传统农业经济结构格局中，农户附着于土地，农民过分依赖土地要素收益，收入来源往往集中于种植业和家庭副业的种养阶段，致富渠道单一，容易陷入增收困境，又面临着自然、市场等多重风险，这又逆向增强了农民对土地的依赖性。由于多数农户的农业经营多停留在农产品种养阶段，所处经济环节的附加值率极低，且农户经营农地的目的在于解决口粮问题，增收得不到保障甚至农民境况下滑趋势愈演愈烈。通过农地流转发展现代农业，农民彻底从土地中解放出来，不再仅仅依赖土地获得生存可能。一方面，农户既可凭借土地承包经营权的转让获得转让金，又能参与农地转入方的农业生产活动，获得工资收入；另一方面，农民向非农产业和城镇转移，安心从事非农工作，从农业经济外获得收入，从而增加了农民致富可供选择的渠道。农民脱离土地可有效地转移农业生产、经营风险，且从这些可供选择的致富渠道中选择最适合、最能获取经济收益的方式，能够从整体上产生一条"低风险—高收入"的致富路径。

二、农地流转机制

产权赋予某种资本的所有者使用、交换及利用这种资本的权利。所有者为了获得这种资本的市场价值，必须与其他市场主体（交易对象）进行交易，与此相对应，其他市场主体为了获取该资本的使用价值，必须与资本的所有者进行交易。"交易"是产权经济学进行微观分析的基本单位与基本单元。把"交易"作为比较严格的经济学范畴建立起来并作了明确界定和分类的是制度经济学家约翰·康芒斯。在康芒斯看来,"交易"是人类经济活动的基本单位,是制度经济学的最小单位。"交易"就其实质而言体现的是人与人之间的关系,交易是权利的转移,是个人与个人之间对物的未来所有权的让与和取得。康芒斯认为,交易与交换不同,交换是一个转移和接受商品的劳动过程,或者说是一种"主观的交换价值",而交易是"个人与个人之间对物质的东西的未来所有权的让与和取得,一切决定于社会集体的业务规则①。康芒斯将交易划分为三种类型:"买卖的"、"管理的"和"限额的"交易②。康芒斯对交易类型的划分几乎涵盖了所有人与人之间的经济活动,且能够通过其对交易类型的划分推论:不同的经济制度是上述三种交易类型的不同比例组合,如市场经济体制中的经济活动以买卖交易为主,而计划经济体制中的经济活动以管理交易和限额交易为主。虽然康芒斯对以交易为基本单位的制度进行分析时采用了哲学、法学、社会学和心理学的方法,而不是经济学的分析方法,但其对交易的定义以及对交易类型的划分作出了伟大贡献。

因资本的产权主体类型不同,资本的交易机制相应地存在差异。从经济学角度和管理学角度来看,私有产权交易适合在市场机制下进行,国家产权交易适宜运用政府机制,而集体产权既可通过市场机制交易,也可通过政府机制交易,或者通过市场机制与政府机制混合交易。

(一) 市场机制

私有产权具有排他性、竞争性和可分割性的属性和特征,使得财产所有者能够独立自主地运用财产、选择财产运用方式和占有财产运用收益,即

---

① [美] 约翰·康芒斯:《制度经济学》上册,商务印书馆 1962 年版,第 74 页。
② 参见 [美] 约翰·康芒斯:《制度经济学》上册,商务印书馆 1962 年版,第 74 页。

财产所有者在财产运用过程中具有独立的使用者资格。同时，财产所有者在预期收益与预期损失（成本与收益）约束下自愿、自主地选择财产使用方式并能独立完成与其他财产所有者达成平等的财产使用关系。私有财产所有者往往通过市场交易方式完成上述财产使用过程和占有财产收益，即财产所有者依据市场价格、供求信息、竞争力场等市场交易机制完成财产使用与收益占有过程，并承担财产使用过程中的市场交易风险与成本。市场交易是私有产权下财产交易的核心方式。

从私有产权财产所有者个人角度而言，其通过市场交易方式自主地选择财产运用方式，有利于其最大化财产收益，并能将交易后果"内部化"，以防止财产收益流失，从而极大地提高财产使用效率，推动财产转让与获取。但是，即使在最纯粹的以私有产权为基础的社会里，私有产权仍是有限的，即私有产权的运用、处置、收益等受到公共政策的影响，私有产权下的财产所有者未必拥有其私有财产的无限财产权利，财产的交易过程与交易内容往往因公共政策而变得不完全、不完整。首先，公共需要使得财产使用收益内含税费，如增值税、个人所得税等；其次，财产运用收益属于收入初次分配范畴，当收益二次转移时，财产收益由初次分配转入再分配领域，如遗产继承税；再次，私有财产使用可能存在负外部效应外溢，即财产使用可能给他人带来成本，如环境污染，这时政府会对财产使用活动进行监督和控制，以对产生负外部效应的财产使用行为进行矫正，促进社会净效益增长。私有产权的运用特别是私有产权交易引起负外部效应时，财产所有者的交易活动与交易行为的自主性因政府及政府管理部门的介入而受到削弱。因此，市场交易方式是私有财产或私有资源的基础性交易方式和配置方式，但政府的法令、行政权力等会介入私有财产的市场交易活动，以此矫正私有财产交易的负外部效应和市场失灵，且在某一特定的私有产权交易活动中，政府介入可能是私有财产交易与资源配置的最主要或唯一方式。亦即，私有产权所有者在市场机制条件中能够充分享有和发挥财产权交易的自主性，以及保障交易收益最大限度地内部化，但因交易存在负外部效应和市场失灵，需要政府对私人产权交易活动进行调控。

（二）政府机制

国有产权的权利行使主体是代表全体人民意志和利益的国家，国家为了保证国有财产权利的统一性、社会公共利益的完整性以及全体国民受益的普遍性，在代理国民运用国有财产权利时，应防止国有财产或国有资产流失。《物权法》第五十六条规定："国家所有的财产受法律保护，禁止任何单位和个人侵吞、哄抢、私分、截留、破坏。"第五十七条规定："履行国有财产管理、监督职责的机构及其工作人员……。违反国有资产管理规定……低价转让、合谋私分、擅自担保或者以其他方式造成国有资产损失的，应当依法承担法律责任。"这从根本上规定了国家在国有财产权利运用中的地位，即国家应主导国有财产权利的占有、使用、收益和处分等过程，并通过法律、行政等手段监督、管理、控制国有财产权利的运用。

国有财产权利的运用包含了国有财产权利的取得、使用、收益和处分等环节，但从国有财产交易角度来看，国家产权交易主要是指国有财产权利的取得与处分。对于一个具体的国有产权权利行使者而言，国有财产权利取得方式主要有依靠国家强制力征收或罚没，国有财产划分与分配，与其他国有财产管理经营单位交易，以及与其他市场经济主体交易等，而国有财产权利处分则主要是与其他国有财产管理经营单位交易和与其他市场经济主体交易①，但不管是国有财产权利的取得，还是国有财产权利的处分，均是在政府主导下完成的。政府通过复杂的监督、管理和经营体制，根据顶层设计和具体战略规划需要，作出国家产权是否进入交易的决策，并将国家产权交易所得纳入国有财产或国有资产，以及利用国有财产或国有资产承担国家产

---

① 与其他市场经济主体交易而处分国有产权，被视为一个"国退民进"的过程，代表了国家退出部分资源交易活动，并交由市场机制完成资源配置过程。

权交易过程中的成本。国家产权交易的这一过程便是国有产权交易的政府机制。

20 世纪 70 年代末 80 年代初，兴起于英美等发达国家的、强调以市场为基础的新公共管理运动，重视在政府等公共部门中利用市场化手段、社会化手段和工商管理技术。其中，市场化手段基于将政府等公共部门视为市场经济主体，其与其他市场经济主体一样，应遵循市场交易原则与其他公共部门、市场经济主体开展产权或服务的交易活动，这对国家产权交易的政府机制带来了冲击。但是，在涉及国家产权交易时，各个政府及国家产权管理经营机构主导了国家产权权利的交易过程，只不过是采取了政府主导下的国家产权权利的市场化交易方式。因此，在国家产权交易过程中，即使利用市场机制交易国家产权权利，其也不可能摆脱政府对国家产权权利交易的监督、管理和控制，政府机制仍是国家产权交易的核心机制和关键机制。

（三）社会合作机制

一般而言，集体产权制度下的"集体"应有权享有集体财产权利运用收益并承担权利运用的成本，有权按照集体成员约定，将部分或全部集体财产分配给集体内部成员，或以集体名义与其他财产所有者交易财产权利。也就是说，在完全的集体产权制度下，"集体"具有运用集体财产权利的自主性、自由性。但是，在农村土地的集体产权制度下，因法律上禁止"集体"自主性地运用集体财产的某些权利，或"集体"运用集体财产权利时，相对对象只能是国家或政府，从而"集体"缺乏完整的自主运用集体财产的权利。当"集体"运用集体财产权利时，政府往往会介入集体财产权利的运用过程，甚至干预、主导整个集体财产权利运用过程。另一方面，国家通过法律与政策输出，将集体财产权利中的部分权利界定给予集体内部成员，且规定成员集体财产权利中的部分权利，包括使用权、经营权、收益权和处分权等。因此，国家通过法律与政策将集体财产权利分置给"集体"和"成员",从而使得"集体"和"成员"仅享有不完整的财产权利,即"集体"和"成员"分割集体财产权利。"集体"和"成员"分割集体财产权利之后,集体财产权利运用走向出现分化。一般情况下,集体财产权利中的"集体部分"运用受制于政府与集体成员的约束,而集体财产权利中的"成员部分"运用则较少受到政府与集体的干预,除非"成员部分"的运用改变了"成员部分"与"集体部分"的关系或威胁到集体财产的产权属性。

因此,在农地集体产权制度安排下,集体成员通过沟通、协商方式实现农地资源的优化配置也是一种土地交易机制,可称之为农地交易中的社会机制。在现代社会中,社会机制是一种重要的交易机制。公民社会是"国家和家庭之间的一个中介性的社团领域,这一领域由同国家相分离的组织所占据,这些组织在同国家的关系上享有自主权并由社会成员自愿地结合而形成以保护或增进他们的利益或价值"①。公民社会最为核心的问题主要集中在以下两个方面:一是公民自治组织,包括非政府组织、自愿性社团、协会、社区组织、利益团体和公民自发组织的社会运动等。二是公民自治领域的构建。在国家和市民社会之外,公民具有一定的自治领域。公民自治领域基于共同的利益、情感或信仰而组成,公民以一定的形式结合起来在国家之外进行自我管理、自我协调和自我实现。公民自治领域不同于市民社会领域,后者是以市场交换关系为基础的,而前者更强调超越于私人利益的共识。美国公共行政学者埃利诺·奥斯特罗姆在《公共事物的治理之道》一书中,通过大量案例的分析证实了一群相互依赖的当事人在管理公共池塘资源时,"把自己组织起来,进行自主治理,从而能够在所有人都面对搭便车、规避责任或其他机会主义行为诱惑的情况下,取得持久的共同收益"②。在社会机制

---

① 何增科:《公民社会与第三部门》,社会科学文献出版社 2000 年版,第 257—259、64 页。

② [美]埃利诺·奥斯特罗姆:《公共事物的治理之道》,上海三联书店 2000 年版,第 51 页。

下，资源配置通过协商途径作出。自治的公民社会是共同利益的自愿结合，通过不受国家支配的公民团体或民间组织，社会的各个部分完全可以自我建设、自我协调、自我联系、自我整合和自我满足，从而形成一个制度化的、不需要借助政府及其资源的公共领域。组织成员也完全可以在这一领域通过公共讨论和公共对话的协商途径，实现公共治理资源的优化配置，自主地治理社会生活领域中的公共事务。

三、农地流转主体

农地流转涉及农地权利主体之间的权利义务关系。因此，农地流转主体也相应成为农地流转的重要分析单位。农地流转主体具有广义与狭义之分。广义的农地流转主体包括参与农地流转的各方权利主体，包括农地流出方、农地流入方和农地流转中介方，而狭义的农地流转主体仅仅是指拥有农地权利的个人或组织，他们构成农地流入方主体。

（一）农地流转主体的概念

主体（subject）首先是一个哲学概念，是指对客体（object）有认知和实践能力的人。而客体则是主体的实践活动和认识活动指向的对象。因此，主体和客体是用以说明人的实践和认识活动的一对哲学范畴。德国古典哲学家最早从认识论上提出了主体与客体概念并揭示了主体与客体的相互统一性。此后，马克思主义强调从社会实践上理解主体、客体，把主体与客体的关系建在社会实践的基础上并阐明了其相互关系。作为一个法学概念，主体一般是指权利与义务的承受者，特定法律关系主体是在特定法律关系中享受权利和承担义务的公民或法人。我们可以把主体定义为从事某项社会实践活动、享有权利和承担义务的自然人和法人。在不同的社会实践中，存在不同的主体，如政治生活中的政治主体、经济活动中的市场主体，等等。所谓政治主体是指政治生活中的决策者和参与者，既包括公民个人，也包括政党、利益集团和以政治为志业的政治家。而市场主体（Market Entity）则是指在市场上从事经济活动，并享有特定权利和承担特定义务的个人和组织。具体来说，市场主体就是具有独立经济利益和资产、享有民事权利和承担民事责任的可从事市场交易活动的法人或自然人。

农地流转主体可以从广义与狭义两个方面理解。狭义的农地流转主体是指拥有农地权利的个人或组织。根据我国农村土地的权利结构，农地流转主体包括国家（各级政府）、农民集体和农民个体。一些学者强调农民主体说，认为农民才是农地流转的主体。于建嵘针对农地流转实务中各种伤农、侵农事件的发生，提出了"土地承包经营权流转的主体是农民"的命题。认为为了保障农民的主体地位，国家需要从法律层面上确定农民是土地流转承包经营权的主体，政府应提供土地承包经营权流转的各项服务，司法机关应提供法律救助和保障[1]。但在实际操作中，地方政府常常暗箱操作、越俎代庖，运用行政命令强制农户流转土地或将农户的土地进行"反租倒包"，损害农民利益。因此，地方政府应尊重承包户通过市场机制进行土地流转，流转中的全部收益应全归承包户。在农地流转过程中，集体"代理人"不能取代农户作为农地流转的主体[2]。但是，也有学者提出了不同的观点。钱忠好通过对乡村干部在农地流转中的行为分析，认为村集体在农村土地流转中扮演了"主角"[3]。王权典、杜金沛认为土地承包经营权流转是一种合同关系，集体也可以成为流转关系中的主体，农地流转中提供土地的主体既可是承包方，也可是发包方[4]。广义的农地流转主体是指农地流转过程中的各参与者。农地流转作为一个过程，需要有各方参与，除了农地流出方和农地流入方以外，还有为农地流转服务的中介方。因此，农地

---

[1] 于建嵘：《土地承包经营权流转的主体是农民》，《中国经贸导刊》2008 年第 23 期。

[2] 甘庭宇：《土地使用权流转中的农民利益保障》，《农村经济》2006 年第 5 期。

[3] 钱忠好：《乡村干部行为与农地承包经营权市场流转》，《江苏社会科学》2003 年第 5 期。

[4] 王权典、杜金沛：《农地承包制与农地流转的冲突与协调——兼论〈土地承包法〉流转规范设计的不足及完善》，《华南农业大学学报》（社会科学版）2009 年第 1 期。

流转主体包括农地流出方主体、农地流入方主体，还应包括农地流转中介方主体。

（二）农地流转主体的分类

根据农地流转市场交易过程，农地流转主体可以分为农地流出方主体、农地流入方主体以及农地流转中介方主体三种类型。

1. 农地流出方主体。农地流出方主体是农地流转交易市场形成的逻辑起点，根据农地产权主体与农地流转主体之间的密切关系，农地产权主体构成了农地流出方主体的必要条件，除了农户是农地流转主体之外，村民集体组织也构成了农地流出方主体。

农民或农民家庭。在农地集体产权制度下，农户拥有集体所有土地的承包经营权。由于农地流转实质上是农地承包经营权的流转，作为农地承包经营权主体的农民和农民家庭构成最为重要的农地流出方主体。

农民集体。在农地集体产权制度下，农民集体拥有农地的所有权，并依法行使农地发包权。因此，农民集体也是农地流转的流出方主体。在不同的地区，农民集体是否成为农地流出主体，取决于一系列因素，包括集体组织的权威、集体组织的聚合力以及非农产业发展。在东部地区，由于第二、第三产业非常发达，农民基本在第二产业和第三产业等非农部门就业，因此，农民集体可以把土地收回来，或再承包给公司或种养大户进行规模化、产业化经营。一些学者在实证层面上揭示了基层组织和农村集体经济组织在农地流转中的主体地位。王权典与杜金沛针对《土地承包法》规定的"土地承包经营权流转的主体是发包方"提出质疑，指出土地承包经营权流转是一种合同关系，集体也可以成为流转关系中的主体，农地流转中提供土地的主体既可是承包方，也可是发包方[1]。钱忠好分析了农地流转中的乡村干部行

---

① 王权典、杜金沛：《农地承包制与农地流转的冲突与协调——兼论〈土地承包法〉流转规范设计的不足及完善》，《华南农业大学学报》（社会科学版）2009 年第 1 期。

为，指出，乡村干部在与农户打交道时往往处于强势地位，这使乡村干部的偏好和行为对农地承包经营权的流转具有极大的影响。为了追求自身利益最大化，乡村干部偏好于经常性地行政调整承包地，从而在一定程度上抑制了农地流转市场发育机制的发育①。管清友、王亚峰的研究揭示了农村集体组织在农地流转过程中的"主角"地位②。

2. 农地流入方主体。农地流转主体与农地产权主体存在着密切关系，但是，农地流转主体除了农地产权主体外，还包括农地流入方主体，通过农地流转的合法程序，取得农地经营权和使用权的新型农业经营主体。农地流入方主体的共同特征就是在资金、技术、信息和劳力等方面相对于农户个体或家庭而言的具有的农业经营的能力，能够根据市场需要有效开展农业生产经营活动。就目前而言，具有较大规模化、集约化的农地流入方主体主要包括农业种植大户、农民专业合作社以及农业公司。

种植大户。在家庭承包经营责任制度下，由于农户间经营能力的差异，再加上对市场的把握，一部分农户欲离开土地，而另一部分具有较强土地经营能力的农户或农户家庭想扩大种植规模但又缺乏土地。因此，早在 20 世纪 80 年代，伴随着家庭联产承包责任制度推行而来的是农户间的自发的农地流转，主要采取转包、转让的方式。针对农村自发的农地流转，1984 年中央农村工作一号文件明确提出："鼓励土地逐步向种田能手集中。社员在承包期内，因无力耕种或转营他业而要求不包或少包土地的，可以将土地交由集体统一安排，也可以经集体同意，由社员自找对象协商转包，但不能擅自改变向集体承包合同的内容。"因此，早在 20 世纪 80 年代，就已经出现了种粮大户。而伴随社会经济发展水平的提高、机械化水平的增强，越来越

① 钱忠好：《农地承包经营权市场流转的困境与乡村干部行为——对乡村干部行为的研究》，《中国农村观察》2003 年第 2 期。

② 管清友、王亚峰：《制度、利益与谈判能力：农村土地"流转"的政治经济学》，《上海经济研究》2003 年第 1 期。

多的农业种植、养殖大户出现。国家也鼓励"农地向农业种养殖大户流转，实现农地的规模化经营，培育新型农民"。据农业部公布的数据可知，截至2013年11月底，我国农地流转率达26%左右，承包50亩以上的种植大户达到287万家[①]。尽管各个省份之间对于农业种植大户的界定标准并不统一，但是农业种植大户的经营面积至少达到50亩。

农民专业合作社。由于单个农户经营能力有限，通过农户之间相互合作的方式，依托合作社的载体，可以将分散的农户集中在一起，以某种或多种农作物为主进行生产，以合作经营的形式或合作入股的形式完成土地流转。合作社通过向社员提供农作物的产、供、销等相应服务来实现社员之间合作互助的目的。农民专业合作社一方面将社员手中的土地集中起来，另一方面向其他非社员的农户流转土地，形成产业化、规模化经营。目前，随着工商资本逐步涌入农村领域，出现了一种资本化主导、项目制推动的新型农民专业合作社。即拥有一定工商资本的返乡农民，通过成立农民专业合作社的形式，进入农村参与土地流转，从事规模化的现代化农业经营，并通过项目合作的方式，再吸引更多的工商资本进入农村领域投资现代化的农业经营。资本主导化的新型农民专业合作社是对传统农民专业合作社的一种深化与发展，能够充分吸收民间资本，实现大规模农地流转，带动发展规模化的现代农业。根据农业部公布的农地流转数据，2012年流转的所有土地中，流入农民专业合作社的占15.8%，比2011年增加了2.4%[②]。

农业公司。在农业市场化条件下，农业现代化、农业规模化被看作是传统农业向现代农业转变的重要契机。规模化的现代农业发展离不开资本的大力支持，政府通过招商引资，吸纳城市工商资本进入农业从事生产经营活

---

① 林远：《全国农地流转面积达26%　今年土改将推进三权分离》，参见 http://news.xinhuanet.com/house/sz/2014-01-14/c_118954686.htm. 人民网，2014年4月14日。

② 刘波：《"三权分离"，警惕耕地"非农化"》，参见 http://finance.people.com.cn/GB/n/2014/0304/c1004-24517384.html [EB/OL]，人民网，2014年3月4日。

动成为了资本下乡的重要途径。并且伴随着城市工商资本在城市工商业的获利空间日益缩小，资本下乡也成为城市工商资本谋求获利的重要选择。因此，各类种植业企业、养殖场和农业科技公司在农村场域内纷纷成立。各类新兴农业公司的成功发展，首先取决于资本与农村土地资源的有效结合，即需要依托农地流转的方式获取大量农村土地。因此，农业公司将成为新一轮农地流转的重要主体。根据农业部公布的数据，2012年的农地流转中，流转入企业的占9.2%，相较于2011年有明显上升①。

3. 农地流转中介方主体。农地流转中介方主体是指参与农地流转过程，并为农地流转提供各种服务的第三方组织、机构和个人。

基层组织（村委会、村民小组）。村民委员会是农民进行自我组织、自我管理、自我服务的自治组织。村民委员会在农地流转过程中主要发挥中介组织者的作用。一是在农地流出方与农地流入方之间发挥信息传递者的作用。村委会向种植大户、农业公司提供本村参与流转的土地供给信息，同时向村民们告知农地流入方的基本经营情况，从而保障农地流转信息在农地流入方与农地流出方之间传递的顺畅性。二是以村委会的名义将农户土地租借出来，同生产大户或者公司签订协议，整体租给企业，进行规模化生产。三是在农地流出方与农地流入方之间发挥中间谈判者的作用。一些种养大户、农业公司需要流入土地，往往同村委会协商，通过村委会向村民们解读关于农地流转合同条款、流转期限、流转价格等流转契约上的相关规定，做好农户的工作，并最终代表农户与种养大户或农业公司签订土地出租合同，大大降低了农地流转的交易费用，提高了农地流转的交易效率。村民小组在农地流转过程中同样发挥着中介组织的作用。尤其是在面积范围较为广阔的村庄，村民小组分担村民委员会部分农地流转的职能。村民小组是由人民集体

---

① 刘波：《"三权分离"，警惕耕地"非农化"》，参见 http：//finance.people.com.cn/GB/n/2014/ 0304/c1004-24517384.html [EB/OL]，人民网，2014年3月4日。

化运动时期的生产队承袭而来，分田到户之后，彼此相互临近地块的村民们被归入到一个村民小组。村民小组成员之间土地连片化，更容易形成农地的规模化流转。因此，村民小组组长往往成为农户与农地流入方之间的谈判者，从而缩短农户与农地流入方之间的信息传递时间，减少农地流转交易成本。由村委会或是村民小组代表农户与农地流入方签订相应的农地流转合同，能够有效避免因口头协议缺乏约束力而产生的违约成本，从而保障农户与农地流入方双方农地流转行为的稳定性。

基层政府。在工业化、城市化快速发展的情况下，地方政府也成为农地流转的主体，介入并参与到农地流转过程之中。一是政府征地。地方政府出于公共利益的需要，通过征收土地用于统一开发、统一建设，从而改变土地用途，改变土地所有权性质，把土地集体所有转变为国家所有。国家统一建设规划下征用农民土地，规划新区建设，这是城市化过程中的普遍现象。国家征地也是一种特别的农地流转，有学者称其为"强制性的农地流转"。二是地方政府参与农地流转过程，成为农地流转的中介方。一方面政府作为农地流转规则的制定者，主要负责制定土地流转的相关制度，提供规范化的农地流转合同并负责规范土地流转合同的签订过程等。另一方面政府作为农地流转的信息供给者，通过设立动态电子显示屏提供农地流转的相关信息，为农地流转的交易双方以及社会大众提供农地流转的信息服务。此外，政府还作为农地流转的监督者以及纠纷的仲裁者，通过监督农户与种植大户、农业公司等流入方之间签订的合同是否规范，程序是否合法，提高农地流转的规范性，从而避免农地流转纠纷事件的发生。一旦发生了农地流转纠纷，地方政府作为中立的裁判者，出面调解并化解相应的纠纷。

专业公司。农地流转专业公司是指提供专业化农地流转服务的中介公司。在一些地方，已经出现了这种专业化的服务公司。这些专业公司主要通过各种方式把农民的土地流转过来，通过土地平整以及相配套的基础设施建设和服务，进行整体打包招租。农地流转专业服务公司作为社会性服务机构，主要通过对土地的重新整合加工，增加农地的附加值，再将农地流转给以农业公司、种植大户，从而获取价格剪刀差，获得农地流转利润。

（三）农地流转主体的特征

1. 独立性。农地流转主体作为农地流转活动的直接参与者，以及农地流转市场的交易主体，具有完全的独立性。也就是说，在农地流转市场中，农地流转主体可以独立自主地参与农地流转活动。农地流转主体独立地享有流转土地的自主决策权，任何组织以及个人都无法剥夺这一权利，任何组织和个人都不能强迫流转主体进行土地流转。另一方面，农地流转主体的独立性也决定了农地流转需要充分尊重农地流出方的流转意愿。只有充分维护农地流转主体的独立性，以及充分尊重农地流转主体的流转意愿，才能确保农地流转的顺利稳步开展。

2. 多层次性。农地市场的层次性，决定了农地流转主体的多层次性。我国的农地流转市场依据交易的性质不同，可以分为一级土地市场和二级土地市场。一级土地市场决定土地所有权的交易，包括农村土地使用性质和所有权的交易，一般由国家控制。而农村土地承包经营权的交易主要在二级土地市场。不同农地市场交易决定了农地流转的主体具有多层次性。作为农地流出方主体的农户及村民集体组织，在不同层次的农地流转市场交易中，分别处于不同层次的农地流转主体，国家作为农地流入方，发生农地所有权转移，那么农户及集体组织属于一级农地市场主体。而发生农地承包经营权转移，那么农户及其组织均属于二级农地市场流转主体。作为农地流入方的种植大户、农民专业合作社、农业企业均属于二级农地市场流转主体；而作为农地流转中介方的村民委员会，以及地方政府既属于一级农地市场流转主体，也属于二级农地市场流转主体；而农地流转专业化服务公司则属于二级土地市场流转主体。农地流转主体的多层次性构成了农地流转过程的多元化以及农地流转模式的多元化。

3. 平等性。农地流转市场的开放性、平等性决定了农地流转主体之间的平等性。农地流转主体平等地享有进入农地流转交易市场参与市场价格谈判的权利，处于平等的地位签订农地流转合同。并且在农地交易市场中，任何个人或组织都以平等的法律地位参与农地市场交易，都在平等的条件下参与农地市场竞争，任何组织或个人都不应享有任何特权。

4. 与农地产权主体的非重合性。农地产权主体是指农地产权的权利所有人。农地产权既包括农地所有权也包括各种用益物权。农地产权的碎片化与农地产权主体的多元化并存是农地集权产权的制度特征之一。农民、村集体组织、村委会以及基层地方政府构成了我国农地产权的主体。在法律范围内，农民拥有在承包期限内的土地承包经营权，村集体组织拥有农地所有权，村委会拥有农地监督、管理、决策权，地方政府拥有将农地征收用于公共利益发展的处置权。

就农地产权主体而言，可以将农地产权主体分为两种情况加以讨论。一是在农地的所有权与使用权一致的情况下，农地产权主体就是农地所有权主体。如农村集体经济组织从事集体农业生产经营活动，农村集体经济组织既是农地的产权所有者，也是农地的经营者。二是在农地的所有权与农地的使用权不一致的情况下，在集体所有、分户经营的家庭联产承包制度框架下，农户拥有土地的承包经营权，并且具有对承包土地的用益物权。也就是说，拥有土地承包经营权的农户能够享有集体所有土地的占有权、使用权、支配权。在农地所有权与农地使用权相分离的情况下，农地所有权拥有者将部分的权利委托给农地使用者。土地承包经营权就是农地产权所有者将土地的承包权与经营权委托给农户，并规定其在承包期内对农地具有占有权、使用权、支配权等用益物权。总体而言，在家庭联产承包责任制度下，农地的产权主体既包括产权的所有者，也包括产权的使用者，具体而言，包括农村集体经济组织、村民组织、村民小组以及农户。

农地产权主体与农地流转主体是一种相互交叉的关系。农地产权主体的存在是农地流转主体存在的前提与保障。农地产权主体既可以是农地流出方，也可以不是农地流出方。从农地流出方来看，拥有土地承包经营权的农户是农地流转的主体，属于农地流出方的范畴。因此，农户既是农地产权主体，也是农地流转主体。从农地流入方来看，种养大户、农业公司以及以土地入股的农民专业合作社都属于农地流入方的范畴。流入方主体的存在是以农地流出方主体的存在为前提的，流入方与农地产权主体不具有重合性。从农地流转的中介方主体来看，基层政府、村民自治组织以及村民小组既属于农地流转中介方主体，也属于农地产权主体。"土地属于国家所有，属于集体所有"解释了国家与村集体对农地的所有权。

第二节　交易费用理论

任何产权的交易都存在交易费用，不同的产权制度产生不同的交易费用。一般认为，清晰的产权界定能有效地降低交易费用，从而促进经济发展。

一、"交易费用"的概念及内涵

（一）交易费用的概念

在《企业的性质》一文中，科斯创立了交易费用范畴和交易费用理论。根据传统理论，对整个经济活动的协调和组织最好依靠那只"看不见的手"来不受干预地发生作用。只要存在完全竞争，生产者和消费者就能根据价格信号作出决策，并能实现最有利的结果。在这种分析逻辑下，其他一些协调与组织经济活动的制度和组织则被置于无足轻重的地位。但事实上，撇开交易费用和信息费用，我们就很难理解交易的过程本身。因为任何一项经济交易的达成，都需要进行合约的议定、对合约执行的监督、讨价还价以及了解有关生产者和消费者的生产与需求信息，等等。这些费用不仅存在，而且有时会高到使交易无法达成的地步。正是由于交易费用的存在，才产生了一些用于降低这些费用的不同制度安排①。正是在对传统经济理论的分析批判中，科斯提出了交易费用的概念并进行了理论构建。在《企业、市场与法律》一书中，科斯将交易费用界定为"通过价格机制组织生产的最明显的成本，就是所有发现相对价格的成本"②。科斯的交易费用概念提出来后，引起了经济学界的广泛关注。众多学者采用不同的方法和视角研究交易费用问题。威廉姆斯认为交易成本是利用经济制度的成本，并将交易成本进一步细分为事先的交易成本和事后的交易成本，前者包括起草、谈判和维护协议的成本，后者包括交易偏离交易准则引起的不适应成本、纠正偏离而作出的努力、建立和运行管理机构的成本以及保证协议生效的抵押成本③。柯武刚等认为交易成本是在产权（根据契约）被用于市场商务活动中的交易时发生的。由信息搜寻成本、谈判成本、缔约成本、监督履约情况的成本以及可能发生的处理违约行为的成本构成，这些信息成本和为契约作准备的成本都是先于交易决策而"沉淀"的④。迈克尔·迪屈奇将交易成本划分为调查和信息成本、谈判和决策成本，以及制订方案和实施成本，认为对资源配置的管理产生了组织成本和交易成本，因组织管理活动中存在摩擦而产生了交易成本，需要通过对劳动投入采用不完全的合同和管理指示，而对非人力投入或产出采用在统一的所有权以内的内在化的办法，以实现签订和执行合同活动成本的节约，且交易成本与组织成本之间的差异程度，取决于管理成本、文化差异和管理技能⑤。梯

①　R. H. Coase，"The Nature of the Firm"，*Economica*，New Series，Vo l. 4，No. 16，Nov.，1937，pp.386-405.

②　[英] 罗纳德·哈里·科斯：《企业、市场与法律》，上海三联书店 1990 年版，第 39 页。

③　Williamson O. E.，*The Economic Institutions of Capitalism*：*Firms*，*Markets*，*Relational Contracting*，Macmillan，1985.

④　[德] 柯武刚、史漫飞：《制度经济学：社会秩序与公共政策》，商务印书馆 2008 年版，第 231—239 页。

⑤　[美] 迈克尔·迪屈奇：《交易成本经济学——关于公司的新的经济意义》，经济科学出版社 1999 年版，第 43 页。

若尔（Tirole Jean）认为在契约不完备的情况下，为保证交易能够按照契约的规定顺利执行，将会产生预见成本、缔约成本和证实成本等交易费用[1]。杨小凯将交易费用划分为内生交易费用和外生交易费用，前者指市场均衡同帕累托最优之间的差别，由各类参与者争夺好处的机会主义行为所致，而后者是交易过程中直接或间接产生的成本[2]。

尽管各学者的研究视角与出发点不同，对交易成本概念的界定也有差异，即尚未形成统一的交易成本定义，但至少在以下几个方面达成了共识：首先，交易成本是交易者在使用市场机制达成具体东西或物品产权转让与获取过程中产生的费用；其次，交易费用产生于交易过程的"摩擦"；再次，从交易契约订立过程来看，交易成本包括交易前、交易中和交易后的费用与成本，具体包括交易信息传递与获取费用、契约谈判与签订费用、契约监督与执行费用以及可能发生的违约处理费用等；最后，交易成本与交易伴生存在，交易活动开启后，交易过程就会或多或少地产生交易费用，且目前仍无可行的技术措施能够完全消除交易费用，但可以通过组织设计、交易过程重组与创新、完善契约的完整性、政策制度标准化等办法来降低交易成本。

（二）交易费用的内涵

交易费用是指在交易过程中产生的各种费用，这些费用实质上构成了交易者的交易成本。

交易成本是一种机会成本。在现实经济生活中，对于某一具体事件，人们可以选择进行交易活动，也可以选择限制交易行为发生或直接不进入交易。若人们选择不进入交易，则不会发生任何交易成本，但人们一旦进入交易活动，交易成本便伴随整个交易过程。人们是否进入交易是交易成本具有

---

[1] Tirole Jean，"Incomplete Contracts：Where Do We Stand"，*Econometrica*，1999，67（4）.

[2] 杨小凯：《经济学：新兴古典与新古典框架》，社会科学文献出版社 2003 年版，第 103 页。

机会成本性质的根源。人们进入交易后，面临选择交易方式的交易决策，但不同的交易方式内含的交易成本类型与数量大小有所不同，选择一种交易方式进行交易活动意味着放弃了其他交易方式，也意味着舍去了与其他交易方式相对应的交易成本。一般而言，人的经济理性诱导人们选择恰当的、合适的、合理的以及交易成本尽可能小的交易方式，当人们选择了某种交易方式后，可将这种交易方式视为有限理性条件下进行交易的"最优解"，即其他交易方式的交易成本相对较高。

交易成本是因交易摩擦而损耗的资源。经济主体之间的摩擦主要体现在信息不对称、时空差异、知识与经验差别，以及信息、知识、经验差别被机会主义地利用上。在交易活动中，经济主体之间因有限理性、知识能力等限制而不可能完全掌握与交易有关的所有信息，也不可能无成本地获取、传递与交换交易信息，且若交易活动中机会主义行为得不到有效抑制，信息、知识、经验等"优势经济主体"极可能采取机会主义行动，交易成本也就随之膨胀。正因为经济主体之间存在时空、知识、经验等方面的差异，经济主体进入交易时不可能无成本地完全了解交易对象属性与交易标的性质，这就从根本上需要经济主体花费时间、金钱和资源搜集相关交易信息、选择交易方式、建立契约规制、控制与监督交易对象的机会主义行为，以顺利地实现整个交易过程。

交易成本不可能完全消除。交易成本不可能完全地、彻底地消除根源于经济主体之间的知识与经验差异，根源于经济主体之间时空、认识上的不一致，以及资源有限性下的利己之心。因为人类现有的能力和技术措施既不能完全消除这些差异与不一致，也不能解决资源有限问题及利己之心①，其目标指向仅仅是有限度地缩小差异与不一致、缓解资源有限程度，以及适当

① 因资源具有稀缺性特征，人们为了争夺有限的资源，往往会产生利己之心，并在此心理作用下机会主义地行事。资源稀缺性条件下，利己之心和机会主义行事也就被视为符合经济理性。

节制利己之心。在实际交易活动中，人们常借助法律等正式制度、习惯与传统等非正式制度，以及交易过程本身（契约条款）来抑制和引导人们的利己之心和机会主义行为。因此，只要经济主体进入交易，交易成本就不可能完全消除，但经济主体可以依靠制度，也可以通过提升交易的契约性或组织性等技术措施来有限度地降低交易成本。

交易成本具有沉没成本属性。交易成本具有沉没成本属性主要是指经济主体与其他经济主体进行产权交易时，投入资源与成本，只有在交易结束后才能评估其效果。如在交易信息搜集环节，交易者往往要面临以下问题：交易标的物在哪些地方存在？归谁拥有？是否具有替代物？若没有替代物，同一交易标的物拥有者是否是多个主体（是否是竞争性的）？若交易标的物拥有者是竞争性的，他们各自的期望价格是多少？近期交易此种标的物的价格如何？交易对象是否可信？是否需要组织或个人代理（寻找契约伙伴）？若需要代理，在何地寻找这些组织或个人？其信誉如何？代理成本如何？……交易者要回答和解决上述问题需要投入资源和花费成本，其所投入的资源和花费的成本可能很巨大，当然也可能很小，但资源等一经投入，便产生信息成本，而信息成本与交易活动是否取得成功并无直接联系，因为交易活动是否取得成功取决于信息质量，即无法在信息获得之前评估信息的质量与价值。因此搜寻信息耗费的资源便具有了沉没成本的属性。

二、交易费用的成因

交易费用或交易成本产生的原因众多且复杂。在既定的交易环境、制度框架与治理结构下，威廉姆森将交易成本的决定因素归结为交易要素特性和人的因素，前者包括资产专用性、不确定性和交易频率等，这些交易特性是造成交易成本差异的关键，也决定了交易的契约方式以及契约的治理结构，后者指人的有限理性与机会主义倾向，是产生交易成本的根本原因。本研究从交易要素特性和人的因素将交易成本的成因具体划分为交易不确定性、契约过程、有限理性和机会主义行为倾向。

（一）交易不确定性

信息不对称、交易对象行为不确定，以及对将来的未知极大地增加了交易的不确定性。信息不对称使得交易决策者一方难以了解交易对象和其他交易决策者对同一交易活动的决策与计划，且交易对象和其他交易决策者存在故意隐瞒对自身不利交易信息的倾向，交易不确定性问题愈发凸显；交易对象行为不确定源于交易者的机会主义行为，这属于交易内部因素干扰交易活动，当存在合同条款漏洞、监督与控制乏力等时，交易强势方发生机会主义行为的可能性就较高，预测交易对象的交易行为变得相当困难；交易契约达成后，交易合约环境可能发生变化，但在契约达成时无法预知交易环境变化，也不可能在交易合约中体现交易环境变化的应对措施，而处理交易环境变化带来的负面影响可能需要交易者重新谈判。由于交易存在不确定性，进入交易的经济主体难以对未来交易环境、交易对象行为、交易标的的质量等方面进行准确的预测。在农地流转中，土地属于一种特殊的生产要素与资源，其可被观察与检测而视为是可确定的，但农地流转也存在交易不确定性，主要是指交易对象行为的不确定性和交易契约执行的不确定性。人们为了规范与约束交易对象行为，以及最大限度地执行交易契约而不得不完善交易合约条款，并选择长期交易合约代替短期交易合约，以避免重复交易和过高的交易频率，这必然推动交易成本的上升，如细化交易合约条款而耗费大量时间；预存交易保证金导致资本利息等损失；选择长期合约可能面临因生产要素价格上升而带来的收入损失等。

（二）契约过程

交易、契约以及交易成本三者是孪生性的，意味着交易活动的完成需要某种交易契约进行规制，而交易契约的各个环节均存在交易成本。在契约过程中，交易双方在交易发生前为了达成交易协议而进行交易机会等信息获取与传递（信息交换），契约签订中对双方的责任与权利、权益等进行谈判（交易决策），契约签订后控制与监督交易对象行为等活动（执行交易契约），因而交易契约过程包括了信息成本、决策成本以及执行成本等交易成本。但这仅仅是契约过程中交易成本的表现形式，而契约过程中交易成本的成因主要是交易信息交换、契约形式、契约模式与规制结构选择、契约条款拟定以及清晰界定契约条款等①，如如何交换交易信息，采用什么样的契约形式、契约模式与规制结构，契约条款复杂程度与清晰程度等直接影响到交易成本等。当交易信息交换受阻、交易机会相对有限时，交易的机会成本也就较高；当契约形式、契约模式与规制结构的选择不利于交易各方谈判、协商时，交易的谈判成本与决策成本上升；当契约条款过于复杂且缺乏清晰性时，契约执行就更加困难或需要更多消耗。此外，契约过程的不完整性、不完全性可能会刺激交易者的机会主义行为，导致契约控制与监督成本的增加。

（三）有限理性

经济学和管理学等学科理论对人的理性程度提出了三类假设。一是完全理性，即假定人具有完全的认识能力、行动能力和行为执行能力。在完全理性条件下，人们能够掌握有关交易的所有信息、列举出所有交易方案、精确预测每个方案的所有可能结果，以及认清各个方案潜在的风险，从而作出最优的交易决策，并在最优交易发生前通过全面的安排，制定出准确的谈判与签约计划和偏差补救措施。二是直觉理性，即人们因具有强大的直觉判断能力而具有正确决策的本事，能够利用直觉判断能力进行交易决策。三是有限理性，即人是理性的，但因环境变化、事物发展、知识智力等限制，使得人的理性具有有限特征。在有限理性背景下，人们的交易行为存在向完全理

---

① 交易信息交换、契约形式、契约模式与规制结构选择、契约条款拟定以及清晰界定契约条款等必然需要消耗时间与资源。

性接近的趋势，但又不可能达到完全理性，交易行为及结果仅能是满意的。从这三种关于人的理性假设来看，完全理性和直觉理性能够顺利地实现交易活动而不产生任何交易费用，但完全理性不符合人的经济特性，直觉理性忽视了事物多变性。有限理性既符合人的经济理性，也反映了事物的复杂性与多变性。正因为人的有限理性，人们才不会为了完美的结果耗费过多的资源和支付过高的成本，但也恰好是人的有限理性使得人们在面对风险、未知等不确定性情景时理性不足，这便产生了人对制度、契约、组织、法律的依赖，从而催生了合作、交易的费用或成本。

（四）机会主义行为倾向

机会主义行为是指经济主体以投机取巧方式，有目的、有策略地利用与交易相关的信息，达到追求自身利益的目的。这根源于资源的稀缺性、有限性。若经济主体能够无限地、无成本或低成本地使用和利用资源，那么经济主体无须通过交易获取资源，经济主体没有必要采取机会主义行动，因为经济主体能无损耗或低损耗地获取想要的资源。但是，经济主体无限地、无成本或低成本地使用和利用资源并不符合客观现实，现实社会中的资源总是有限的、稀缺的，经济主体可能无法找到合适的相关资源，也可能为了获得资源而付出代价。当经济主体获取资源时，往往需要与其他经济主体进行交易，资源也就具备了价值与价格属性，但交易双方都有自利倾向（市场交易中的自利倾向符合经济理性），即交易一方期望低成本获得资源，而另一方期望高价格售出资源。在此过程中，交易双方均有投机取巧的可能，如卖者一方因掌握资源信息优势而会故意隐瞒信息，采取欺骗手段获利；当资源数量很少时，交易活动处于卖方市场，卖方会故意提高资源交易价格；当投资者转移配置资产成本高昂时（资产专用性），向投资者施压以利于获得好处；买方因有更优质的交易渠道，故意寻找卖方资源质量问题，以达到无成本地退出交易活动。机会主义行为倾向使得交易各方在交易时不得不甄别、预防、监督与控制交易对象行为，这会推动交易成本的提升。

三、交易费用的影响因素

（一）技术因素

技术因素主要是指农地流转过程中便于农地交易的各种手段与方式的总和。交易的技术因素也可以影响交易费用的高低。威廉姆斯考察了交易的技术结构对市场结构的影响，揭示了交易客体技术结构对交易费用的作用。这种交易的技术结构包括两个方面的内容，一是资产的专用性，即资产本身的专用性、资产选址的专用性以及人力资本即人的经验和技术的专用性；二是"小数目谈判条件"，小数目谈判条件主要是指市场结构，因为它主要是指垄断的市场结构，而造成垄断的市场结构的根本因素是生产技术的独占。

（二）制度因素

除交易技术外，交易制度也是影响交易成本的一个重要因素。交易制度因素包括宏观的法治制度、微观的产权制度、监督保护制度等。制度经济学家认为制度是一个相当广泛的概念，凡勃仑把制度理解成是"个人或社会对有关的某些关系或作用的一般思想习惯"[1]。制度可以有效地约束机会主义行为，降低交易成本。交易制度是规范交易行为的规则体系，分为正式制度和非正式制度。科斯在《社会成本问题》一书中强调了"产权制度"的重要性：产权制度是交易得以进行的前提，只有物品或劳务的产权清晰才有可能进行交易，明晰产权对减少交易成本具有决定性的作用，如果交易成本大于零，产权的明晰能够有效降低交易过程中的交易成本，提高交易效率[2]。在科斯的交易费用理论中，产权的重要性不言而喻。但农地流转交易与企业交易并不同质，影响两种交易成本的因素也不同。农地流

---

① 凡勃仑：《有闲阶级论》，商务印书馆 1981 年版。
② 彭真善、宋德勇：《交易成本理论的现实意义》，《财经理论与实践》2006 年第 4 期。

转交易的交易商品与企业不同，不需要考虑交通运输条件对农地流转主体交易成本的影响；农地流转交易涉及的资金流技术主要是地租的支付，我国农村的金融机构足够满足该技术需求，资金流技术对农地流转交易的影响较小；由于我国农地流转交易的流出方主要是农户，流入方主体的受教育水平也并非很高，交易双方的教育水平对交易费用的影响并不显著。产权是否明晰和稳定决定了交易成本的大小，有研究表明：从法律和政策的角度来说，国家对农民的土地产权保护是严格的，农民的土地产权在法律层面越来越完整和稳定。当前农地产权较为完整和稳定，并没有对土地流转造成影响[1]。

（三）综合因素

农地流转交易成本有其自身的影响因素，包括是否具有中介组织、农地的细碎化程度、流转规模、农户的流转意愿等。根据实地调研和查阅文献，我们从以下几个方面分析农地流转交易成本的影响因素。第一是否具有中介组织，中介组织能够提供各种服务，如交易地标的基本信息等服务，产生服务的规模效益，降低流转主体的信息搜集等交易费用；地方政府和村集体是农地集体所有的代理者、是农地信息的拥有者、是农民集体行动的组织者、是农地流转的有效监督者，在农地流转过程中为流入方主体提供综合性服务，能够降低流入方主体的信息搜集等费用；第二是非正式制度，非正式制度主要包括习惯法（熟人社会）、血缘关系等，邓大才运用全国 21 个省市的农地调查问卷进行回归分析，认为，熟人关系、邻里关系、血缘、姻缘关系具有节约农地流转交易成本的作用[2]；第三是农地的细碎化程度，农地的细碎化程度越高，地块越分散，涉及的农户越多，集中的难度越大，谈判的时间成本越高。吴记峰、吴晓燕通过对四川偏远丘陵地区的考察发现：四川

---

[1]　唐浩、曾福生：《现实中的农地产权情况还影响农地流转吗？——湖南怀化中方县土地流转的现状调查与思考》，《农村经济》2008 年第 11 期。

[2]　邓大才：《制度安排、交易成本与农地流转价格》，《中州学刊》2009 年第 2 期。

偏远地区农地过于分散，细碎化程度高，地块面积较小，这就给农户成片租入土地造成了极大的困难，要想成片租入土地，流入方必须一家一户、一块地一块地地进行谈判，一旦成片地区有一户不出租土地或对出租条件不满，都会造成交易的失败，使得租入方支付大量的沉默成本[①]。杜克（Joshua M. Duke）等提出农地严重细碎化状态下的大量交易成本的存在[②]；第四是农地的流转规模，流转的规模越大，涉及的农户越多，需要搜集的信息范围越广、需要集中的土地越多、谈判时间也越长，同时面临的不确定性也越大，导致信息的搜集、土地集中、合同签订、确保合同执行的成本也越高；第五是农户的农地流转意愿，农户的农地流转意愿越高，流入方主体所花费的成本就越低，反之，就有可能出现"插花地"，为了连片集中土地，流入方主体需要与个别农户进行额外谈判并将土地置换出去，这就导致流入方主体的土地集中、合同签订成本的增加。

第三节　农地流转的交易费用

根据现代产权经济学理论，任何交易都是有成本的，因此，通过界定和调整产权规则，可以降低交易成本，从而提高资源配置的效率。在农地集体产权制度下，由于农地产权主体的多元化和农地权利的模糊性导致农地流转存在较高的交易费用，从而制约了农地资源的优化配置。

一、农地流转交易费用的相关文献研究综述

在农地集体产权制度下，农地流转的交易费用一直吸引着学界的广泛

---

① 吴记峰、吴晓燕：《农地流转：从必要到现实有多远——来自四川偏远丘陵地区的观察》，《农村经济》2011 年第 5 期。

② Joshua M. Duke, EleonoraMarisova, AnnaBandlerova, JanaSlovinska, "Price Repression in the Slovak Agricultural and Market", *Land Policy*, 2004, (21).

关注。学者们从不同的角度进行了探索。一是从制度安排的角度探究了制度安排与农地流转交易成本的关系。邓大才认为制度安排既可以节约交易成本也可以诱发交易成本，从而影响农地流转的价格。在村庄制度、习惯法和国家制度这三种制度安排中，村庄制度安排对农地流转交易成本的影响最大，国家制度安排的影响最小[①]。黄振华指出农地流转交易成本机制的产生是国家制度安排和产权不完整共同作用的结果[②]。也有学者提出农地流转交易成本产生的制度根源是土地产权制度，交易成本进而又影响农地流转主体的行为与决策[③]。二是从农地流转模式角度分析不同模式的交易费用。伍振军等比较了四种不同的农地流转模式的交易费用：政府扶持市场参与主体（M 模式）、政府扶持需求主体（M－模式）、政府扶持流转中介（S＋模式）和自发流转模式（S 模式）[④]。三是从农地流转中介组织角度探讨农地流转的中介组织与农地流转交易费用的关系。黄英良通过对市场组织、政府组织和专门的中介组织这三种组织形式的交易成本的比较，发现介于市场组织和政府组织之间的中介组织是最有效率的，应通过设立多种形式的中介组织来提高农地使用权的流转效率[⑤]。刘涛认为微观的农民个体存在客观事实上的异质性，使得分散的农民个体之间的合作成本和组织成本过于高昂，农民个体很难进行组织化，导致农民个体缺乏集体行动的能力，因此需要中介组织（如村集体）介入，降低其交易成本[⑥]。研究表明，不同的农地产权制度安排会产生

---

① 邓大才：《制度安排、交易成本与农地流转价格》，《中州学刊》2009 年第 2 期。

② 黄振华：《大陆农地流转的基本格局》，徐勇、赵永茂主编：《土地流转与乡村治理》，社会科学文献出版社 2010 年版。

③ Chen Ping—nan：《从交易费用的角度探讨我国农地流转的困境》，《广东农业科学》2012年第 13 期。

④ 伍振军等：《交易费用、政府行为和模式比较：中国土地承包经营权流转实证研究》，《中国软科学》2011 年第 4 期。

⑤ 黄英良：《交易成本和农地使用权流转组织形式的选择》，《理论学刊》2005 年第 10 期。

⑥ 刘涛：《农地流转需要中介组织》，《中国土地》2008 年第 10 期。

不同的农地流转交易成本，可以通过创新农地流转模式和提供中介服务来降低农地流转的交易成本。但问题在于，农地流转交易成本往往是由农地流转主体来承担的，由于主体异质性的客观存在，如何测量不同农地流转主体的农地流转交易成本便成为一个实际的问题。一般而言，农地流转主体有广义与狭义之分。广义的农地流转主体是指农地流转过程中的各方利益主体，主要包括农地流出方主体、农地流入方主体和从事中介服务的中介方主体。狭义的农地流转主体仅指农地流入方主体。在需求带动型的农地流转中，农地流转的交易费用主要是由农地流入方主体来承担的。本文首先对农地流转方主体的交易费用理论进行梳理，其次运用矩阵法和坐标法对各流入方主体的交易费用进行比较分析，进而对比不同的农地流入方主体的交易费用。分析不同农地流入方主体的交易成本差异，对于提高农地流转效率具有重要的实践价值。

二、农地流转交易费用的概念及分类

（一）农地流转交易费用的概念

农地流转的交易费用主要是指农地流转主体用于寻找交易对象、订立合同、执行交易、洽谈交易、监督交易等方面的费用与支出，主要由搜索成本、谈判成本、签约成本与监督成本构成。农地流转的交易费用主要是指农地流转主体的交易费用。农地流转主体是指农地流转过程中的各方利益主体，主要包括农地流出方主体、农地流入方主体和从事中介服务的中介方主体。在土地需求推动的农地流转中，农地流转主体主要是指农地流入方主体。农地流转交易费用也主要由农地流入方主体承担。

（二）农地流转交易费用的分类

农地流转中存在交易成本已是学术界的共识，但学术界对于农地流转中交易成本的分类有所不同。当前学术界对农地流转中的交易成本分类主要有四种方式：一是依据交易成本理论对交易成本内涵与表现形式的概括与解释，将农地流转的交易成本分为市场搜寻费用、谈判与签约费用，以及合约监督与执行费用①；二是根据农地流转中交易成本的产生因素，将农地流转的交易成本划分为内生性交易成本和外生性交易成本②；三是从农地流转的权利主体和参与主体角度，将农地流转的交易成本划分为农地权利出让方的交易成本、农地权利受让方的交易成本和第三方（村集体、中介组织）的交易成本③；四是按照农地流转的发生过程与组织过程，将农地流转的交易成本划分为流转前的交易成本、流转中的交易成本和流转后的交易成本④。因本研究重在探讨农地流转组织过程中的交易成本问题，本书主要采用第四种农地流转的交易成本分类方式。

1. 农地流转前的交易费用。交易成本理论认为，在通过价格机制完成交易的交易活动中，交易者首先面临着发现相关物品的交易价格与交易对象，若交易市场中出现专门出售交易价格、潜在交易对象等信息的组织或个人，这些组织或个人通过专业化手段组织与整合相关交易价格和交易对象等信息而实现了信息规模效应，对于交易者来说，向专门出售交易信息者购买交易信息可极大地节约信息搜寻成本。在农地承包经营权的流通与转让中，农地流出方与农地流入方同时面临搜寻农地承包经营权交易价格和交易对象等农地承包经营权流转信息，因而农地流转前的交易成本主要是指农地流转信息的搜寻成本。

农地流转信息搜寻成本的大小与农地流转市场体系相关。若农地流转

---

① 吴晨：《农地流转的交易成本经济学分析》，经济科学出版社 2011 年版，第 21—22 页。

② 何一鸣、罗必良：《农地流转、交易费用与产权管制：理论范式与博弈分析》，《农村经济》2012 年第 1 期。

③ 黄振华：《大陆农地流转的基本格局》，载于徐勇、赵永茂：《土地流转与乡村治理》，社会科学文献出版社 2010 年版，第 229—230 页。

④ 黄振华：《大陆农地流转的基本格局》，载于徐勇、赵永茂：《土地流转与乡村治理》，社会科学文献出版社 2010 年版，第 229—230 页。

市场体系健全而有效，农地流转交易各方将便利地从固定的交易场所① 获取交易信息，这为降低农地流转交易各方搜寻农地流转市场信息的成本作出了贡献。但是，当前我国农地市场体系建设滞后，县、乡两级农地流转固定市场仍未完全建立，获取农地流转交易信息更多地依赖农地流转各方的人际关系网络，而不是政府举办的农地流转市场。从单独的农地流转案例看，依靠人际关系网络可在一定程度上节约发现交易信息的成本，但因交易信息受制于人际关系网络，潜在的交易价格与交易对象等农地流转信息面相对狭窄，农地流转交易的机会成本可能更高，而交易的机会成本增加意味着通过人际关系网络发现农地流转信息的成本可能远远高于从农地流转市场发现农地流转信息。但是，这并不意味着通过人际关系网络发现农地流转信息的交易机会成本不可改变，可通过整合农地流转流程与组织过程，以增加农地流转参与者数量和提升农地流转参与者质量，从而实现人际关系网络扩大，进而降低交易的机会成本，并使交易的机会成本尽可能地接近农地流转市场中的机会成本。

2. 农地流转中的交易费用。在农地流转交易各方获取农地流转信息与筛选农地流转交易对象后，农地流转进入契约谈判与合同签订阶段。与此相对应，契约谈判成本和合同签订成本共同构成农地流转中的交易成本的主要方面。

契约谈判成本。在农地流转合约签订之前，农地流转各方普遍性地对农地流转方式、农地流转价格、农地流转金支付方式、农地流转合约期限、农地流转面积以及双方的权利与义务等相关事项进行谈判，且一般在确定农地流转价格与农地流转金支付方式后，农地流转各方必须对每个农地承包户的农地流转面积进行测算以及农地档案造册等，这些环节与流程均需要投入

---

① 从目前农地流转交易市场体系来看，固定的农地交易市场主要是土地交易中心、农地流转服务市场，但随着计算机及网络技术的普及，可在网络电子交易市场发布农地流转信息以及撮合农地流转交易。

或消耗一定量的人力、财力、物力。

合同签订成本。《农村土地承包经营权管理办法》第二十一条规定："承包方流转农村土地承包经营权，应当与受让方在协商一致的基础上签订书面合同。农村土地承包经营权流转合同一式四份，流转双方各执一份，发包方与乡（镇）人民政府农村土地承包管理部门各备案一份。"从《农村土地承包经营权管理办法》的规定来看，农地承包经营权流转合同必须为书面合同，且至少为四份①，因而农地流转签约的签订成本主要包括农地流转的合同制定成本与合同签订成本。

农地流转中的交易成本中，谈判成本占绝大部分比例，而合同签订成本相对较小。在农地流转谈判过程中，对于农地流转方式、农地流转金支付方式、合约期限等内容的分歧往往不大，由此产生的交易成本相应较少，但因农地流转价格、农地流转面积以及农地流转各方的权利与义务内容直接与农地流转双方的经济利益和农地流转各方的权利相关，这些农地流转事项常常是农地流转各方的谈判重点与争议焦点，谈判过程中经常需要反复协商，这将耗费大量资源尤其是时间与精力，且农地流转各方权利与义务界定的清晰性是产生农地流转后的交易成本的影响因素。

3. 农地流转后的交易费用。为了避免重复谈判、稳定农地经营周期，以及保证农业投资回报，农地流入方倾向于签订农地流转长期合约，事实上多数农地流转合约超过 10 年，部分农地流转合约周期达到 30 年。但是，因无法准确地预测未来和机会主义倾向，农地流转合约周期越长，产生违约行为的可能性越会增加——农地流入方可能因农业投资亏损而不支付农地使用金，也可能因兴修基础设施或投资于某种农业产业而破坏农地，致使农地流

---

① 越来越多农地承包经营权流转签订了书面合同，但部分农地承包经营权流转并不规范，农地流转双方往往采取较为简便的合同执有方式，一般采取农地流转双方与发包方（村集体）各执一份（共三份），极少数农地承包经营权流转要到乡（镇）政府土地管理部门备案。

转合约到期时农地无法恢复原状；农地流出方可能因农地流转价格上涨或滋生"红眼病"而向农地流入方索回农地，甚至骚扰农地流入方在农地流转周期内的正常经营活动；其他农地参与方也可能因利益矛盾而不再承担合约规定的义务等。因此，农地流转后的交易成本主要是农地流转合约执行成本以及违约行为发生后的调解、裁决成本。

农地流转后的交易成本取决于农地流转的契约类型、农地流转模式、合同科学程度、合同条款全面程度、权利与义务清晰程度以及违约后的调解与裁决机制等，即农地流转前与流转中的交易成本会向农地流转后的交易成本转移。这就需要农地流转各方作好农地流转前和农地流转中的各项事宜。但因农地流转后承担的交易成本主要是合同监督与执行成本和违约调解与裁决成本，因而谁来监督、以什么方式监督、谁来处理合同违约，以及采取什么方式处理等就显得尤为重要。

三、农地流转主体交易费用的构成

科斯认为交易成本是指度量、界定产权的成本，发现交易对象和交易价格的成本，讨价还价的成本，订立交易合同的成本，执行交易的成本，监督违约并对其制裁的成本，维护交易秩序的成本[1]。具体到我国的农地流转中，交易成本至少包括以下内容：

一是信息搜集、甄别、选择的费用。流入方主体进入交易市场，需要支付一定的入市费用，主要包括寻找并发现潜在交易对象、获悉交易物品基本信息等的费用。农地流转的信息搜集成本与农地流转市场的成熟度、农地流转规模成负相关。农地流转是否具有有形和无形市场，决定了流入方主体是否需要支付高昂的信息搜寻成本。我国的农地流转市场体系建设滞后，三级产权交易市场尚未完全建立，流入方主体主要依靠村集体或他们的社会关

---

[1]　周其仁：《产权与制度变迁——中国改革的经验研究》，社会科学文献出版社 2002 年版。

系网络获取农地的基本信息，这有利于减少信息搜集的成本。通过中介组织获悉农户的农地流转意愿、农地的基本信息也能够降低农地流转前的交易成本。

二是土地集中的费用。土地集中的费用主要是指土地连片集中所需的时间、资源等成本。流入方主体进行土地连片集中的方法主要有两种：一种是通过中介组织如村集体进行土地连片集中，委托村集体与分散的单个农户进行协商谈判并签订流转合同，这就省去了流入方主体分别与单个农户进行谈判再集中土地的环节，极大地减少了流入方主体集中土地的成本。另一种是流入方主体与意向流入的片区的单个农户分别进行谈判，该种方式会耗费大量的时间和精力成本，一般小规模流转土地的流入方主体会采用此种方式。

三是签订合同的交易费用。由于合同内容的确定与合同的成功签订密切相关，本文将合同内容的确定成本也计入签订合同的交易费用。在合约签订前，农地流入方主体需要针对农地的租金、租金的支付方式，农地流转的期限、用途，土地的基本信息（如面积等），流转双方的权利和义务等与流出方进行磋商。其中，农地流转价格、流转双方的权利与义务的确定涉及双方的经济利益及以后农地的处置权问题，因此需要反复进行谈判和磋商，需要耗费大量的时间成本，且双方权利义务界定的清晰度将影响到确保合同执行的费用。根据对河南、山东两省的调研结果显示：75.23% 的流入方认为租金的确定是谈判的重点，也是产生谈判费用的主要原因①。

四是确保合同执行的交易费用。确保合同执行的交易成本属于农地流转后的交易成本，主要是指农地流转合约的执行成本以及违约行为出现后的调解、裁决所花费的时间成本和机会成本，其中最主要的成本是农地流转违

---

① 郭斌、李伟：《基于交易效率的农地流入方交易费用研究》，《江苏农业科学》2014 年第 2 期。

约的裁决和调解成本。农地流转的规模越大，流入方主体面临的不确定越大，发生违约的可能性越大，确保合同执行的交易费用可能越高。通过中介组织进行农地流转，可以为交易后发生的违约纠纷提供裁决主体，有利于降低确保合同执行的交易费用。

用 C_{is}、C_{lc}、C_{ce}、C_{se} 分别表示流入方主体的信息搜集、土地集中、合同签订、确保合同执行的交易费用，其总交易成本的线性函数为：

$$TC_{\wedge} = f(C_{is}, C_{lc}, C_{ce}, C_{se}) = f(C_{is}) + f(C_{lc}) + f(C_{ce}) + f(C_{se}) \qquad ①$$

我国的农地流转是需求带动型的，从需求带动型的角度来看，我国较为典型的一次农地承包经营权的交易过程如图 2–2 所示。

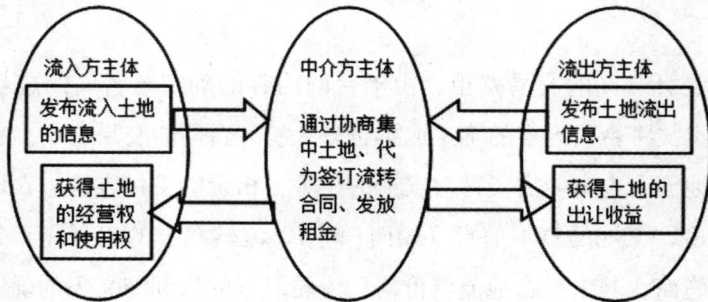

图 2–2　农地承包经营权交易过程

四、农地流入方主体的交易费用比较

农地流转的交易费用一般主要是指农地流入方主体的交易成本。在农地流转过程中，特别是在农地需求型的农地流转中，绝大多数的农地流转交易费用主要由农地流入方主体承担，农地流转主体的异质性决定了不同的农地流转主体在农地流转交易中所承担的交易费用存在差异。在假设流入方主体处于同一区域的情况下，可以从能否接触和利用中介组织、流转规模、非正式制度这三个方面比较主要流入方主体交易成本的大小。

（一）不同农地流转方的交易费用

1. 种养大户的交易费用。种养大户一般是指围绕某一种农产品从事专业化生产，从种养规模来看明显大于一般农户的承包经营户[1]。一般来说，具有一定的生产规模和专业种养技术，同时种养面积达到一定的要求也就是要通过流转土地进行经营，才能成为种养大户。种养大户大都是内生于村庄或是毗邻区域的经济能人，其通过血缘、地缘、姻缘关系等非正式制度等社会资本进行土地流转，具有高信任度，能够减少甚至省去农地流转中的信息搜集、合同签订及确保合同执行的成本，但还需花费一定的成本进行土地集中。由于一般种养大户流转土地的面积较小，获得土地流转补助需要达到一定的流转面积和流转期限，因此，种养大户获得土地流转补助的可能性也较低。（可以将政府对流入方主体的土地流转补助看成是政府承担了部分流入方主体消除合同执行不确定性的交易费用[2]。）那么，种养大户总的交易费用为：$TC_{种} = f(C_{is}, C_{lc}, C_{ce}, C_{se}) = a_1 C_{is} + b_1 C_{lc} + c_1 C_{ce} + d_1 C_{se}$（$0 < a_1 < 1$，$0 < b_1 < 1$，$0 < c_1 < 1$，$0 < d_1 < 1$）

2. 家庭农场的交易费用。家庭农场是以家庭成员为主要劳动力，从事农业规模化、集约化、商品化生产经营，并以农业收入为家庭主要收入来源的新型农业经营主体[3]。家庭农场具有家庭经营、适度规模、市场化运作、企业化管理的特点，有一些学者认为可以将家庭农场看作是种养大户的升级版[4]。家庭农场的交易费用与种养大户的交易费用基本一致。家庭农场利用内生的社会关系进行土地流转，省去了搜集信息、合同签订和确保合同执行

---

[1]　王春平：《关于培育新型农业经营主体的几个问题》，《新农业》2013年第17期。

[2]　伍振军等：《交易费用、政府行为和模式比较：中国土地承包经营权流转实证研究》，《中国软科学》2011年第4期。

[3]　杨成林：《中国式家庭农场形成机制研究——基于皖中地区"小大户"的案例分析》，《中国人口·资源与环境》2014年第6期。

[4]　滕明雨等：《成长经验视角下的中外家庭农场发展研究》，《世界农业》2013年第12期。

的费用，降低了土地集中费用①。一般家庭农场的土地流转面积较小，获得土地流转补助需要达到一定的流转面积和流转期限，因此，家庭农场获得土地流转补助的可能性也较低。现阶段，我国家庭农场主的文化水平、法律意识较低，合同内容及双方权利义务的界定很难达到完整和清晰，因此，容易出现土地流转后的纠纷，导致家庭农场尤其是没有借助中介组织进行农地流转的家庭农场的确保合同执行的成本增加。那么，家庭农场总的交易费用为 $TC_家 = a_2C_{is} + b_2C_{lc} + c_2C_{ce} + d_2C_{se}$（$0 < a_2 < 1$，$0 < b_2 < 1$，$0 < c_2 < 1$，$0 < d_2 < 1$）。

　　3. 合作社的交易费用。农民专业合作社既是一种新型的现代农业经营主体，也是一个重要的农地流转主体。作为农地流入方主体的合作社主要是指集中土地并进行规模经营的农民专业合作社，即农户自愿以土地承包经营权入股合作社，入股土地由合作社进行经营，农民可以获得土地的租金和股权分红。合作社的流转面积较大，流转年限也较长，一般能够享受政府的农地流转补助。合作社的组织原则和利润优势使得农户主动将土地的信息传达给合作社，使得其信息搜集的费用比种养大户、家庭农场低。从实践来看，合作社组织原则和利润优势使得农户能够自愿地迅速集中土地，有效降低土地集中费用②。农户流转土地最大的顾虑是收不回土地，合作社的入社原则保障了农户的土地收放权，降低了农户违反合同、干扰合作社经营的可能性，减少了合同签订及确保合同执行的费用。那么，合作社总的交易费用为 $TC_合 = a_3C_{is} + b_3C_{lc} + c_3C_{ce} + d_3C_{se}$（$0 < a_3 < 1$，$b_3 \approx 0$，$0 < c_3 < 1$，$0 < d_3 < 1$）。

　　4. 龙头企业的交易费用。龙头企业是指具有资本、技术、人才等生产

---

① 周娟、姜权权：《家庭农场的土地流转特征及其优势——基于湖北黄坡某村的个案研究》，《华中科技大学学报》（社会科学版）2015 年第 2 期。

② 孔祥智、伍振军：《土地流转的有益探索——浙江省平湖市渡船桥村土地股份合作社调查》，《农村经营管理》2010 年第 7 期。

要素优势的农业企业，从事农业产业化经营，带动农户发展专业化、标准化、规模化、集约化生产的现代农业产业经营主体。龙头企业大多属于外来者，大多会借助中介如村集体与农户进行洽谈和集中土地，这就减少了龙头企业信息收集、土地集中的费用。鉴于龙头企业的外来身份，农户对其是否会按时、完整归还土地，地租是否与市场或其他村相等产生怀疑，因此在确定土地价格、界定双方权利义务等方面需耗费大量的时间，提高了签订合同的费用。有学者对农户与农户之间、合作社引导、龙头企业引导三种农地流转模式"进行一次农地流转所花费的时间"进行比较后发现：农业公司就农地价格、承让方是否能改变土地性质和种植模式等关键问题与农户进行谈判所花费的时间最高[①]。龙头企业的土地流转面积较大、流转期限较长，可获得土地流转补助，且能够借助中介组织进行合同纠纷的裁决，降低了确保合同执行的费用。但由于其主要是以自身盈利为目的，且农户没有土地的收放自由权，因此当农户对租金不满、觉得龙头企业获利过高时就会对其经营活动进行干扰。为了维持正常的经营活动，龙头企业需邀请村集体与农户进行再谈判，这就需要耗费较高的时间成本。那么，龙头企业总的交易费用为 $TC_龙 = a_4 C_{is} + b_4 C_{lc} + c_4 C_{ce} + d_4 C_{se}$（$0 < a_4 < 1$，$0 < b_4 < 1$，$0 < c_4 < 1$，$0 < d_4 < 1$）。

（二）农地流入方主体交易费用的向量矩阵与坐标系表达

可以通过建立流入方主体的向量矩阵和交易费用坐标系对种养大户、家庭农场、合作社、龙头企业的交易费用进行比较。

可以将四个流入方主体的交易费用表示如下：种养大户总的交易费用为 $TC_种 = f(C_{is}, C_{lc}, C_{ce}, C_{se}) = a_1 C_{is} + b_1 C_{lc} + c_1 C_{ce} + d_1 C_{se}$（$0 < a_1 < 1$，$0 < b_1 < 1$，$0 < c_1 < 1$，$0 < d_1 < 1$）；家庭农场的总交易费用为 $TC_家 = a_2 C_{is} + b_2 C_{lc} + c_2 C_{ce} + d_2 C_{se}$（$0 < a_2 \approx a_1 < 1$，$0 < b_2 \approx b_1 < 1$，$0 < c_2 \approx c_1 < 1$，$0 < d_2 \approx d_1 < 1$）；合作

---

① 吴晨：《不同模式的农地流转效率比较分析》，《学术研究》2012 年第 8 期。

社的总的交易费用为 $TC_合 = a_3C_{is} + b_3C_{lc} + c_3C_{ce} + d_3C_{se}$（$0 < a_3 < a_2 \approx a_1 < 1$，$b_3 \approx 0 < b_2 \approx b_1 < 1$，$0 < c_3 < c_2 \approx c_1 < 1$，$0 < d_3 < d_2 \approx d_1 < 1$）；龙头企业的总的交易费用为 $TC_龙 = a_4C_{is} + b_4C_{lc} + c_4C_{ce} + d_4C_{se}$（$0 < a_3 < a_2 \approx a_1 < a_4 < 1$，$b_3 \approx 0 < b_2 \approx b_1 < b_4 < 1$，$0 < c_3 < c_2 \approx c_1 < c_4 < 1$，$0 < d_3 < d_2 \approx d_1 < d_4 < 1$）。

设四个农地流入方主体的交易费用矩阵（C_{is}，C_{lc}，C_{ce}，C_{se}），那么四个农地流入方主体对应的交易费用比例矩阵为 $C = (C_1, C_2, C_3, C_4)$，则种养大户 $C_1 = (a_1, b_1, c_1, d_1)^T$；家庭农场 $= (a_2, b_2, c_2, d_2)^T$；合作社 $= (a_3, 0, c_3, d_3)^T$；龙头企业 $= (a_4, b_4, c_4, d_4)^T$。

并且满足以下不等式：

$$
\begin{cases}
0 < a_3 < a_1 \approx a_2 < a_4 < 1 \\
b_3 \approx 0 < b_2 \approx b_1 < b_4 < 1 \\
0 < c_3 < c_1 \approx c_2 < c_4 < 1 \\
0 < d_3 < d_1 \approx d_2 < d_4 < 1
\end{cases}
\tag{1}
$$

设四个主要农地流入方主体的交易费用矩阵 $D = (D_1, D_2, D_3, D_4)$，那可以得出 $(D_1, D_2, D_3, D_4) = (C_{is}, C_{lc}, C_{ce}, C_{se}) \times C$，结合不等式（1）的约束条件，可以将四个流入方主体的交易费用表示如下：

$$
(C_{is}, C_{lc}, C_{ce}, C_{se}) \times C = (C_{is}, C_{lc}, C_{ce}, C_{se})
\begin{cases}
a_1 & a_2 & a_3 & a_4 \\
b_1 & b_2 & 0 & b_4 \\
c_1 & c_2 & c_3 & c_4 \\
d_1 & d_2 & d_3 & d_4
\end{cases}
$$

$= (a_1C_{is} + b_1C_{lc} + c_1C_{ce} + d_1C_{se}, \; a_2C_{lc} + b_2C_{lc} + c_2C_{ce} + d_2C_{se}, \; a_3C_{is} + c_3C_{ce} + d_3C_{se}, \; a_4C_{is} + b_4C_{lc} + c_4C_{ce} + d_4C_{se})$

在满足不等式的情况下，可以得出：

$0 < a_3C_{is} + c_3C_{ce} + d_3C_{se} < a_1C_{is} + b_1C_{lc} + c_1C_{ce} + d_1C_{se} \approx a_2C_{lc} + b_2C_{lc} + c_2C_{ce} +$

$d_2C_{se} < a_4C_{is} + b_4C_{lc} + c_4C_{ce} + d_4C_{se}$

即 $0 < D_3 < D_1 \approx D_2 < D_4$

可以得出：$0 < TC_合 < TC_种 \approx TC_家 < TC_龙$。

四个流入方主体的交易费用比较坐标系如图 2-3 所示。

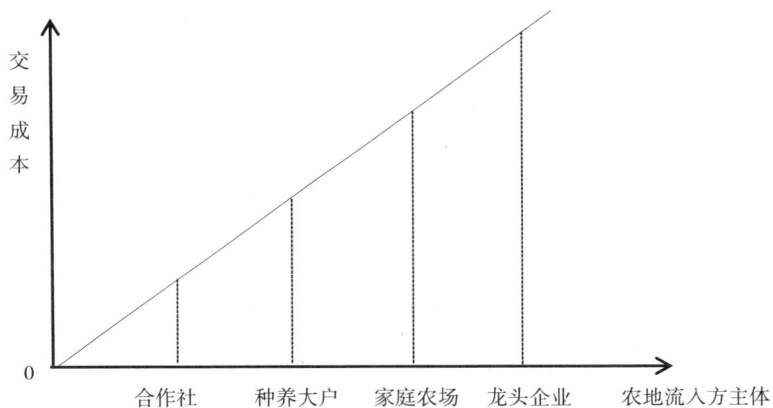

图 2-3 农地流入方主体交易费用线性图

第三章　不同产权制度下的农地流转：比较分析

一种土地产权制度要达到两个方面的目标，一是有利于实现产权主体的土地权利，二是有利于土地资源有效配置和合理利用。在不同的农地产权制度下存在不同的农地资源配置方式。就土地产权而言，存在着三种产权制度，即私有产权制度、国家产权制度与集体产权制度。西方发达资本主义国家主要实行农地私有产权制度，而社会主义国家一般则实行农地国有产权或集体产权制度。分析不同的农地产权制度与农地流转之间的关系，必须同时考察农地产权制度和人地关系等因素。本章主要选择日本、越南和中国台湾地区作为比较对象，分析三个国家和地区不同的土地产权制度安排与农地流转关系。

第一节　农地私有产权制度与农地流转

日本与中国台湾地区都属于典型的人多地少的国家与地区，在二战后通过土地改革建立了农地私有产权制度。在农业现代化发展过程中，针对市场机制在农地流转中的作用失灵即交易成本过高的问题，政府通过法律和政策的引导，推动了农地流转，实现了农地经营的规模化和集中化。

一、日本农地私有产权制度与农地流转

日本的土地资源禀赋与中国相似，属于典型的人多地少的国家。日本的土地制度经历了封建土地制度向现代私有产权制度的转型。在德川幕府统治时期，日本的土地所有权掌握在封建领主手中，土地不得买卖，农民通过租佃关系取得土地使用权，靠出卖劳动维持自身的生存。1868 年明治维新以后，政府宣布农民和市民可以分别在乡村和城市占有土地，并解除了土地买卖禁令。第二次世界大战后，在美国的主导下，日本进行了三次最为彻底的土地私有化改革，废除了封建土地制度，建立了现代资本主义性质的农地私有产权制度。

（一）农地制度改革与现代农地产权制度的形成

现代日本的农地私有产权制度是在第二次世界大战之后农地制度改革的基础上形成的。战后日本实施的农地制度改革是资本主义国家中最为彻底的农地私有化改革。1946 年 10 月的《农地调整法修正案》，强制废除了封建半封建的土地所有制，铲除农村中封建主义的经济关系，实现"耕者有其田"，为发展资本主义生产关系创造条件。日本政府通过强硬措施购买地主在限度之外的土地，将其转卖给无地、少地的农户，确立了自耕农制度，并把农户土地规模严格限制在 3 公顷（hm²）之内，实现了"耕者有其田"的土地小规模家庭所有和经营，建立了农民土地所有制。到 1950 年，先后有 191 万町步的土地转卖给农户，转卖的土地相当于租佃土地的 80%，在全国 617.6 万户中，自耕农民已占到 61.8%，佃农、半佃农占 37.5%，其中纯佃农从 1947 年占 28.7% 减少到只占 5%，此外尚有其他农户 5%。农地改革无论是从农地的面积还是农户数上看，都清楚地展示了农地的耕者有其田、以自耕形态为主体这样一种结构上的变化。为巩固此次改革的成果，日本政府于 1952 年颁布了《农地法》，继承了历史上农地立法的成果，完成了以提高耕作者的地位为主要动因的农地制度的建设过程[①]。《农地法》的制定和颁

---

① 　[日] 关谷俊作：《日本的农地制度》，三联书店 2004 年版，第 3 页。

布，从法律上确立了农民土地所有制的永久地位。法律规定，不住在农村的地主的出租地和住在农村但超过三町步的土地必须全部出售。

日本的农地产权制度主要由所有权和使用权这两束重要的土地产权所构成。农地所有权主体主要有国家、公共团体、个人或法人，其中，国家和公共团体的土地约占37.1%，多为不能用于农业生产和建筑业的林地、河川、海滨、原野等。而个人或法人的土地约占62.9%，主要是占农村土地主体部分的农地和宅基地等建筑用地①。日本《民法》规定，土地所有权是一种重要的物权，是对土地直接的、全面的支配性权利，具有全面、持久等特点，包含使用权、收益权和处置权等几项基本权能，在财产权中居中心地位。同时，又规定土地所有权所包含的几项基本权能必须在《民法》规定的范围内运用和行使。私有土地可以自由买卖、交换、租佃，但必须到法务省的不动产登记所进行登记，否则得不到法律的承认和保护②。可见，日本的土地所有权也是相对的，要受到限制，这种限制主要反映在各种土地使用规划方面。日本鼓励使用权与所有权分离，并结合经济社会发展的需要，设置了一系列与之相关的权利，形成使用权权利束，受到政府的承认和保护，产权效率没有因为所有权和使用权的两权分离而受到影响。日本政府允许土地依法自由出租、转让、抵押、继承、买卖、赠与等，并规定私有土地买卖、租佃、交换必须到政府法务省的不动产登记所登记，以获得法律的承认与保护。同时，政府还通过农业经营基础制度、农业振兴地域制度、土地改良制度等对农地实施适度管理，以保证农地在国家的最高监管和调控下实现良性规模经营和发挥最大利用效率③。

---

① 窦祥铭：《中国农地产权制度改革的国际经验借鉴——以美国、日本、以色列为考察对象》，《世界农业》2012年第9期。

② 袁铖：《国外农村土地产权制度变迁及启示》，《经济与管理论丛》2006年第3期。

③ 窦祥铭：《中国农地产权制度改革的国际经验借鉴——以美国、日本、以色列为考察对象》，《世界农业》2012年第9期。

（二）日本的农地流转

日本现代农地产权制度的确立，为 20 世纪 60 年代以来的农地流转创造了制度条件。20 世纪 60 年代以后，日本经济高速发展，城市化和工业化占用了大量耕地，农地面积迅速减少。同时，经济高速发展为社会提供了大量的就业机会，农民兼业化现象十分突出。具体而言，日本农业出现了以下三种现象：第一，农业与其他产业之间的、在生产力及生活水平上的差距扩大；第二，农产品消费结构上出现了变化；第三，劳动力向其他产业的转移，直接导致日本农业人口激减、农业生产者老龄化、农地抛荒等现象日趋严重。在这种背景下，日本政府于 1961 年制定并颁布的《农业基本法》，是日本"农业政策的转折点"。农业政策的基本目标，一是提高农业生产力，弥补农业和其他产业之间的差距；二是提高农业从业人员的收入水平，使之获得与其他产业从业人员同等的生活水平。为实现上述农业政策的基本目标，以调整农业经营规模为中心的"结构政策"成为农业政策的主流。"改善农业结构"就是指实施"扩大农业经营的规模；农地的集体化；引进家畜经营；农业机械化及农地保有的合理化及农业经营的现代化"。而结构政策的中心课题，则是"培育自主经营与促进协作"。所谓"自立经营"，包括三个方面的内涵，一是标准农业家庭中的农业从业人员；二是具有发挥正常的效率并能够实现完全就业的经营规模；三是能够获得与其他产业同等或收入接近的家庭经营。这种"自立经营"实质上就是鼓励发展资本主义式的家庭农场。所谓"促进协作"，包括两个方面的内容，一是协作组织，二是协作经营①。以《农地基本法》的颁布为起点，日本农地法律和政策的重点发生了变化，突破了土地占有和使用方面的限额，以土地使用权转移为中心内容，鼓励土地的租借和流转，其目的在于促使土地向真正愿意从事农业生产且有能力的"中心农户"转移集中，扩大农户经营规模，改善农地的规模结构和经营结

---

① ［日］关谷俊作：《日本的农地制度》，三联书店 2004 年版，第 6 页。

构，提高农地生产率与使用效率。

以制定《农业基本法》为契机，其后制定和实施的结构政策有：修改《农地法》及《农协法》（1962 年）；开始实施第一次改善农业结构事业（1961 年）；创立改善农林渔业经营结构的资金融资制度（1963 年）。

1962 年，日本政府修改了 1952 年的《农地法》，放宽对获取农地权利最高面积的限制条件，即对农户用地限制在 3 公顷（hm²）之内的规定；并创设农业生产法人制度，着力通过金融手段支持和鼓励从事农业生产的农事组织法人、合资公司、有限公司、合股公司等农业生产法人购买土地，以推进农地的集中和规模经营。

1967 年，日本农林水产部提出了"结构政策的基本方针"，结构政策进入了一个新的阶段。相对于《农业基本法》制定时期的侧重于结构政策实施条件的结构政策，新的结构政策主要是提供了改善农业结构的具体手法，包括七个方面：第一，促进农地的流转；第二，完善融资制度的内容；第三，发展协作等集体生产组织；第四，推动农用地的建设及开发；第五，有效地利用养老金并完善转业（改行）方面的措施；第六，促进机械化进程，强化经营技术普及方面的指导；第七，为了推动结构政策而采取的其他必要措施。为了实施上述各项目，在立法措施上，1968 年创设了综合资金制度，1969 年制定了《农振法》，1970 年修改了《农地法》和《农协法》，1970 年创设了农业人养老金制度。在这里，特别值得一提的是日本的农业人养老制度，这是一项对应于促进农业经营转让这一结构政策上的要求，及对应于农业经营者能够安度晚年这一要求而制定的制度。参加农业人养老金的条件，是具有一定面积以上农用地耕作权利的农业人。而另一方面，若要获得经营转让养老金，则必须将所耕种的农用地经营权利转让给农业后继者或第三者，即进行"经营转让"[1]。

---

[1]　[日] 关谷俊作：《日本的农地制度》，三联书店 2004 年版，第 10—11 页。

从 20 世纪 70 年代开始，将农地制度改革的重点由所有制转向使用制，以农地使用权流转为中心内容，鼓励农地所有权和使用权的两权分离，倡导以租赁为主要方式的规模经营，扶持和发展多种农业协作组织和合作农业组织，利用经营委托和作业委托，扩大土地的规模作业[①]。围绕该目标，日本政府于 1970 年、1980 年、1993 年和 2000 年先后四次修订《农地法》，并颁布实施了《农业振兴法》、《有机农业促进法》、《土地改良法》、《农业经营基础强化促进法》等农业法律法规，从制度上给予农地流转和规模经营以法律保障，促进了农业经济的发展和农地的有效利用[②]。1970 年 5 月通过的修改后的《农地法》取消了对取得农地上限的限制，废除了对地租最高额的规定，使农地的租赁、借贷在法律上获得承认，从而为大规模借地农的形成提供了法律依据。1975 年《农业振兴区域整备法》的修改，旨在促进农业发展和农地的有效利用，用法律确保农民安心贷出土地，促进农地流动。

二、台湾的农地私有产权制度与农地流转

（一）土地改革与台湾农地私有产权的形成

中国国民党政权败退台湾后，于 20 世纪 50 年代实施了旨在解放农村生产力的土地改革。土地改革以前，台湾的土地制度基本上是封建土地占有制度。在美台"中国农村复兴委员会"的策划下，从 1949 年 4 月开始实施"三七五减租"，规定：私有出租土地地租额不得超过土地正产品的 37.5%，原租不到 37.5% 者不准提升租额，高于 37.5% 者必须降至 37.5%，土地租佃期限不少于 6 年。严格土地租约手续，不得随意变动。通过"三七五减租"，使地主农民两利，对于恢复台湾农业生产起了积极作用。在此基础上，台湾当局从 1951 年开始实施"公地放领"，以扶持自耕农。所谓"公地"是指把

---

① 卞琦娟、孙任洁、王玉霞：《日韩土地经营制度的演变及启示》，《江苏农村经济》2010 年第 11 期。

② 陈英：《日本农地制度改革对我国农地制度改革的启示》，《学术交流》2004 年第 5 期。

抗日战争胜利后国民党政权所接收的被日本霸占的 17.6 万公顷耕地及所有"公地"的所有权转给（卖给）农民，并规定农民购买土地的数量及地价。购领公地者在交满地价后成为土地所有人，领取土地所有证。经过 1952 年 1 月后的土地清理、地籍归户核查，1953 年 1 月正式实施"耕者有其田"政策。规定地主只能保有一定数目的土地，超过部分一律由政府征收，转放于现耕农民受领。通过这一政策实施，共征收放领耕地 143568 亩，占私有出租耕地的 55%。地主土地被征者为 166049 户，占地区性总户数的 60%。受领耕地的农户 194823 户，占承租私有耕地佃农的 65%[①]。这样，从 1949 年到 1953 年，台湾成功地推行了以"三七五减租"、"公地放领"和"耕者有其田"为三大特征和阶段的第一次土地改革。通过土地改革，瓦解了封建地主制经济，实现了农村土地的私有化，基本上解决了农民的土地私有财产权问题。台湾的土地改革，实现了土地私有化的农村土地制度安排。但是，土地的全面私有化严重影响了土地的有效使用和规模经营。在一个人多地少的社会，土地私有化的最大弊端是土地经营规模无法扩大、土地交易成本过高，并鼓励了土地投机[②]。

（二）第二阶段农地改革

1982 年，台湾当局又推出了第二阶段农地改革方案，以突破土地私有产权制度形成的瓶颈、使农业得以持续发展为改革目标。主要内容有：提供扩大农场经营规模的购地贷款，推动共同、委托及合作经营，加速办理农地重划，加强推行农业机械化，修订有关法令、推动农业区域规划等。20 世纪 90 年代以来，为适应经济发展新阶段的需求，台湾在农地使用管理政策方面又有新进展。1998 年台湾当局拟订《农业发展修正草案》，其中涉及农地政策的有下列方面：第一，将现行依法供农业使用的土地重新区划，对不

---

① 张兴定等：《国民党在大陆与台湾》，四川人民出版社 1991 年版，第 159 页。

② 文贯中：《海峡两岸的土地制度及对农业发展的影响》，见赵玉琪、文贯中主编：《台湾的启示：土地改革研讨会记详》，纽约东方新闻出版社 1992 年版，第 75 页。

同农地采取不同管理方法，即采取宽严不同的管理方法，对于重要农业生产用地及保育用地在政策上采取加强保护措施，放宽对次要农业生产用地的保护，使地尽其利；第二，放宽农地承受人资格，即只要农地农用，对农地买者的农民身份已无限制，农业企业购地合法化，此规定是对农地农有政策的重大调整；第三，订立奖惩办法，防止农地炒作；第四，冻结耕地"三七五减租"条例，建立合理耕地租赁制度，规定新耕地租赁契约的内容由订约双方依契约自由原则订立，在台湾农地价格偏高、农民无力购买土地的情况下，这一规定能通过合理租赁制度扩大经营规模，提高农业竞争力。2000年1月正式颁布的新《农业发展条例》，使上述内容与规定法制化[①]。

（三）台湾的农地流转

在农地私有产权制度背景下，农地流转的目的就是为了促进农村土地资源的合理利用，致力于优化土地的使用和经营，解决地块细碎和小农经营危机，促进土地的规模经济，提高农业生产效率，并为农业机械化的广泛实施创造条件。台湾当局通过制定政策，推动农地集中，以便改善水利、提高机械化水平，形成规模经营。为了实现这一政策目标，台湾当局通过多种形式引导土地流转。台湾当局一方面鼓励无耕种能力的自耕农出售土地，辅导其转业；另一方面提供贷款，辅助有能力的小农户购买弃耕或厌耕的土地，以扩大耕地面积，达成适当的经营规模。1979年年初，台湾当局颁布的《台湾地区家庭农场共同经营及委托经营实施要点》，鼓励农民创办家庭农场，联合经营农业，允许农民将自己的土地委托他人经营。通过共同经营、专业化经营和委托经营等多种形式，加强农业生产领域和农产品流通领域的合作，促进经营权与所有权分离，引导农地经营权流转，扩大农业经营规模，提高农业生产效率。为此，台湾当局出台了《扩大家庭农场经营规模协助农

---

① 林卿：《海峡两岸农地制度改革比较与分析》，《福建农业大学学报》（社会科学版）2001年第1期。

民购买耕地贷款办法》，提供低息或无息贷款，鼓励农民购买土地，扩大耕地面积，达成适当的经营规模，以获取农业生产的规模效益。为此，台湾专门设立了"农地购置基金"，给小农户提供低息贷款，协助其购买新的耕地。这一措施有助于土地所有权的转移和合并，在一定程度上扩大了自耕农的耕地面积。在引导土地流转的过程中，非常重视土地的物理集中即土地本身的集中连片。台湾从一开始就十分重视土地整理，开展了农地重划工作，将一定区域内不合经济利用的农地加以重新规划整理，建立标准丘块，并配置农水路，使每一丘块均能直接临路、直接灌溉及直接排水①。

第二节　越南的农地国有产权制度与农地流转

越南是一个传统农业国家，农村人口超过总人口的 70%，耕地和林地占国土总面积的 60%，农业总产值占国内生产总值的 20%。农业、农村和农民在越南经济社会中占有重要地位。革新开放以来，越南通过不断革新土地政策，推动农村生产力解放，使农业农村得到迅猛发展，并对越南整个经济社会发展产生了重要影响。

一、越南土地国有产权制度的形成

在越南独立（1945 年）以前，越南的农村土地制度以土地私有产权制度为主，但也存在一些公有土地。1945 年"八月革命"诞生了越南民主共和国——东南亚地区第一个人民民主国家，这为越南实行新的土地制度奠定了基础。八月革命成功之后，越南民主共和国政府开始推动土地改革。将法国和越南地主所占有的土地收归国有，然后政府再将这些土地分配给无地和

---

① 王丽娟、黄祖辉等：《典型国家（地区）农地流转的案例及其启示》，《中国农业资源与区划》2012 年第 4 期。

少地的农民。越南民主共和国国会 1953 年 10 月 4 日通过土地改革法。根据土地改革法规定，分配土地给农民的原则是："缺多分多、缺少分少、不缺不分；按原耕基础分配、撤多补少、撤好补坏、撤远补近；按人口分配而不按劳动分配；以地方平均面积及平均产量为标准来分配；按乡的单位分配，但若哪个乡人少田多，分配给本乡的农民之后，剩下的可用一部分分配给其他田少人多的乡"。

土地改革初期以后，越南北部的农村地区进入了农业集体化时期。1954 年 9 月政治部提出完成土地改革及实现经济复苏三年计划（1955—1957）的决议；1955 年 5 月国会发布鼓励农业生产复苏战后经济的八项政策（战争结束后，越南 140000 公顷田地变成撂荒地；200000 公顷土地没有灌溉水利）；1955 年 8 月第二届党中央执行委员会第八次会议通过试行建立农业生产合作社的主张。从 1955—1957 年，越南开始试行建立农业合作社。1955 年有 6 个农业生产合作社在富寿省、太原省、清化省建立；1956 年有 26 个农业生产合作社建立；到 1957 年 10 月有 42 个农业生产合作社建立。从 1958 年开始，越南对农民个体经济实施社会主义改造，试行建立低层次农业合作社（1958—1960）。1958 年 11 月第二届党中央执行委员会第十四次会议提出北部经济改造及初步发展的三年计划（1958—1960）："推动对农民及工匠的个体经济成分的社会主义改造，对私营资本经济成分的社会主义改造，并且要大力发展国营经济"；"农业合作化是我国北部的社会主义改造全线的一个关键环节。目标是到 1960 年要基本完成低层次合作社，就是吸引绝大部分个体农民参加合作社"。从 1960 年到 1965 年，越南开始建立低层次农业合作社。第三次全国党代表大会（1960 年 9 月）已提出在北部的社会主义建设路线："对于农业，方向是继续吸引个体农民参加低层次合作社，逐步发展到高层次合作社；扩大合作社的规模，完善生产关系与发展生产力相结合。加快农业合作化进程，实现土地、劳动及生产资料的集中；由低层次合作社发展到高层次的合作社，确立土地集体所有制"。

从 1965 开始，一直到 1975 年，越南农村开始建立高层次的合作社运动。1965 年第三届党中央执行委员会第十一次会议已提出有关指导思想、经济组织、国防的转向，在全国战争条件下继续建设社会主义的决议，主张继续加强农业合作社建设。合作社的规模日益扩大，出现跨村的甚至全乡规模的合作社；其中合作社是管理单位，生产队是承包单位，有三种承包方式：产量承包、劳动承包、费用承包，产品平均分配。合作社模式已适应战时条件，但是行政化的管理方式造成了独断专行、命令式的、违反民主原则等管理行为，打击了农民的积极性，阻碍了农业生产的发展，造成生产停滞和生活困难的局面。1966 年 9 月在永福省已出现"户承包"现象，本质上是将土地使用权交给农户，但是因与一般规定相反而被批判及叫停。1974 年党中央作出了 208/CT–TU 号有关生产重组及农业管理改进的指示。农业合作社的管理改进被确定为"将合作社建立成管理统一、调整统一、分配统一的经济单位。生产重组，进行劳动再分工，形成各基本生产队、专业队（种队、水利队、耕耘队、植物保护队、肥料队等）。合作社管理处按计划进行对生产队活动的调整"。第三届党中央委员会 1975 年 9 月的 24 号决议已明确主张："彻底消除封建殖民制度有关土地的残余"，其方向是："对农业的社会主义改造与社会主义大农业的建设紧密结合；一方面建设各国营农场，另一方面要积极地、稳固地逐步推行和实现农业合作化。"到 1978 年在中部各省已建立了 114 个农业合作社，其中 90% 的土地、80% 的耕牛及其他生产资料已被集体化；在西原省主要出现各种劳动合作组及生产集团的形式；在南部的新会（前江）、乌门（后江）、龙城（同奈）等试行建立合作社，农业合作社模式已达到了顶峰，开始向专业化方向完善劳动分工。

1975 年完成统一后，越南进一步推动了农业集体化运动，进入了农业合作社的完善和改革时期。1976 年 12 月第四次越南共产党代表大会决定了全国范围的社会主义建设路线，主张以县为单位进行规划，完善全乡规模的合作社，大规模的农业生产组织继续得到肯定："按集中的方向重组农业生产，取消按队生产和分配的组织形式。实现在合作社规模上集中、统一管理及使用土地。各合作社按大规模的生产方式组织耕作，避免分散、零碎地分配土地给各队"；"将集体生产从分散、自给自足的模式转为按县级的统一规划及计划生产"；"至于管理改进，在合作社的管理处的统一协调下向组织集体劳动。在劳动定额、工作等级分类及点工标准的基础上，合作社建立3年承包计划"。并把农业合作社运动推向越南南部地区，推动对南部各省农业的社会主义改造。到1979年年底，南部建立了1286个农业合作社和15309个生产队，涉及大约一半的农户①。

二、越南的土地政策革新

农村土地政策的革新以坚持土地全民所有为前提，以农村家庭联产承包责任制为突破口，通过将土地使用权下放给农民，并以法律形式确认农民长期使用土地的权利和经济主体的地位，循序渐进地推进土地使用权的商品化和土地经营的规模化。

20世纪80年代以前，越南北方实行农业集体化制度，除允许农户保留5%的自留地外，其余土地全部实行集体生产。南方的土地私有制在1975年国家统一后开始改造，但并不彻底。1980年，越南修改宪法，实行土地国有化，全面推行农业集体化，农民不能自主经营，缺乏生产积极性，导致粮食供给紧张，老百姓怨声载道。为了缓解矛盾，1981年年初越南共产党中央出台第100号文件，决定在农业生产合作社中把土地交给生产队、生产组和劳动者本人使用，条件是农民需缴纳部分产品。这是越南实行土地承包到户政策的前奏。

① ［越南］潘万黄：《维护越南土地改革过程中的平等》，中国社会科学院农村发展研究所宏观经济研究室编：《农村土地制度改革：国际比较研究》，社会科学文献出版社2009年版，第20页。

1986 年，越南共产党第六次全国大会决定实行全面革新，对农业、农村各项政策的革新力度逐渐加大。1987 年国会审议通过首部《土地法》，规定土地归全民所有，由国家统一管理，禁止各种形式的买卖，但允许转让土地使用权。1988 年 4 月，越共中央政治局颁布名为《更新农业管理》的 10 号决议，决定在全国推行家庭联产承包责任制，允许农民自主经营，土地的使用权限由原来的 2 年延长到 15 年。

从 20 世纪 90 年代开始，逐步建立以"五权"为中心的土地权属制度。1993 年 6 月，越共七届五中全会提出要让农民拥有土地交换权、转让权、出租权、继承权、抵押权等"五权"。1993 年 7 月，越南国会颁布第二部《土地法》，一方面宣布土地属于全民所有，国家按规划、法律统一管理，土地合理、有效并节省地使用，保护、改造、培养土地，保护环境以便持久发展。另一方面，赋予农民地权，并颁发地权认证书，享受所得土地的劳动成果和投资所得，农民有权转换、转让、租赁、承继、抵押地权，用地权投资生产经营，从法律形式上确认了农民长期使用土地的权利和经济主体的地位，明确规定用于种植生长周期短的农作物的农耕地、水产养殖地的使用期为 20 年，用于经营多年生作物的土地使用期为 50 年，农民依法使用土地，期满后可延续；土地使用权可继承，也可交换和用作抵押，在某些情况下还可出租和转让，出租和转让期最多为 3 年。依据该法建立了土地使用权证书制度，规定由各地县政府统一颁发、县长签字的土地使用权证是赋予农民土地使用权的唯一法律文件，土地使用权属的变更必须进行登记。到 20 世纪末，除为地方公共需求预留的土地外，越南农村土地的 94% 分配到了农户手中，90% 以上的农户拿到了土地使用权证。此后，越南分别于 1998 年和 2001 年对《土地法》进行修改、补充，并于 2003 年颁布第三部《土地法》，将土地使用期限最长延至 70 年，明确了国家和土地使用者的义务，对土地使用权的审批、租赁、转让、拍卖等作出了详细规定。

三、越南的农地流转

越南实行土地国有制度即土地的全民所有制度。在土地革新以前，法律禁止所有买卖土地以及任何形式下出租耕地。土地的使用限于国家与土地使用者之间的土地交接—收回关系范围，其他的土地交易都受法律限制。土地使用者不需要使用土地时不能把土地转让给别人，因此不能刺激、解放劳动者的生产力。1988年政治部颁布第10号决议，改革和完善了在农业生产中给土地使用家庭交付耕地的机制。该决议解放了劳动者的生产力，带来了非常巨大的经济效益，使越南农业和农村发生了深刻的变化。为了巩固发展成果，1993年越南的《土地法》已经正式确认家庭、个人的长久、稳定的地权并允许他们在使用期间按一定限额转让地权。根据该法律，越南的土地国有概念有了新的意义，就是：土地属于全民所有，土地使用权属于土地使用者并成为土地使用者的一种所有财产。

越南农地制度的变革促进了越南农地流转的发展，农地流转成为推动越南农村经济发展的巨大动力——实现了农地资源的有效配置，促进了农业集约化发展。2001年越南共产党第九次全国大会提出建立和发展包括土地使用权交易在内的不动产市场。允许土地交易使土地市场应运而生并发育成长，对市场经济的发展、对城市化进程均产生了深远影响。2003年12月，越南国会通过了新的《土地法》，在新《土地法》中，土地首次被越南官方认定为是一种"特殊商品"，根据新的《土地法》，土地可以进入市场进行交易。至此，农民对土地的使用权大大扩展，包括以下九个权能，即转换权、送权、转让权、租赁权、重新出租权、抵押权、继承权、保证权、用土地使用权来投资等。2006年越南共产党第十次全国大会进一步提出要保障土地使用权顺利转化为商品，使土地真正成为发展资本，要求早日解决农户耕地小块分散的现状，鼓励耕地交换集中，用于出租或以土地入股。2008年7月召开的越南共产党中央十届七中全会专门就"三农"问题通过决议，提出要在继续坚持土地归全民所有、国家按规划和计划统一管理的基础上，完善

《土地法》的修改补充工作，更加有效地分配和使用土地。家庭和个人可以长期稳定地拥有土地，放宽土地使用期限，建立公开、明确的关于土地使用权的市场运行机制，推动土地的转移和集中工作，使土地拥有者可以将土地使用权作为资产投入到公司和企业中。

（一）规范和完善农地流转的方式

根据越南的《土地法》和《越南民法典》的规定，越南法定的农地流转方式主要包括转让、出租、互换、继承、抵押、入股、赠与等。转让就是指拥有农地使用权的农户在不改变土地用途的条件下可以将全部或部分土地使用权转移给他人的行为。出租是指土地使用者把土地出租给他人进行生产，以获取租金的行为。继承是指继承人根据法律规定或者被继承人所立的合法有效的遗嘱享有的承受被继承人土地使用权的行为。抵押是指农地的使用者在法律许可的范围内，在不转移土地占有的情况下，把土地使用权作为抵押，向国家批准的国家银行、越南信用组织进行借贷。互换是指同一个村庄的农户之间为方便耕作和各自的需要，对各自的土地使用权进行交换的行为。入股是指农户为获得投资收益而将农地使用权作为出资标的的行为。赠与是指拥有农地使用权的农户无偿将其农地使用权转移给他人的行为。

（二）向农户发放土地使用权证书

为了促进农地流转，一是向农户发放土地使用权证书，它是国家赋予农民土地使用权的唯一法律凭证。土地交易和土地权属的改变必须据之登记。因为土地使用权物权性质的特殊性，它具有固定性、难以分割、不便携带等特点，所以其流转的范围、方式都受到限制。这就要求必须对土地流转的载体进行创新。越南的土地使用权证正好担负了这一重要的工具角色，使用权证券化，有利于保护农民土地财产权利的实现，推动越南农地使用权的市场化和流转化。目前，越南的1100万农户中，有1000万户已经获得了使用权证书，发证总面积达600万公顷，占已分配土地总面积的

94%。① 农户可以凭借土地使用权证书进行市场交易，也可以向银行抵押以获取生产资金。使用权证券化是农地市场化的载体，也是创新农地资源配置的有效工具。

（三）推行"换田聚地"政策

越南政府鼓励农户通过互换方式进行农地流转，即"换田聚地"政策，具体措施主要有以下五点：第一，政府成立专门领导小组指导确定农地互换标准，包括土地肥力、等级、互换系数；第二，政府鼓励非农就业且已有稳定收入的农户将土地流转出去，为这部分群体提供福利包，农民自动转换为市民；第三，鼓励暂时不愿意转让土地的农民通过出租、入股等形式适量集中土地；第四，政府开展农田水利等基础设施建设，对农地进行重新规划与整理，实行连片分配，保证农户新分配的土地面积不减、肥力等级大致相当；第五，政府重新对每块土地发放土地使用证予以承认。该政策不触动农民的根本利益，每户农民在交换土地前后的土地总量基本不变，土地质量有所提高，并得到农户的支持与认可。

（四）发展庄园经济，促进了农业规模化经营

越南政府鼓励并协助农民通过相互交换土地的办法解决联产承包制度带来的土地过于分散的问题，通过合法转让、出租、抵押土地使用权的方式将土地资源进行整合，实现联合和联营。在此背景下，"庄园经济"这一新型生产组织形式于20世纪90年代应运而生。庄园主采取与土地承包者合营，或购买农民土地使用权以及承包荒地、秃岭等方式，实行土地连片经营，雇用数量不等的劳动力，产品直接面向市场。其主要特点是突破了小农经济的框架，集约化、专业化、市场化程度较高。越南共产党和政府对庄园经济采取了先试点后推广的慎重态度，经过实践检验，认为其符合国情、具有独特的优越性，因此于2000年2月专门作出关于鼓励和保护庄园经济长期发展

---

① 陈金春：《越南在现代化进程中的土地政策》，《经济参考》2008年第3期。

的 3 号决议，对庄园经济的性质和地位作出了明确规定，制定了具体管理政策，还明确允许党员和现职领导干部参与或自营庄园经济，并鼓励国内外投资。此后，庄园经济在越南农村遍地开花，目前数量已逾 13 万。庄园经济的发展壮大为农业实现工业化和社会化大生产提供了前提条件，对于引导越南农业向现代化过渡具有重要意义。

（五）在农地流转中注重保护农民的土地权益

在农地流转过程中，由于政策法规不健全、管理不完善等原因，越南农村土地管理和使用中也出现不少问题，如有一些公司不遵守相关的国家法律；忽视农民利益；土地征用时间短，农民没有做好职业转型的准备；有些公务员没有尽到自己责任；等等。为了解决这种问题，越南共产党和政府从保护农民利益出发，加大了土地管理及相关工作的力度。一是完善管理机制。明确了国家对于土地管理的任务和权限，强调加强依法管理和公开透明，在土地管理和使用过程中防止腐败、浪费和消极现象。对全国土地使用情况进行彻底清查，对土地使用规划进行合理调整并向社会公开。确定了划拨土地和租用生产用地的政策，整顿土地批租工作，规定凡用于经营和住宅开发的土地，原则上均须以招标方式实现转让。越南政府还通过颁布土地基准价格、运用税收杠杆等手段对土地价格进行调控，打击土地投机活动。二是妥善处理征地带来的相关问题。越南共产党和政府对农民的利益高度重视，要求按照确保有关各方（包括土地提供方、土地接受方和国家）合理利益的原则调整土地被征用者的补偿工作，更多地照顾农民利益，首次在法律中明文规定"必须保证被征地者的生活水平比原来更好"。同时着力解决失地农民的再就业问题，优先对其进行职业培训和就业帮扶。三是加大对土地违法的查处力度。在 2004 年和 2005 年两年内集中解决过去遗留的与土地相关的申诉举报案件，严肃处理压榨农民、掠夺农民土地的行为。政府设立了专职土地监察员，检查各级政府管理土地和有关组织、个人执行政策法律的情况，发现违法违规行为时监察员可按权限进行处理，或建议国家职能部门处理。对公务员在土地管理中的违法违规行为作了具体的处分规定。

第三节　我国集体产权制度下的农地流转

农村改革以来，家庭联产承包责任制的推行，实现了农地集体产权制度的改革，激发了农民的生产积极性，大大地解放了农业生产力。农地集体产权制度的改革也推动了农地在农户间的流转。中央政府从一开始就出台相关政策法规，规范和鼓励农地向种粮能手集中，促进农业规模经营。

一、农地流转的规模

农地流转规模是指参与流转的农地占全部农地的比重。根据学者们的一致看法，改革开放是农地流转的发端时期。但是，在农地流转出现的确切时间上，却并没有形成统一的看法。20 世纪 90 年代以前，农地流转实际上非常少，涉及的农户寥寥。

根据农业部农村合作经济研究课题组的调查，1990 年全国转包、转让的农村土地的农户 208.0 万户，占总农户的 1.0%，转包、转让的农村土地 637.9 万亩，占总面积的 0.44%[①]。全国农村固定观察点的调查资料显示，1984—1992 年的 8 年间，在所调查的 7012 家农户中，完全没有转让过耕地的农户占比高达 93.8%，转让一部分耕地的农户比重仅为 1.99%[②]。1992年，农地流转规模有所增加。农业部的抽样调查数据显示，1992 年全国共有 473.3 万承包农户转包、转让农地 1161 万亩，分别占承包土地农户总数

[①]　农业部农村经济合作研究课题组：《中国农村土地承包经营制度及合作组织运行考察》，《农村经济问题》1993 年第 8 期。

[②]　马晓河、崔志红：《建立土地流转制度，促进区域农业生产规模化经营》，《管理世界》2002 年第 11 期。

的 2.3% 和承包地总面积的 2.9%①。1993 年，在全国 25 个省区的 100 个县所进行的土地承包经营与合作经济组织建设的抽样调查统计表明，全国共有 238.4 万承包农户转包、转让土地 63.68 万公顷，分别比 1992 后下降了 49.6% 和 17.2%②。1997 年，农地流转规模并没有大的变化。农业部调查数据显示，当年大陆有 316 万农户进行了土地的流转，仅占农户总数的 1.2%，流转耕地面积合计 1535 万亩，占承包地总面积的 1.2%③。进入 21 世纪以来，农地流转呈现出扩大的趋势，但农地流转的区域差异较大。根据相关数据，2001 年年底，全国以各种形式流转承包经营权的耕地面积比重为 5% 左右④。另有学者估计，全国耕地流转面积比重达 6%—8%，其中，发达地区最高县市达 20%—30%，一般超过 10%，内地最高县市达到 10%—20%，一般在 5% 左右⑤。浙江省农业厅的调查数据显示：全省 2001 年流转面积达 242 万亩。其中，上虞市流转面积达 12.7 万亩，占全市农村土地承包面积的 25%，乐清市到 2001 年 6 月已流转面积达 15 万亩，占全市水田面积的 50% 以上。绍兴市到 2000 年年底，250 万亩耕地中，已有 48.3 万亩发生了流转，占 19.3%。在绍兴县的有些村庄，土地流转比率已达 100%⑥。

　　自 2002 年《中华人民共和国农村土地承包法》颁布以来，农村土地流转进入了一个新的阶段，农地使用权流转总体上呈现出流转面积扩大、流转速度不断加快的趋势。根据全国人大常委会执法组调查，到 2002 年年底，

---

① 张红宇：《中国农地调整与使用权流转：几点评论》，《管理世界》2002 年第 5 期。
② 农业部农村经济合作研究课题组：《中国农村土地承包经营制度及合作组织运行考察》，《农村经济问题》1993 年第 11 期。
③ 马晓河、崔志红：《建立土地流转制度，促进区域农业生产规模化经营》，《管理世界》2002 年第 11 期。
④ 李以学、彭超、孔祥智：《农村土地承包经营权流转现状及模式分析》，《价格理论与实践》2009 年第 3 期。
⑤ 张谋贵：《论我国农村集体土地使用权的流转》，《毛泽东邓小平理论研究》2003 年第 5 期。
⑥ 钱水苗、唐光权：《农地使用权流转法律问题探析——从浙江省的实践出发》，《浙江社会科学》2001 年第 5 期。

全国农村土地承包经营权流转面积约占承包地面积的 4.44%，在经济发展较快的地区，土地承包经营权流转面积较大、比例较高。如江苏省苏州市达到 25.3%，福建省龙海市达 35%，广东省有 157 万户农户进行了土地承包经营权的流转，占土地承包户总数的 14.7%[1]。据学者的相关统计显示，2002 年上半年，全国农地承包地流转面积达到 466.67 万公顷，流转比例为 6.7%[2]。根据《全国农村社会经济典型调查数据汇编》（1988—1999 年）以及 2000 年和 2003 年农业部统计的数据整理计算，2003 年全国农户平均转入农地面积约占当年平均经营耕地面积的 11.5%，比 1999 年的 8.999% 增加约 2.5 个百分点[3]。

　　截至 2004 年年底，全国农地 5%—6% 发生流转，而发达地区农地流转和集中比例相对较高，而内地不发达地区则相对较低，不到 1%[4]。相关研究数据，2006 年，广东、江苏、湖南三省的农地流转面积比重分别达到了 14.4%、12.1% 和 6.3%[5]。到 2008 年，全国以各种形式流转承包经营权的耕地面积比重为 7%[6]。据农业部统计数据，2008 年，土地承包经营权流转面积达 1.06 亿亩，占承包耕地面积的 8.7%，比上年提高 3.5 个百分点[7]。另据农业部初步统计，截至 2012 年 12 月底，全国家庭承包经营耕地流转面积已达 2.7 亿亩，占家庭承包耕地（合同）总面积的 21.5%。其中，流入

[1]　乌云其木格：《全国人大常委会执法检查组关于检查〈中华人民共和国农村土地承包法〉实施情况的报告》，2003 年 12 月 26 日。

[2]　丁关良：《农村土地承包经营权流转的运行机理和操作规程研究》，《华中农业大学学报》（社会科学版）2004 年第 2 期。

[3]　转引自刘艳：《农地使用权流转研究》，北京师范大学出版社 2010 年版，第 93 页。

[4]　赵阳：《共有与私用——中国农地产权制度的经济学分析》，三联书店 2007 年版，第 133 页。

[5]　朱斌、焦柱：《我国农村土地流转现状实证分析》，《经济研究导刊》2008 年第 18 期。

[6]　李以学、彭超、孔祥智：《农村土地承包经营权流转现状及模式分析》，《价格理论与实践》2009 年第 3 期。

[7]　参见刘卫柏：《中国农村土地流转模式创新研究》，湖南人民出版社 2010 年版，第 170 页。

工商企业的耕地面积为 2800 万亩，比 2009 年增加 115%，占流转总面积的 10.3%[①]。

二、农地流转的方式

《中华人民共和国农村土地承包法》第三十二条和第四十九条规定："通过家庭承包方式取得的土地承包经营权，可以依法采取转包、出租、互换、转让或者其他方式流转。""通过招标、拍卖、公开协商等方式承包农村土地，经依法登记取得土地承包经营权证或林权证书的，其土地承包经营权可以依法采取转让、出租、入股、抵押或者其他方式流转。"[②]

（一）转包

转包是指原承包方保留农地的承包权，在一定期限内将经营使用权转包给第三方，承包方和发包方的原承包关系不变。[③] 根据《农村土地承包经营权流转管理办法》，转包被定义为"指承包方将部分或全部土地承包经营权以一定期限转给同一集体经济组织的其他农户从事农业生产经营。转包后原土地承包关系不变，原承包方继续履行原土地承包合同规定的权利和义务。接包方按转包时约定的条件对转包方负责。承包方将土地交给他人代耕不足一年的除外"[④]。农地转包可以分为三种形式，一是有偿转包，即第三方取得土地经营权的同时，向原承包方支付一定的转包费；二是无偿转包，即第三方不需要支付任何费用而取得土地的经营权；三是倒贴转包，是指承包方将土地经营权转包给第三方的同时，给第三方倒贴一笔费用。无偿转包主要发生在改革开放初期，在少数年份存在过倒贴转包，目前流行的是有偿转

---

① 《中央一号文件鼓励"资本下乡"》，参见新华网，http://news.xinhuanet.com/fortune/2013-02/15/c_114679892.htm。
② 《最新土地法律政策全书》，中国法制出版社 2009 年版，第 13—14 页。
③ 黄振华：《大陆农地流转的基本格局》，徐勇、赵永茂主编：《土地流转与乡村治理——两岸的研究》，社会科学文献出版社 2010 年版，第 80 页。
④ 《最新土地法律政策全书》，中国法制出版社 2009 年版，第 77 页。

包形式。

（二）转让

如前所述，转让是一种比较彻底的农地流转方式。在农村地区，土地承包权被视同农民作为村落成员的一种资格或身份的标识，一旦失去，常常就意味着放弃了其在村庄中的经济权利。也正是这个原因，农户并不倾向于转让承包权，因此，在农地流转的各种方式中，转让所占的比重也相对较低。例如，2006 年广东、江苏、湖南、安徽四省通过转让方式流转的土地在总流转面积中的比重分别只有 4.8%、9.2%、1.3% 和 14%，而在其他少数省份的比重却很大，如湖北省在 2000 年、2004 年和 2005 年通过转让方式流转的农地面积在总面积中的比重高达 44.3%、47.6% 和 36.2%[①]。

（三）出租

根据《农村土地承包经营权流转管理办法》（附则）的解释，出租是指"承包方将部分或全部土地承包经营权以一定期限租赁给他人从事农业生产经营。出租后原土地承包关系不变，原承包方继续履行原土地承包合同规定的权利和义务。承租方按出租时约定的条件对承包方负责"[②]。农地承包经营权出租的现象相当普遍，出租和转包并没有明显区别。

（四）互换

互换是指农民为了进行农业结构调整或扩大耕作田块规模的需要，将自己拥有的承包地与他人的承包地以商定的差额面积进行互换。根据《农村土地承包经营权流转管理办法》的定义，互换是指"承包方之间为方便耕作或者各自需要，对属于同一集体经济组织的承包地块进行交换，同时交换相应的土地承包经营权"[③]。因此，农地互换又可分成两种类型，即承包权的互

---

① 王春超、李兆能：《农地土地流转中的困境：来自湖北的农户调查》，《华中师范大学学报》2008 年第 4 期。

② 参见《农村土地承包经营权流转管理办法》，农业部令 2005 年第 47 号，2005 年 1 月 9 日。

③ 《最新土地法律政策全书》，中国法制出版社 2009 年版，第 77 页。

换和经营权的互换。目前，土地互换的实际发生比重较小，只在少数地区较高。湖北省的调查数据显示，2000 年、2004 年、2005 年，全省互换面积的比重分别只有 5.1%、5.6% 和 6.0%[①]。

（五）反租倒包

反租倒包就是指乡镇政府或者村组集体作为土地流转的中介，"反租"农民的土地经营权，经过一定的规划和管理，将土地化零为整，连片开发，然后再将土地经营权整体"倒包"给法人组织或大户的一种农地流转方式。这种流转方式大多是在乡镇政府的推动或直接干预下实施的，其目的主要是推动规模经营、调整农业产业结构以及引进外部资本。这一流转方式的优势在于：一是可以实现土地的集中化、规模化经营，提高农业生产的效率；二是可以将经营风险从处于弱势地位的农民转移到具有一定抗风险能力的村组集体，并能够保障农民的稳定收入；三是能够有效防止大面积的土地抛荒、弃耕和传统的粗放式农业经营方式，促进资源的优化配置，提高土地的利用效率。在土地流转过程中，明确各方的利益分配关系，分别签订集体与农民、集体与农业企业间的租赁合同。租金给付方式可以是实物，也可以为现金。"反租倒包"在东部经济发达地区发展较快，通过"反租倒包"的农地流转比重也较高，如 2000 年浙江和山东两省的"反租倒包"的农地流转比重就分别达到了 25% 和 32.6%[②]。在一些地方，"反租倒包"还居于农地流转的主导地位[③]。

（六）入股

根据《农村土地承包经营权流转管理办法》的定义，入股是"指实行

---

① 王春超、李兆能：《农地土地流转中的困境：来自湖北的农户调查》，《华中师范大学学报》2008 年第 4 期。

② 金文成：《全国农村土地流转情况、问题和建议》，《农村经济文稿》2001 年第 7 期。

③ 谢正磊、林振山、蒋萍莉：《基于农户行为的农用地流转实证研究——以南京市栖霞区三镇为例》，《农业经济问题》2005 年第 5 期。

家庭承包方式的承包方之间为发展农业经济，将土地承包经营权作为股权，自愿联合从事农业生产合作生产经营；其他承包方式的承包方将土地承包经营权量化为股权，入股组成股份公司或者合作社等，从事农业生产经营"①。入股作为一种农地流转方式，主要有两种形式，一是土地股份合作制，即以土地作为唯一的资产入股，并根据一定的方式（如社区成员资格、承包土地的数量和年限、年龄等）给每一个成员配股。二是行政村或自然村的所有土地和其他资产经评估后作为投资入股，然后根据评估的结果给农户配股。农村土地股份合作制主要发生在经济发达的东部地区，以广东省南海市最为典型。广东南海的土地股份合作制分两步进行，第一步实行"无偿配股，虚股实红"。所谓虚股，是指土地股权不得继承、转让、抵押；所谓实红，是指按股分红，并且当分红额累计数达到土地股值时股权自动中止，但分红并不中止，而是并入基础股继续分红。第二步实行"有偿认股，实股实红"。由于农民的土地承包使用权已被合作经济组织用分红形式买了回来，所以宣布无偿配股股权的中止，然后再让农民以有偿认股的方法把土地使用权买回去，并作为农民的土地使用权入股。显然，由无偿配股到凭股分红再到有偿认股，实际上是把土地使用权无偿返还给了农民②。

三、农地流转的特征

（一）农地流转规模小、流转程度低、区域差异大

农村改革三十多年来，伴随着家庭承包经营责任制的推行、发展和完善，农地经营权流转的规模也呈日益扩大的趋势。按照 2008 年全国各种形式的农地流转比重为 7% 的数据计算，2008 年比 1990 年统计的全国流转

---

① 《最新土地法律政策全书》，中国法制出版社 2009 年版，第 77 页。

② 参见赵阳：《共有与私用——中国农地产权制度的经济学分析》，三联书店 2007 年版，第 130—131 页。

面积比重 0.44% 增长了 14.9 倍[1]。但是，我国农地流转程度依旧偏低。从目前掌握的各类统计数据来看，对全国农地流转面积比重的估计均在 10% 以下。即使是在东部发达地区，即农地市场发育较好的省份，农地流转面积比重基本上也都在 20% 以下。真正意义上的大面积、大范围流转还没有出现。同时，大面积大范围农地流转的期限也一般在 5 年以上、10 年以下。除了农地流转总量小、总体流转程度依然偏低外，全国农地流转的区域差异大。东部经济发达地区比西部地区的土地流转规模大，如 2008 年，上海市 53.7% 的农村家庭承包土地实现了各种形式的流转，浙江省的这一比例达到了 25.9%，江苏省为 19.2%[2]。即便是在属于同一经济发展区域的省份之间，农地流转的差异也较大。如东部的山东省 2002 年的土地流转面积比重仅为 2.7%，流转农户数占总农户数的比例为 5.9%；浙江省土地流转面积占耕地总面积的比例达到 13.1%，流转农户数占总农户数的比例达到 20.8%，浙江省部分地区土地流转面积占总面积的比例超过 50%[3]。

（二）农地流转市场发育程度低

农地流转市场发育程度低，具有两个方面的原因：一是农地产权制度不完整影响农地流转市场的发育。农地产权制度改革，尽管取得了巨大的成就，实现了所有权与使用权的分开，但是，关于农民的土地承包权，直到 2013 年前还一直附加诸多限制，如不能进行抵押、担保等，也就是说，农民的土地承包权仍然是一种不完全的物权，存在着产权残缺问题，这种产权残缺影响了农地市场化流转。另外，农村改革促进了农业市场化发展，建立了农产品市场、农村消费品市场等，但是，一直没有建立和形成农村要素市

---

[1]　黄振华：《大陆农地流转的基本格局》，徐勇、赵永茂主编：《土地流转与乡村治理——两岸的研究》，社会科学文献出版社 2010 年版，第 218 页。

[2]　李以学、彭超、孔祥智：《农村土地承包经营权流转现状及模式分析》，《价格理论与实践》 2009 年第 3 期。

[3]　张琳、吴九兴：《农村土地使用权流转现状与制约因素分析》，《现代农业科技》 2007 年第 19 期。

场特别是土地产权交易市场，农地流转的市场化进程受阻，而为了促进农地流转，实现农业产业化、规模化经营，地方政府往往干预过多，使农民的土地承包权、收益权经常受到侵害。二是农地流转市场体系不完善。农地流转市场体系主要包括农地产权交易市场，从事农地产权交易的各种社会化、市场化服务体系。农地流转中介方主体包括基层组织、地方政府以及专业中介公司。农地流转就是农地承包经营权的流通与转让。但是，由于农地市场体系的滞后，缺乏农地产权交易平台，大大增加了农地流转的交易费用。

（三）农地流转形态多元，方式多样

在中国农地产权结构不完整、农地流转市场发育缓慢的条件下，存在多元化的农地流转形态，如"四荒"拍卖、农村土地股份合作制、两田制以及"反租倒包"等[①]。同时，全国各地也不存在统一的农地流转方式。就目前来看，我国农地流转方式多种多样，既有国家法律规定的流转方式，也有实践中产生的流转方式；既有农民自发产生的流转方式，也有集体主导的流转方式。具体而言，包括转包、转让、出租、互换、入股、"反租倒包"、抵押、继承，等等。

（四）农地流转主体从单一农户向多元主体转变

随着农业结构调整和效益农业的发展，原来一些农业专业大户扩大规模，新专业大户不断涌现，同时还产生了一批新的农业生产经营主体，农业企业、专业合作经济组织、科技人员成为租赁农地承包经营权的新生力量。除了龙头企业、农业公司、合作社、家庭农场和种植大户等新型农业经营主体外，传统农业经营主体（小农户或农户家庭）也日益成为农地流转主体，他们集农地流入方和流出方于一身，主要通过农地置换这种流转方式实现适度规模经营。

---

① 赵阳：《共有与私用——中国农地产权制度的经济学分析》，三联书店2007年版，第130—131页。

（五）农地流转分散

农地流转分散表现为农地流转过程分散和农地流转结果分散。在农地流转过程中，由于农地流转市场缺乏有效的农地流转服务组织，当前我国多数的农地流转属于农地流入方与农地承包户之间直接对话、谈判的结果，少量农地流转借助于村集体组织和村干部，因而农地流入方不仅需依靠自身的人际关系网络或偶然机会发现农地流转信息，还需直面分散化的农地承包户，农地流转过程几乎处于无组织、零碎化交易的状态。正是农地流转过程的无组织、零碎化状态，在农地规模化集中流转中农地流入方须与不同的农地承包户进行多次交易，而每一次交易的土地规模有限，其结果是农地流入方不易快速取得规模化的农地。若农地流转长期处于无组织、零碎化的交易状态，则农地流入方倾向于小规模转入农地或在转入一定规模农地的基础上逐步累积，这会使得农地流入方转入的土地规模偏小，而后续转入农地与前期转入农地存在期限不一致问题，这极大地约束了农地流入方开展规模化集中经营农业活动，抑制了农业产业结构调整，更不利于解决"三农"问题。当前市场机制下的农村土地流转所呈现出的农地流转过程分散和农地流转结果分散，可以说是市场机制下农地流转失灵的结果。为了改变农地流转分散状态，除借助政府及土地管理部门、村集体组织、村干部、村庄经济能人和社会能人等组织和个人外，应加强对农地流转市场体系的建设，一方面建立农地流转服务市场组织向农地流转提供服务平台，并尽可能降低服务费用；另一方面，允许中介组织介入农地流转过程，加强对中介组织的监督与管理，以规范农地流转行为。

第四章　集体产权制度下的农地
流转机制：理论分析

从资源配置来看，主要存在两种机制，即市场机制和政府机制。一般而言，在市场经济条件下，大多数资源主要通过市场来实现有效的配置。农地流转的市场机制表现为通过农地市场的供求关系形成有效的市场价格信号，从而引导农地资源的有效配置。但是，政府作为农业规模经营和农业产业化的推动者、农村各项政策的制定者和制度供给者，在农地流转的过程中也发挥着重要政策引导和法律规范的作用。除了政策引导和法律规范的政府机制和市场机制，农民组织特别是农民经济合作组织在农地流转过程中也发挥了巨大作用，成为实现农地资源配置的第三种机制，即社会合作机制。

第一节　农地流转的市场机制

市场机制（Market Mechanism）是指通过市场竞争配置资源的方式，即资源在市场中通过自由竞争和自由交易来实现配置的机制。资源配置的市场机制往往围绕"价格—竞争—供求—价格"三个要素循环，因而通过市场机制配置资源能够在很大程度上反映资源的稀缺程度、供需关系、资源价格等。

一、农地流转市场机制

（一）农地流转市场机制的含义

农地流转市场机制（Market Mechanism of Rural-land Transfer）是农地资源流转或配置的一种"市场竞价模式"，主要是指农地流转主体遵循自愿、平等、公平、诚实信用的市场交易原则，根据农地市场提供的价格信号，农地流转主体基于对自身利益的追求，自主、自发地进行农地资源的交易与配置或农地权利的流通与转让，即充分利用价格、供求、竞争等市场运行机制自发地、能动地实现农地资源的优化配置。图 4-1 显示了农地流转市场机制的运行过程：国家（政府）和农户是农地市场化流转的两大主体，理想化条件下，国家通过制度明确界定农地产权归属，进而从制度上保护农户的土地权益。农地产权明确后，农户对土地承包经营权预期稳定，从而作出加大投资或者流转的决策。对于拥有完全产权的农户来说，可以选择市场化方式流转土地，提高土地收益甚至分享土地增值收益。农地市场的内在机制（价格机制、竞争机制、信息机制）是其健康运行的必要条件，同时，农地市场机制还必须在国家法律制度的框架下运行。

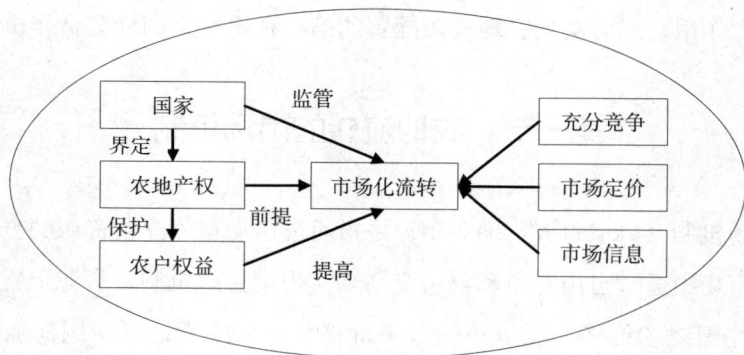

图 4-1　农地流转市场机制

在农地流转过程中，市场机制要发挥作用，有赖于一个成熟的农地流转市场。由于农地流转实质上是农地承包经营权的有序流转，因此，我们所指的农地流转市场即为农村土地承包经营权流转市场。根据形态不同，农地承包经营权流转市场可分为有形市场和无形市场，有形市场指农地承包经营权交易的具体场所，如各种农地交易中心、农地流转服务中心等；无形市场指农地承包经营权流转交易所形成的各种经济关系的总和，实质是运用市场机制对农地承包经营权流转进行规范化管理和服务[1]。

中共中央《关于做好农户承包地使用权流转工作的通知》（中发 [2001] 18 号）和《农村土地承包法》关于土地流转的规定明确指出：承包农户是流转的主体，土地流转主要通过市场机制，流转收益全部归承包农户。农民是农地承包经营权流转的主体，土地承包经营权流转是农民享有的法定权利，农户主要依据土地流转的收益决定流出还是流入土地，但主要还是作为农地市场供给主体而存在。农地流转市场主体还包括村集体、政府、中介组织、用地主体等。村集体具备土地流出和中介服务双重职能，即作为农村集体土地的所有者有权发包、出让土地，又作为农民的代表争取农民权益，其行为表现最终取决于土地流转的收益。中介组织可以是各类规范的社会中介组织，也可以是各类农民组织、农民协会，中介组织是农地流转供需主体的沟通桥梁，可以有效协调政府的土地流转政策意图与农户的微观土地流转行为[2]。用地主体指各类公司、企业和农业经营大户等，主要是作为市场需求主体，通过扩大土地经营规模提高收益。政府是农地流转市场机制运行的维护者，制定相关法律法规，规范和监督其他市场主体的行为。这些主体受利益驱动参与市场，也因为各自利益追求不同而展开博弈或者合作。

由于农地流转的内容存在差异，市场机制下农地流转的内容也相应地

---

[1] 方志权：《农村土地承包经营权流转市场运行机制研究》，《科学发展》2010 年第 4 期。

[2] 于学花、栾谨崇：《农户兼业经营下农地流转市场发展的新思路》，《理论与改革》2009 年第 6 期。

不同。广义上，农地流转的内容包括了农地本身及其相关权利交易，囊括了所有农地权利的流通与转让，农地权利的流通与转让既可具有期限性，也可是永久性的。广义上的农地流转市场机制即指农地本身及其相关权利按照市场交易原则自主、自由地交易，但这种按照市场交易原则进行的农地所有权利流通与转让的行为主要存在于农地私有产权制度中。狭义上，农地流转的内容仅涉及承包经营权及附属于土地承包经营权的相关土地权利的流通与转让，包括承包权、经营权、使用权、收益权等土地权利交易，俗称农地承包经营权流转。狭义上的农地流转市场机制是指农地部分权利的自由、自主流通与转让，农地流转具有期限性。在农村土地集体产权制度背景下，农地流转的市场机制是指狭义上的农地流转市场机制。

（二）农地流转市场机制下各主体之间的关系

资源交易实际上是资源所有者之间的资源权利交易，资源所有者既可以与交易对象直接交易，也可通过其他交易组织或交易平台实现资源权利流通与转让。资源交易双方及其他资源交易辅助组织均可视为资源交易主体，其中资源交易双方是资源交易的权利主体，而其他交易辅助组织则是资源交易的参与者，起到促进资源交易的催化剂作用。农地流转亦如此。在农地流转过程中，若农地承包户与农地流入方能够顺利地达成农地流转关系，双方可直接交易农地权利（图4–2中的农地流转过程A），这时农地流转的主体仅有农地承包户和农地流入方；若农地承包户和农地流入方难以建立起相互信任且又稳定的农地流转关系，或者农地流入方基于农地流转交易成本考虑，不愿与分散化的农地承包户建立直接的农地流转关系，这时农地承包户与农地流入方均倾向于选择农地流转关系第三者——农地流转参与者，而农地流转参与者为农地承包户和农地流入方提供组织保证，进而推动农地流入方与农地承包户建立间接性的农地流转关系（图4–2中的农地流转过程B）。

在农地流转的市场机制中，农地流转主体主要是享有农地流转权利的农地流入方和农地承包户，以及可能存在起中介作用的农地流转参与者①。

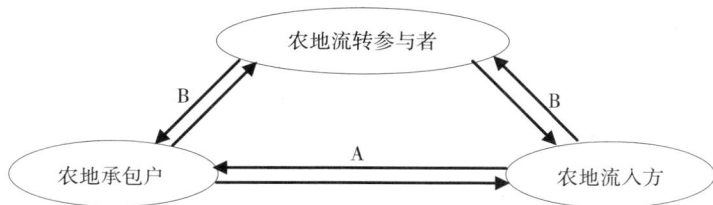

图 4–2　市场机制下农地流转主体之间的关系

1. 农地承包户。农地承包户是指在农村土地家庭承包经营制度下，农村集体经济组织内部成员依法承包由本集体经济组织发包的农村土地，从而取得农村土地承包经营权的农户。农地承包户之所以成为农地流转的主体，是因为农地承包户享有与农村土地承包经营权相关的土地权利。农村土地家庭承包经营制度安排之初，农村集体经济组织拥有清晰的土地权利，而家庭承包经营制度的主要目的在于调动农民的生产积极性。随着家庭承包经营制度的不断发展和完善，在农村土地权利的分配上，国家政策倾向于保障农户个体的土地权利，即赋予农民与土地承包经营权相关的土地权利，诸如土地承包期从 15 年延至 30 年、再从 30 年到长久不变，以及通过《物权法》将土地承包经营权界定为用益物权等。农地权利从村集体逐步转移至农地承包户，农地承包户获得了大量与承包经营权相关的土地权利，这些土地权利包括承包权、经营权、使用权、收益权（经营收益和转让收益）等。从农村土地的土地权利转换来看，农村土地制度具有向"集体名义共有，农户实际私有"的土地私有化发展趋势，即"在当前的农村土地制度安排中，土地所有权逐步被虚置，而承包经营权开始具有了部分所有权的特征"②。

---

① 农地流入方和农地承包户是农地流转的权益主体，农地流转参与者是农地流转的参与主体。

② 贺雪峰：《地权的逻辑——中国农村土地制度向何处去》，中国政法大学出版社 2010 年版，第 129 页。

农村土地政策变迁使得农地承包户的土地权利得以强化和扩大。在农地流转尤其是农地承包经营权流转过程中，因农地承包户享有农地承包经营权，农地承包户在转移承包经营权时，可独立作为农村土地承包经营权流转的市场主体和交易主体，能够在很大程度上自由、自主地选择和决定交易对象、转让价格、转让期限等农地承包经营权流转要素，并占有承包经营权流转收益。《承包经营权流转管理办法》也规定："承包方有权依法自主决定承包土地是否流转、流转的对象和方式。任何单位和个人不得强迫或阻碍承包方依法流转其承包土地。"同时，该办法还规定："农村土地承包经营权流转收益归承包方所有，任何组织和个人不得侵占、截留和扣缴。"正因为农地承包户占有农地承包经营权流转收益，农地承包户能够最大限度地在收益导向下遵循价值规律，依据市场交易原则，通过比较收益、损失、风险等选择农地流转交易对象——农地流入方。

2. 农地流入方。农地流入方是指因农业经营需要而从农地承包户或村集体组织转入农地的各类农地经营主体，包括村庄内外部普通农户、种植、养殖大户、农民专业合作社、农业龙头企业和个体商人（俗称"老板"）等农地经营投资主体。在农地承包经营权流转过程中，作为农地受让方的农地流入方因农村土地承包经营权交易获得了相应的土地权利，包括承包经营权流转期限内的土地使用权、经营权、收益权等。制定《承包经营权流转管理办法》的目的在于规范农村土地承包经营权流转行为，维护流转双方当事人的合法权益，以促进农业和农村经济发展。虽然该办法并未就农地流入方的具体土地权利作出清晰界定，但在实践中农地流入方普遍获得了除承包权以外的农村土地承包经营权相关的所有土地权利。该办法规定："受让方在流转期间因投入而提高土地生产能力的，土地流转合同到期或未到期由承包方依法收回承包土地时，受让方有权获得相应的补偿。具体补偿办法可以在土地流转合同中约定或双方通过协商解决。"同时，该办法还规定："受让方将承包方以转包、出租方式流转的土地实行再流转，应当取得原承包方的同意。"

　　从《承包经营权流转管理办法》以及农地承包经营权流转的实际情况来看，农地流入方获得了土地经营权、使用权、经营收益权、土地再流转权和再流转收益权，以及可能因承包方收回承包地的补偿权。因此，农地流入方在农地流转过程中享有与农地流转伴生的各种农地权利。这种农地权利表现为农地流转的土地权利和土地利益，其合法权益受到法律保护。但是，农地流入方与农地承包户的土地权利来源不同，农地承包户的土地权利是通过"国家赋权"方式产生，而农地流入方的土地权利则为基于交易而形成的土地权利转移，即当且仅当农地流入方作为土地受让方交易农地权利时，农地流入方才能获得土地权利。

　　农地流转过程实质是农地权利交易的过程，也是农地流入方获得土地权利的唯一途径，更是农地流入方享有相关土地权利的必由之路。在农地流转后，伴随农地权利的转移，农地流入方获得了相应的土地权利，并借此排除他人分享土地权益和利益。因此，农地流入方与农地承包户共同构成了农地承包经营权流转过程中的土地权利主体。

　　3. 农地流转参与者。农地流转参与者是指在农地流转双方当事人之间充当农地流转协调人和组织者角色的组织或个人，包括农地流转服务中心、农地资源交易中心、村民委员会、农民专业合作社、政府及土地管理部门，以及政府官员、村干部、村庄经济能人和村庄社会能人等。一般而言，当农地流入方与农地承包户难以达成直接的农地流转关系时，农地流入方往往借助农地流转参与者间接地与农地承包户构建农地流转关系，这是因为农地流入方转入农地尤其是规模化转入农地时常面临高昂的交易成本，且因农地流入方与农地承包户的非重复性交易难以建立起相互信任的农地流转关系，这时农地流入方借助农地流转参与者有利于其降低农地流转交易成本负担，从而能够快速、高效地集中农地。除能够起到降低农地流入方的交易成本负担外，专业化的农地流转参与者能够为农地流转双方当事人提供法律、政策、咨询、信息、技术等服务，既提升了农地流转的规范性，也在一定程度上保障了农地流转关系的稳定性。

目前，我国一些地区的地方政府在县、乡（镇）两级政府土地管理部门设置并建立农地流转服务中心或土地资源交易中心，且政府也允许农地流转参与者参加农地流转过程，以促进农地流转。如《承包经营权管理办法》规定："承包方自愿委托发包方或中介组织流转其承包土地的，应当由承包方出具土地流转委托书。委托书应当载明委托的事项、权限和期限等，并有委托人的签名和盖章。"这说明只要承包方依法、自愿委托发包方或中介组织流转其承包土地，承包方或中介组织代理承包户流转农地就具备了代理合法性。但是，当前我国农地流转市场体系建设非常滞后，专业化的农地流转服务组织较少，且因程序复杂、操作困难、有偿服务、效率低下等导致农地流转双方当事人不愿借助专业化的农地流转服务组织进行农地流转，政府主办的农地流转服务组织使用率很低，农地流转双方当事人更多的是依靠农地承包户熟悉的村民委员会、农民专业合作社、村干部、村庄经济能人和社会能人等组织与个人为农地流入方和农地承包户牵线搭桥，以撮合交易①。由于缺乏专业性的农地流转服务组织或农地流转双方当事人依赖非专业性的农地流转组织或个人，致使我国农村土地流转欠缺规范性，农地流入方与农地承包户之间的农地流转关系往往因农地流转各方的随意行为变得不稳定、不牢固，由此而产生诸多农地流转争议和纠纷。

二、农地流转"市场失灵"

市场失灵是一个经济学术语，指的是市场不能有效发挥配置资源的基础性作用。农地流转的市场失灵是指通过市场机制这只看不见的手无法实现农村土地资源最佳配置，无法实现流转农户利益最大化和促进公共利益的积

---

① 相对于专业化的农地流转服务组织，农地承包户更愿意接受自身熟悉、易于接触的组织与个人。

累。换言之，就是农地资源不能通过市场机制实现有效的配置。

市场具有发现交易对象、发现交易价格以及规范交易行为三方面的功能，这些功能有利于有效配置资源，体现了市场存在的价值。一般而言，在交易收益大于或至少等于交易成本的情况下，人们才愿意达成交易，促成农地流转。然而，在农地流转市场化过程中，信息不对称和农地流转用途管制制约了交易双方的交易范围，限定了交易对象，农地流转的搜寻、谈判、履约和监督成本较高，约束了农地流转效率。特别是在产权制度模糊和农地流转正式制度缺失的现实背景下，交易双方通过非正式制度交易往往造成效率损失。从供给的角度来看，一方面，现存农地流转制度和政策规定无法给予农户充分的土地流转激励，农民流转意愿不高，行动少，土地供给有限，导致农地流转市场内生动力缺乏。另一方面，在土地仍然存在的社会保障和生存保障功能尚未弱化、劳动力转移不充分、就业不稳定的情况下，农民存在后顾之忧，反而会强化对土地的控制，从而导致农地流转市场外生动力不足。从需求的角度来看，用地主体的需求欲望淡薄势必影响农地流转成功率。农业规模经营、产业化经营必须具备一定的资金、技术、市场流通条件，一般的农业大户可能难以承担大规模的土地流转。农业仍然是一个需要长期投资而回报率低、风险大的行业，难以刺激企业的用地欲望。此外，农地需求各地区不均衡：在平原和经济较发达地区，农地需求较为强烈，用地主体之间的竞争也逐渐趋向市场化，而在山区和经济发展较为封闭的地区情况则与之相反。总体来看，农地流转市场失灵表现为供需——价格机制运行不畅、市场竞争无力、信息不对称等，此外，市场失灵还表现为口头松散协议流转、人情关系流转等非市场化交易方式居多，市场交易程序和规则并没有在农地流转中得到运用和体现。

总之，在市场机制下，农地流转是农地流转双方当事人自发性、自主性交易土地权利的经济行为与活动，土地流转程序相对简单，谈判更充分，这既有利于尊重农地承包户的农地流转意愿和维护农地承包户的合法土地权益，又能够充分反映农地需求与农地供应之间的市场关系，从而推动农村土地流转市场发育，还能通过市场机制引导农地流向高附加值等高效农业产业和优势农业产业，进而推动农业产业结构调整，促进农业朝现代农业、商品农业、市场农业、集约农业方向发展，并借此推进农业结构调整、农村社会改造和农民净福利增加。但是，由于农地流转市场机制存在的供需—价格机制运行不畅、市场竞争无力、信息不对称等种种问题，也导致农地流转的市场失灵，主要表现为土地流转分散、土地回流、交易成本高昂等问题。

（一）农地流转率低

在农村经济体制改革的初期，曾有零星的土地流转，但不成规模，流转比例相当低，直到 2008 年，全国家庭承包耕地流转比例约为 5%，2013年年底为 26%[①]，全国承包耕地流转面积 3.4 亿亩。据我们的调研统计数据，2015 年，广西桂东南地区（包括贵港、玉林、梧州及南宁市所属宾阳县、横县等）农地流转率为 13%，远低于全国平均水平，其中约 70% 的农地以出租的方式实现流转，转包、入股等市场化程度较高的方式采用较少，互换、代耕等非市场化方式逐渐减少。桂东南地区农地流转市场正在逐步形成并发挥作用，但从其发展的实际情况来看，桂东南地区乃至全国的农村土地流转市场发育程度还远远落后于其他商品市场。

（二）农地流转市场竞争不足

土地市场主要分为两个级次：一级市场是所有权转移市场，二级市场是使用权流转市场。国有和集体所有的权属属性决定了前者实为垄断市场，法律法规严格限制了除政府以外的行为主体参与一级市场，一级市场的参与主体实际上十分有限，所有权市场上市场作用微弱。二级市场是竞争性市场，通过充分竞争实现土地资源的优化配置，然而，二级市场准入门槛也比普通

---

① 农业部统计称全国 26% 承包地已流转，http：//news.xinhuanet.com/house/sh/2014-02-24/c_119463601.htm，2014 年 2 月 24 日。

商品市场高，主体资格认定严格。土地由于区位、肥力的差别而呈现结构和功能的异质性，土地的特殊属性限定了土地的流转范围和流转用途，从而对土地市场参与主体的行为提出了要求，也就将一些竞争者排除在外。因此，真正参与土地流转的主体主要是政府、农户、企业和农民经济合作组织，各主体之间力量的强弱决定着市场竞争的激烈程度。

现阶段我国农地流转的实践表明，在以政府为主导的农地流转过程中，经过严格筛选符合土地受让资格的竞争者为数很少，导致本就不充分的市场竞争效力更低，而政府也可能使用强制手段流转土地，从而导致农地市场根本不存在竞争。在以企业和农民经济合作组织为主导的农地流转过程中，土地出让方——农户受利益驱动将选择流转收入较高的途径，企业与农民经济合作组织各自之间的竞争将会相对激烈。在农民自发进行农地流转时则可能存在截然相反的情况：一是非市场化交易，农户将无力耕种的土地无偿或低价流转给亲朋好友，市场竞争性十分微弱；一是高度市场化交易，这要求农民拥有完全的土地承包权或者土地所有权，土地成为农民的私有财产，可以自由交易，价高者得，此时土地市场竞争将十分激烈，但目前还无法实现。总言之，农地流转市场的有效性意味着农地资源通过充分竞争而流转到受让方手中，农地流转竞争性弱将损耗农地流转的效率。

（三）农地流转市场信息不全

信息不对称只能不断完善而难以根本克服。在农地流转交易双方中，农户拥有对土地肥力的充分信息，但其力量分散，相对封闭，获取农地流转信息渠道少、分析能力弱，不能及时筛选出有效、有利信息。而种养大户、农业企业等作为土地受让方，无论是在信息采集渠道、政策法律认知或市场经济知识等方面都存在较大优势，从而处于交易的有利位置。为争取利益，双方存在信息博弈，均可能利用优于另一方的信息使自己受益而使对方受损，在农地流转价格制定时倾向于对自己有利的价格，从而扭曲了价格。同时，由于信息不对称、监督成本相对较高，双方均可能存在毁约预期，出现

"搭便车"和机会主义行为，诱发逆向选择和道德风险问题。提高农民组织化的程度及水平、使用代理流转或许可以缓解信息不对称问题。作为农地流转代理人的农民合作社、村委会相对于单个农户在信息采集方面或许能达到与受让方相对平等的地位，村委会作为乡镇政府的代表握有一定的行政管理权力，能够对流转双方的行为进行一定的行政监督。但农民合作社、村委会往往也是追逐自身利益最大化的理性经济人，在农地流转巨大经济利益的诱惑下不可能始终维护农户利益，进而导致农地流转代理人问题。如玉林市某村的农户通过村委会将土地流转给某公司，农户与公司无直接接触，对公司信誉、资产、运作并不了解；村委会代表村民完成租金协商、合同签订、租金领取等农地流转环节。表面上，村委会承担了农地流转失败的风险，实际上，这一风险转嫁给了信息弱势方的农户。

（四）交易成本高昂

家庭承包经营制实施后，农村土地承包权予以农户家庭或个人，农村集体土地被分割为零散的地块，且家庭承包经营制推广初期，农村家庭多为多子女农户，伴随子女成家并另立门户，原本已零碎的家庭承包土地再次被分割，土地地块越来越细碎化，而享有土地承包经营权的农地承包户也越来越分散化。若农地流转仅涉及少量农地承包户，农地流入方可直接与各农地承包户谈判，农地流转较容易实现，但农地流入方仅转入少量农地承包户的承包土地并不能形成或发展规模化农业。在农地承包户平均土地拥有量较少或农地流转片区内土地零碎的情况下，农地流入方为了从事农业规模化经营，必然需要规模化集中土地，这时农地流入方需面对分散化的农地权利主体——分散化的农地承包户。然而，在农民组织化水平低和农地流转市场体系建设滞后的背景下，农地流入方规模化集中农地存在两种途径：一是直接与每一个农地承包户进行谈判，但这会增加农地流转难度，农地流转耗时耗力且成本高昂，诸如农地流转片区内的部分农地承包户有意"坐地要价"形成农地流转"钉子户"等，农地流转后也不易管理农地承包户；二是农地承包户尤其是村集体外农地流入方借助村集体组织、村干部等组织或个人来组织农地承包户进行统一谈判，但农地流入方需为其服务的组织或个人提供农地流转服务费。因此，在农地规模化集中流转中，农地流入方不论是分散与农地承包户谈判并建立直接的农地流转关系，还是通过村集体组织、村干部等组织或个人与农地承包户统一谈判并建立直接或间接的农地流转关系，均面临着高昂的农地流转交易成本①。

（五）土地回流

除以土地转让为农地流转方式外，其他农地流转方式均有土地流转期限，但以转让方式流转的农村土地比例非常小，这意味着多数农地在流转期限截止后面临着承包户收回承包土地或进行新一轮农地流转的问题②。农地流转期限截止后，若农地承包户收回承包土地，则原有规模化集中的农地再次面临着分割并归还农地承包户，而下一次规模化集中这一农地流转片区难度更大。这是因为农地承包户之间的前一次合作关系影响到后一次农地流转合作关系，而承包户回收承包土地在某种程度上属于一种合作失败，致使部分农地承包户不愿再次与其他农地承包户合作③。同样地，若农地流入方继续转入农地，则农地流入方必须与农地承包户重新谈判，但重新达成农地流转合作关系的难度增加。这是由于部分农地承包户因前一次农地流入方违约、嫉妒农地流入方经营成果或"坐地要价"等有意提高农地流转交易难度或不愿再次将承包土地转让给农地流入方。延长农地流转期限可在一定程度上缓解农地回流问题。但是，从当前农地流转现状来看，农地流转期限的长

---

① 当前我国的农地流转主要是需求带动供给的结果，在农地流转过程中农地流入方承担了绝大部分的农地流转交易成本，而农地承包户或其他农地流转参与人承担的农地流转交易成本仅占很小比例，甚至能够得到来自农地流入方的交易补偿。

② 若农地流转期限截止后农地进行新一轮流转，则视为农地承包户先收回承包土地再流转，因而承包土地新一轮流转经历了土地回流过程。

③ 事实上，农地流转期限结束后，若农地流入方不愿继续转入农地，农地承包户就收回了承包土地。但农地承包户之间可以通过合作寻找新的农地流入方。

短主要受到农地流转制度影响。《土地承包经营权流转管理办法》规定农地流转期限不得超过农地承包剩余期限。这使得多数农地流转期限偏短，一般为10年或15年，少数农地流转期限达到30年。

三、农地流转市场失灵的原因分析

一种产权交易的市场失灵，主要有三个方面的原因，一是产权本身的残缺，不利于交易，二是缺乏产权交易的市场化体系，三是产权交易主体的缺乏。

（一）农民土地产权缺陷

在农村土地集体产权制度框架下，我国农村土地集体产权制度呈现出"共有私用"的产权特征[①]，即农村土地的所有权归农民集体所有（共有），农村土地的使用权和收益权归农户所有（私用）。1982年《中华人民共和国宪法》第十条规定："农村和城市郊区的土地，除由法律规定属于国家所有的以外，属于集体所有；宅基地和自留山、自留地，也属于集体所有。"农村集体土地的所有权属于农民集体所有，表明了我国农村土地实行集体产权制度，集体享有发包权、管理权等土地权利。《中华人民共和国农村土地承包法》第三条规定："国家实行农村土地家庭承包经营制度。农村土地承包采取农村集体经济组织内部的家庭承包方式，不宜采取家庭承包方式的荒山、荒沟、荒丘、荒滩等农村土地，可以采取招标、拍卖、公开协商等方式承包。"农村土地的基本经营制度为家庭承包经营制度，家庭享有农村土地承包经营权，即家庭享有农村土地的承包权、经营权、收益权等土地权利。《土地承包法》第五条规定："农村集体组织内部成员有权依法承包本集体组织发包的农村土地。任何组织和个人不得剥夺和非法限制农村集体经济组织成员承包土地的权利。"这从法律上界定了农村经济组织成员承包农村土地

---

① 赵阳：《共有与私用——中国农地产权制度的经济学分析》，三联书店出版2007年版，第17页。

的权利，即家庭或农户享有农村土地承包经营权。对农民个体而言，其对集体土地的承包经营权就是一种事实上的财产权利，它不仅包括物权意义上的占有权，还包括源于此的使用权、收益权和相应的处分权。

自 20 世纪 80 年代农村经济改革以来，尽管农村土地的集体所有制度安排并未改变，但农村土地家庭承包经营制的实行，农民不仅获得了对自身及其劳动力的财产权利，而且还获得了一定的土地财产权，且这种土地财产权呈现出强化的趋势。首先，农村土地家庭承包经营制推行初期，农民获得了土地承包经营权，这时农民获得了农村土地的占有权、使用权，但因经济改革刚刚起步，农村承担着向城市转移资源的行政任务与行政负担，农民的部分土地收益交由国家统筹分配，从而农民仅获得部分土地收益权。其次，随着经济改革深入以及市场经济发展逐步成熟，国家通过农村税费改革，取消了农业税，土地收益完全归农民享有。最后，为了激活农村土地资源配置和转移农村劳动力资源，《土地承包法》和《物权法》等法律对农民的土地权利进行了调整。其中，《土地承包法》第十六条对承包方的权利进行了界定，即"依法享有土地承包使用、收益和土地承包经营权流转的权利，有权自主组织生产经营和处置产品；承包地被依法征用、占有的，有权依法获得相应的补偿；法律、行政法规规定的其他权利"。而《物权法》将农民的土地承包经营权视为用益物权，并在第一百二十八条规定："土地承包经营权人依照农村土地承包法的规定，有权将土地承包经营权采取转包、互换、转让等方式流转。"这从法律上赋予了农民对承包地一定的土地处分权。至此，农民在农村土地承包经营权中获得了除土地买卖、抵押等以外的所有土地私有产权的经济权益，即"农民在土地占有、使用、收益等方面已享有更多的权利，但土地处分权从来没有真正赋予农民"①。

---

① 赵阳：《共有与私有——中国农地产权制度的经济学分析》，三联书店出版 2007 年版，第 35 页。

　　在产权经济学领域，经济主体（自然人或法人）对其支配的动产与不动产享有占有、使用、收益和处分的权利。但是，在农村土地集体产权制度下，农民通过获得农地承包经营权构成对其承包地事实上的支配，然而因为农民对其承包地缺乏完整的处分权[①]，致使土地承包经营权成为一种不完整的产权。这种不完整的土地产权已经影响到农村土地的有效流转和农地经营利用效率的提高，如姚洋在研究农地制度的经济绩效后指出："地权的不稳定性和限制土地交易权对土地产出率产生负面影响"[②]。同时，不完整的土地产权不利于农民合法的土地权益保障，因为农民无法在农地流转过程中排除他人尤其是政府、村集体的干预，以及难以避免合法的土地权益遭受侵蚀。因此，应在农村土地集体产权制度下，明确界定政府、集体与农户之间的农村土地财产权关系，适度、有条件地赋予农民更多的土地处分权[③]，这样既有利于保护农民的土地财产权，也有利于增强经营权流转的自主性，促进农地承包经营权的市场化流转，改善农地资源配置效率和利用效率。除上述农户的土地权利外，中共十八届三中全会以及2014年12月召开的中央农村工作会议将土地承包经营权赋予抵押、担保权利，至此农地承包户享有承包土地占有权、使用权、收益权等以及土地承包经营权的抵押、担保权利。

　　（二）农业经营主体单一化、同质化

　　中国一直是一个传统小农经济国家，小农经济是整个国家的经济基础

---

① 国家允许农地承包户以出租、入股等方式流转农地承包经营权，农户获得一定的土地处分权。此外，国家并不禁止农地买卖，国家禁止的是农地自由买卖，但农村土地买卖仅存一种情况，即国家通过土地征收方式将承包地的集体产权转变为国家产权，土地买卖的唯一一交易对象是国家或政府。

② 参见姚洋：《土地、制度和农业发展》，北京大学出版社2004年版。

③ 赋予农民更多的土地处分权并不意味着土地产权私有化，而是通过赋予农民范围更广、内容更丰富、运用更具自主性的土地处分权，使土地承包经营权具有对抗第三人的效力，以确保农民土地财产权的独立性、排他性。

和农业经营的主要模式。农村改革以来，非集体化运动瓦解了效率低下的集体经济，重新回到农户家庭经营为主的小农经济模式。因此，农户及农户家庭成为最普遍的农业经营主体。一般而言，市场经济中的主体普遍是组织化程度很高的公司企业，通过市场竞争实现资源的有效配置。但是农村市场中，分田到户后的农民处于一盘散沙的原子化状态之中。分散化、原子化的农民缺乏足够的经济实力，也缺乏掌握市场信息的能力，因而在农业市场化、产业化条件下，不仅无法成为农业市场交易中的有效的市场竞争主体，反而沦为各种市场风险的转嫁对象。尽管在农业市场化条件下，从农户中分化出一部分经济能人、种植大户，构成新的农业经营主体，但相对来说，这一部分新的农业经营主体数量小、能力弱。因此，在家庭承包责任制度下，农业经营主体的单一化、同质化是一种普遍现象。在这种同质化的农业经营主体中很难经由农地流转成长为新型农业经营主体。同时，由于国家对农业的扶持力度不够，再加上农业的弱质产业性质，也影响了其他经济主体转型经营农业产业化生产和开发。

从农地流转过程来看，农地流转主要发生在不同质的农业经营主体之间。目前，在城镇化、农业市场化产业化条件下，农民大量进城务工，农民家庭收入结构发生了巨大的变革，非农收入占到农民家庭收入的大部分，而农业收入占家庭收入的比重不断降低，再加上农业产业易受市场和气候影响的产业弱质性，导致大量农地闲置甚至撂荒。农户具有出让经营权的意愿至少不强烈反对，但是，农地流转不仅取决于农地流出方的流出意愿，更取决于作为农地流入方（包括种植大户、合作社和农业公司）的流入意愿和流入能力。我国目前的农业经营主体的单一、缺乏强有力的农业市场主体也是导致农地流转率低的重要原因。

第二节　农地流转的政府机制

在农地集体产权制度下，政府通过各类土地政策赋予农民以各项土地权利，但政府具有农村土地的管理权、监督权、征用权等，这是政府能够影响到农村土地流转的重要原因之一。当前我国农村土地流转市场发育缓慢，农村土地流转市场有待建立和进一步完善，市场化的农地流转服务组织或中介组织较少或低效，农村土地流转尤其是农地土地规模化集中流转不得不依托政府及土地管理部门或其他政府主办的事业单位或中介组织以及具有准政权性质的村民委员会，从而使得政府在农村土地流转中具有举足轻重的作用。当前，我国农地流转的政府机制主要表现为政府以政策法律和行政权力介入农地流转过程，借助行政权力主导并推行农村土地流转。政府在农地流转过程中处于主导地位并扮演重要角色。

一、农地流转的政府机制的概念

政府机制（Governmental Mechanisms）是指政府运用公共权力向社会提供运行准则，并通过经济、法律、政策、行政等手段对社会运行进行管理、调节、干预等过程和形态。从政府机制运行形态来看，政府机制具有两个层面的内涵：一是宏观性政府机制，是指政府为社会制定发展目标，并提供相应的社会运行准则，以调节整个社会的运行。如在土地流转中，政府设置农村土地流转的基本路径和准则，或以制度供给者的身份制定并实施农村集体土地流转制度；二是微观性政府机制，是指政府遵循社会运行与发展的宏观目标，以法律规范作为政府机制运行的准则与基础，主要借助政府行政权力调节和干预社会系统运行，如政府直接行使管理权、监督权、审批权等。

农地流转的政府机制（Governmental Mechanism of Rural-land Transfer）是农地资源配置的一种"政府指导模式"、"政府主导模式"或"政府干预模式"，主要是指在农地流转过程中，政府为了促进现代农业发展，通过政策鼓励、行政指导甚至运用行政手段推动农地流转。因此，政策、行政指导、行政权力是政府机制的主要手段。在农地流转的政府机制中，除农地承包户和农地流入方外，农地流转主体还包括政府和村集体组织①。与市场机制下的农地流转一样，农地承包户和农地流入方依然是农地流转权利和权益主体，不同之处在于农地承包户与农地流入方的自主性、自由性因政府介入农地流转过程而受到削弱。

二、农地流转政府机制下各主体之间的关系

（一）土地征收中的各主体间关系

土地征收是农地流转的一种特殊形式。土地征收是指"国家基于公共利益的需要，将集体所有的土地强制收归国家所有的行为"②，是一种农地集体土地所有权的强制流转。通过土地征收，农村集体土地的所有权由集体所有转变为国家所有，土地征收后国家不再将土地归还给农民集体而按照征地补偿标准一次性"购买"农村土地的集体产权，所以，土地征收是一种单向的所有权转移行为。在土地征收过程中，政府预先制订征地补偿标准，在此基础上依据城镇建设规划，设置土地征收规划区，将规划区内的农地强制征收归国家所有。在此过程中，农地承包户及农民集体无自主权、选择权，这主要表现在两个方面：一方面农地承包户即农民的土地流转交易对象是政府，另一方面，土地流转交易的条件也由政府决定，即政府预先设置了土地征收补偿等标准，若农地承包户及农民集体不愿意放弃农村土地及其相关权利，政府可强制推行土地征收过程。

《宪法》和《土地管理法》等相关法律均规定：国家为了公共利益的需

---

① 以土地征收为农地流转方式的农地流转中，政府即为农地流入方。
② 茆荣华：《我国农地集体土地流转制度研究》，北京大学出版社2010年版，第71页。

要，可以依照法律规定对土地实行征收或征用并给予补偿。基于相关法律规范，政府进行土地征收的前提和目的应是也必须是实现公共利益目标。当前，我国土地征收主要由地方政府尤其是城市政府为了城市建设用地和城市储备用地而进行，因政府垄断了土地征收一级土地交易市场和城市土地转让二次土地交易市场，政府能够独享二级土地交易市场与一级土地交易市场之间的土地交易净差价，并通过土地净差价补充政府财政收入，这就是政府"土地财政"。在政府"土地财政"的利益动机下，政府有外扩"公共利益"范畴的趋势，或通过以租代征的方式获取农村土地。

在土地征收过程中，政府是农地流入方，农地承包户、村集体组织和政府均为土地权利主体，政府可直接与农地承包户达成土地征收各项事宜，但通常而言，政府往往通过村集体组织与农地承包户达成土地征收合同关系，如图4–3所示。

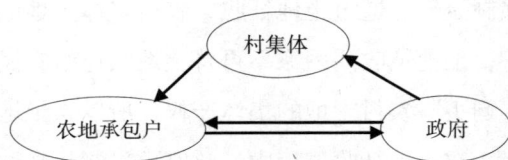

图4–3　土地征收中各农地流转主体之间的关系

（二）农地承包经营权流转中的各主体间关系

在农地承包经营权的流转过程中，政府虽不是用地主体，但其回应农地流入方的土地转入需求或根据政府规划建设农业示范园区等而参与并主导农地流转过程，如图4–4所示。用地需求方寻求政府支持，政府再将土地流

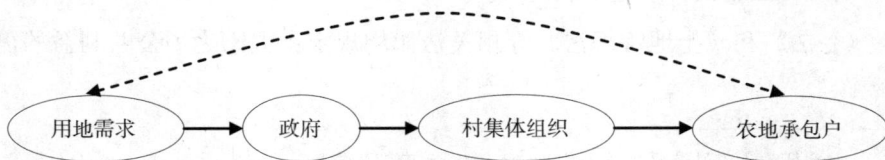

图4–4　政府主导农地流转过程关系图

转事宜交由乡镇基层政权、村集体组织办理，由村集体组织与农地承包户达成农地流转事宜，从而建立起农地流入方与农地承包户之间的土地流转合同关系，但政府主导并监控整个农地流转过程。

在图 4-4 中，政府是农地流入方与农地承包户之间达成农地流转合同关系的核心关键点，而农地流入方与农地承包户之间的农地流转关系则是通过政府间接达成的权益关系。

1. 地方政府。地方政府是农村土地流转的行政机构，其对农地流转具有监督权、管理权、合规审核权等土地管理权力。地方政府运用土地管理行政权力或其他行政权力可快速、有效地帮助农地流入方与农地承包户之间达成农地流转关系，从而使得农地流入方能够在短期内获得规模化集中的农地。地方政府若以中立角色指导或主导农地流转过程，农地流转后的土地纠纷与冲突往往也容易得以解决。

2. 村集体组织。村集体组织特别是村两委，虽不是一级国家政权组织机构，但以村民委员会为核心的农村村集体组织将人民公社时期的部分职能延续下来，并在当前表现为协助替代基层政权组织（乡、镇政府）履行行政职能，如《村民委员会组织法》第五条规定："村民委员会协助乡、民族乡、镇的人民政府开展工作"，这意味着在农地流转过程中，村民委员会及其组成成员需协助基层政府开展农地流转工作。而村干部是经村民选举产生，村干部在村庄往往具有优势的人际关系网络，基层政府亦倾向于寻求村干部的支持与配合，甚至将农地流转的主要事务交由村干部以村集体组织名义进行处理，而不是亲自直接与农地承包户沟通、协调或谈判①。由于政府不愿直接与农地承包户进行协商与谈判，通过授权或允许村集体组织及村干部介入农地流转过程，将村集体组织及村干部置于农地流转过程的重要地位。村集

---

① 基层政府基于社会舆论、政府形象等考虑，为防止农地流转操作失误引起农地承包户维权事件出现而影响政府形象，往往通过村集体组织及村干部与农地承包户进行沟通。

体组织及村干部参与农地流转过程也是农地承包户转出农地的需要。当前，我国农地承包户具有高度同质性，农地承包户之间的经济关系、社会关系、人际关系等高度雷同，且农地承包户过于分散，而少量零散的承包土地难以满足用地主体的转入需要，通过村集体组织及村干部组织农地承包户统一、集中进行土地规模化流转，既有利于农地承包户与农地流入方之间达成农地流转合同关系，也有利于分散化的土地供给与规模化的土地需要形成对接，更重要的是利于消除农民疑虑和后顾之忧①。村集体组织及村干部参与农地流转过程还是农地流入方转入农地的需要。农地流入方转入农地并入驻村庄开展农业经营活动，需要农村社会稳定，而村集体组织及村干部恰好是农村社会管理的组织和个人，其能够运用村庄公共权力约束村集体成员的行为，以保证农地流入方的正常农业经营活动的开展。因此，政府机制下的农地流转不可忽视村集体组织及村干部的影响力，事实上我国诸多农地流转特别是规模化集中流转是村集体组织及村干部组织农地承包户与农地流入方对接的结果。若缺少村集体组织及村干部的参与，不管是市场机制下的农地流转，还是政府机制下的农地流转，均面临诸多障碍。

三、农地流转的政府机制存在的问题

在农地流转中，通过政府机制既可使政府获得城市发展建设用地，又可使用地主体快速规模化地集中农地。但是，由于农民处于被动地位，再加上农民缺乏集体行动能力，使农地流转的政府机制也会存在失灵问题。所谓农地流转的政府失灵是指政府没有发挥其原有的农地流转的中介服务、市场监管和公共服务职能，反而通过强制性的土地征收，或"以租代征"，损害农民土地承包权和收益，从而激化农民与村两委、农民与基层政府之间的矛

---

① 村干部出生于村庄、生活于村庄，其与农地承包户相互熟悉，若农地流入方与农地承包户发生纠纷与争议或者农地流入方出现违约现象等，农地承包户可以寻求村集体组织及村干部的帮助。

盾，导致新的不稳定因素的产生。

（一）农地流转效率缺失和产生农地流转负效应

政府失败（Government Failure）是与市场失灵相对应的一个概念，起源于以布坎南为代表的公共选择学派，初意是指分析市场经济条件下，政府干预行为存在局限性或非市场缺陷。该学派认为，政府的干预措施往往缺乏效率，且因有限理性、信息不对称等原因作出降低经济效率的决策。农地流转过程中，政府失败主要表现为政府行政权力干预引起的农地流转效率缺失和产生农地流转负效应①。一方面，政府干预农地流转过程，可能会使农地流转双方当事人已达成的、符合法律规范且具有经济效率的农地流转合同关系中止，这不利于农地流转效率的提高，引起农地流转效率损失，进而抑制了农地流转市场的发育。另一方面，政府主导农地流转过程可能出现决策失误，从而产生不良的农地流转关系，如在南方一些丘陵地区，因当地适合种植速生经济用材林（桉树等），在农地流转期限内农地流入方可种植多轮速生林，导致土地过度使用与消耗，引起农民集体与农地流入方之间的冲突。

（二）农地流转价格非市场化

从农地供求的角度来看，农地供求决定农地流转均衡价格。在一定的价格水平下，土地供求由市场机制调节，农地"供求—价格"决定机制成为农地流转市场运行的核心。但由于农地的区位价值和各地经济发展水平不一，现阶段农地流转不可能形成统一的市场价格，也不可能制定出统一的农地定价标准，各地农地流转的价格更多的是在双方的共同协商和讨价还价中确定的，因此存在交换价格和市场价格。交换价格即为交易双方在平等交换的基础上达成交易的价格。在政府机制下，政府定价普遍存在，市场定价空间被压缩。农地的交换价格掺杂着很多非市场因素。

---

① 政府的农地流转政策常处于不易变迁的状态，农地流转当事人可依据农地流转政策法规作出最有利的交易选择，但政府行政权力干预或主导农地流转过程往往是直接性、可变性的，而政府难以或不愿为农地流转负效果承担责任。

（三）权力滥用问题

由于政府对农村土地具有多项权能，在农地流转中便产生了农地流转的管理权能、监督权能等权利，并依此形成政府行政权力。农地流转中，政府权力滥用问题表现为权力扩张与权力非法使用。首先，在土地征收的农地流转中，虽然《宪法》和《土地管理法》等相关法律规定政府可为了实现公共利益目标，有偿性地征收农村土地。但是，政府在实际土地征收过程中往往出现违法行为，诸如政府将"公共利益"概念扩大化、暴力征地等。其次，非法使用行政权力介入农地承包经营权流转过程。《土地承包经营流转管理办法》明确规定："承包方有权依法自主决定承包土地是否流转、流转的对象和方式。任何单位和个人不得强迫或者阻碍承包方依法流转其承包土地。"但是，在农地承包经营权规模化集中的流转实践中，政府基于自身利益需要或为了回应农地流入方的转入农地需要以彰显农业投资环境，强制农地承包户流转农地承包经营权的现象屡见不鲜：一是农地承包户须以农地流入方提出的农地流转价格转出土地承包经营权；二是强制农地承包户将承包土地转让给指定的农地流转交易对象。

（四）农户权益保护问题

政府机制的农地流转，农民处于被动地位，属于弱势群体，而政府介入农地流转过程，主导并垄断了农地流转过程，使农民缺乏像市场机制下农地流转那样充分地获得自主选择权。农地流转的价格、对象、方式、期限等由政府或农地流入方单独规定或共同决定，农民丧失了土地财产权的交易权利，即政府主导农地流转过程威胁到农民的土地财产权交易权利。农户土地权益保护的另一个方面是，政府缺乏对农户土地流转意愿和土地流转利益诉求的关照与解决机制，政府常采取暴力手段剥夺农户私权，导致农户土地权益受损。政府垄断了农地流转过程并缺乏相应解决农户利益诉求的渠道，当农户产生强烈的被剥夺感时，往往会采取非制度性的"底层抗争"行动。

当前，农户权益保障问题主要集中于农户土地流转意愿问题和农地流转价格问题，但核心问题是农地流转价格。这是因为在农户土地流转意愿不强的情况下，可通过提高农地流转价格作为补偿，以激励农户转出农地。但是，在农地流转价格方面存在两个困境：一是承包经营权流转的价格不可能高于农地流转市场价格，否则会导致农地流入方承担过高成本，以至于降低农地转入欲望；二是在土地征收中，由于现有土地管理体制和征地补偿标准等原因，补偿标准难以与土地增值收入挂钩，且地方政府倾向于制定较低的补偿标准以获取更多差价充实财政收入。

第三节　农地流转的社会合作机制

在资源配置中，除了市场机制和政府机制外，还存在着第三种机制，即社会合作机制。社会合作机制一般只存在于熟人社会。在村庄熟人社会，借助于社区社会资本，社区成员之间可以通过平等协商、民主决策的方式达成农地流转协议。因此，农地流转的社会合作机制取决于社区社会资本存量、社区的组织化程度。

一、社会合作机制的概念

（一）社会合作机制的概念

社会合作机制是公民社会内部的一种自主治理机制。公民社会是"国家和家庭之间的一个中介性的社团领域，这一领域由同国家相分离的组织所占据，这些组织在同国家的关系上享有自主权并由社会成员自愿地结合而形成以保护或增进他们的利益或价值"①。公民社会最为核心的问题主要集中在以下两个方面：一是公民自治组织，包括非政府组织、自愿性社团、协会、

---

① 何增科：《公民社会与第三部门》，社会科学文献出版社2000年版，第64页。

社区组织、利益团体和公民自发组织的社会运动等。二是公民自治领域的构建。在国家和市民社会之外，公民具有一定的自治领域。公民自治领域基于共同的利益、情感或信仰而组成，公民以一定的形式结合起来在国家之外进行自我管理、自我协调和自我实现。公民自治领域不同于市民社会领域，后者是以市场交换关系为基础的，而前者更强调超越于私人利益之上的共识。公民社会治理结构是公民社会的"自组织网络"，是公民社会部门在自主追求共同利益的过程中创造的秩序。美国公共行政学者埃利诺·奥斯特罗姆在《公共事物的治理之道》一书中，通过对大量案例的分析证实了一群相互依赖的当事人在管理公共池塘资源时，"把自己组织起来，进行自主治理，从而能够在所有人都面对搭便车、规避责任或其他机会主义行为诱惑的情况下，取得持久的共同收益"①。

在社会合作机制下，资源配置通过协商途径作出。自治的公民社会是共同利益的自愿结合，通过不受国家支配的公民团体或民间组织，社会的各个部分完全可以自我建设、自我协调、自我联系、自我整合和自我满足，从而形成一个制度化的、不需要借助政府及其资源的公共领域。组织成员也完全可以在这一领域中通过公共讨论和公共对话的协商途径，实现公共治理资源的优化配置，自主地治理社会生活领域中的公共事务。在社会合作机制中，各参与主体是一种平等的关系，需要通过对话、建立伙伴关系和借助于其他主体的资源来实现依靠自身资源无法实现的公共目标。

（二）社会合作机制的特征

社会合作机制是一种社区自主治理机制，具有自发性、信息的直接性和完备性、自我秩序有效性、不存在搭便车行为等主要特征。

1. 自发性，无须外界强制力。社会合作机制建立在信任、权威、尊重等社会资本以及一定的共同利益之上。社区内部成员无须外界强制力的介

---

① ［美］埃利诺·奥斯特罗姆：《公共事物的治理之道》，上海三联书店 2000 年版，第 51 页。

入，借助于社会资本，通过合作的方式便可使自己拥有的资源得到最佳使用和治理，形成自发的稳定的合作秩序。

2. 信息的直接性和完备性。无论是市场机制还是政府机制，在实现资源配置过程中都需要花费大量人力和财力对信息进行收集与处理，且往往不能保证信息的全面性和准确性，从而引致错误的行动策略和政策。相对而言，在社会合作机制中，社区成员能清晰地掌握其他成员的土地方位、面积、质量、需求等情况，信息具有直接性和完备性。且从信息的动态变化上而言，基于熟人社会与社会资本的社会合作机制有更有效的信息传播和沟通渠道，信息更新速度快、准确性高，从而保证他们决策的质量。

3. 自我秩序的有效性。社会合作机制中的自我秩序是指规则制度的制定与供给、持续的权变的政策实行、自我的与集体的监督等方面的秩序，其有效性高于政府机制和市场机制。在规则的制定与执行阶段，全部或者受规则约束的绝大多数都参与到了规则的制定中，这使规则能更好地适应当地环境和当地农户的需求，也使参与合作的农户能更好地认识、实行合作策略。但是在机会主义诱惑极强的情况下，出于自身利益的最大化，也有不少人会违背规则行事①。唯有有效的监督能保证规则长久地得到遵守，在"人情味"浓厚的村庄场域，这种自我的与集体的监督往往显现着强大的力量。

4. 较少存在搭便车行为。在集体行动中，对集体成员的激励和克服搭便车行为几乎是一个巨大的挑战，尤其是在大的集体行动中。奥尔森认为当一群理性的人聚在一起想为获取某一公共物品而奋斗时，其中的每一个人都可能想让别人去为达到该目标而努力，而自己则坐享其成②。在农地市场化流转中，在缺乏激励的情况下，作为农地流出方的农户个体基本不参与土地

①　[美] 埃利诺-奥斯特罗姆：《公共事物的治理之道——集体行动制度的演进》，上海译文出版社 2012 年版，第 111 页。

②　[美] 曼瑟尔·奥尔森：《集体行动的逻辑》，上海人民出版社 1995 年版。

流转的谈判、协商、善后等事宜，同时，对村庄集体组织代理人的监督也普遍采取搭便车行为[①]，使得代理人或作为农地流入主体的涉农龙头企业等侵农事件屡有发生。在社会合作机制中，社区成员普遍参与农地流转的谈判、协商，共同承担成本和风险，也共同分享农地流转所带来的利益。

二、农地流转的社会合作机制的提出

在农地流转实务中，有两种类型的农地流转，即农地外部流转和农地内部流转。所谓农地外部流转，是指农地流入方是村庄集体外部的单位或个人，比如将土地流转给种植大户、农业公司、农民专业合作社等。而作为农地流出方的农户则放弃农地经营权，要么进城务工，要么作为农地流入方的季节性农业工人，领取劳动报酬。所谓农地内部流转，是指农地在村庄内部成员之间的流转，这种流转方式包括代耕代营、互换、转包和转让[②]。

农地外部流转是一种市场化的农地流转，市场机制在农地流转中发挥了重要作用。但是这种形式的农地流转的实现取决于一系列的条件。一是农业内外部经济条件。在我国东部地区，经济发展水平较高，二、三产业相对发达，大多农户愿意放弃农业生产转而从事二、三产业生产经营活动，造成大量土地被闲置。加之东部地区农业外部经济条件发达，在激发农户农地流转意愿的同时，还吸引一些农业经营主体进入农村流转土地，投资农业生产。如农业公司、种植大户以及农民专业合作社等农地需求方，在市场机制作用下，向农户流转土地，从事规模化农业生产经营活动，这将进一步优化土地资源配置，增加农地产出效益。农地流转主要是作为农地需求的流入方

---

① 谭智心、孔祥智：《不完全契约、内部监督与合作社中小社员激励——合作社内部"搭便车"行为分析及其政策含义》，《中国农村经济》2012 年第 7 期。

② 魏春瑾等：《基于ＤＥＡ的外生型流转与内生型流转背景下农地利用效率比较研究——以甘肃省白银市靖远县北湾镇为例》，《甘肃农业大学学报》2014 年第 1 期。

与农地供给的流出方在市场机制安排下共同完成的，由市场价格机制、供求关系来实现。作为农地流入方的种植大户、合作社以及农业公司基于土地生产效益，带动形成"家庭农场＋农户"、"合作社＋农户"、"农业企业＋农户"等多种市场主导型农地流转模式。

市场主导型的农地流转模式主要发生在农户与非集体经济组织成员之间，是一种外源性的农地流转模式。而农户在参与农地流转过程中，存在与流入方地位不平等的矛盾。一方面，趋利的市场力量在经营无利的情况下，擅自选择出逃农业生产，终止农地流转，从而导致农地重新被闲置，农民利益被迫受到侵害。另外，在外源性农地流转模式中，由农业外部经营主体主导农地流转过程和结果，农民无法平等地参与谈判，捍卫自身利益。加之，农民主体性地位得不到体现，农民利益更容易遭受市场侵害。

由于西部地区的农业外部经济不发达，二、三产业活动相对不活跃，非农就业机会较少，农民仍通过从事第一产业生产获得基本收入。正因农民除农业生产之外，无法获得较多其他产业收入，导致土地抛荒闲置现象并不常见，农地供给量相对较少。加之，西部地区资源禀赋条件较差，土壤表层薄，土地细碎化严重，以及农业基础设施欠发达，难以吸引外生性农地流入方主体进入农地流转。由此形成了农地流入方需求不足、农地流出方土地供给不足的现象，农地流转市场难以形成。尤其是对通过出租把土地流转给种植大户、农民专业合作社以及农业公司等流入方的市场型农地流转模式，仍缺乏产生条件。

因此，在我国西部落后地区，以市场力量主导的外源性农地流转缺乏实现基础，必须通过内源性农地流转，实现农业适度规模经营。这种内源性农地流转就是以互换为主要农地流转方式。互换指的是在承包期内，同一集体经济组织的不同农户为了农业经营的需要，相互交换部分或全部土地承包经营权的行为。农户之间通过土地互换实现农地流转，实现农户家庭适度规模经营，这可以减轻农业劳动强度并增加农地产出收益。因此，充分发挥农民的主体性作用，可以运用社会合作机制来实现农地资源的内部优化配置。

三、农地流转的社会合作机制的形式与条件

农地流转的社会合作机制只存在于社区内部，也只作用于农地内部流转，即农地在社区成员之间的流通与转让，一般采取农地入股和农地置换这两种形式。

（一）社会合作机制的形式

农地流转的社会机制分为两种作用形式，一种是通过土地入股形式成立合作社，实现农地流转；另一种是通过农地置换和"小块并大块"形式，实现农户家庭适度规模经营。

1. 合作社与农地流转（土地入股）。在农业市场化条件下，小农生产与大市场的矛盾日益突出，如何应对农业生产缺乏规模化、组织化的问题成为实现现代农业的关键。在西部地区，缺乏发展现代农业的农业外部经济条件，特别是缺乏新型农业经营主体的条件下，作为社区成员的农户通过土地入股的形式成立农民专业合作社，实现农业规模化生产，从而解决农业小生产与大市场的矛盾。通过成立农民专业合作社以及专业协会等有形载体将原子化的农民组织起来，对内可以促进农民的发展和维护农民的共同利益，对外可以提高农民的谈判地位和抵御市场风险的能力。农地入股有利于维护农地流转收益的稳定性，有利于减少农地流转双方的交易成本，也有利于高效率地、低成本地解决农地流转纠纷，拓宽农民的维权渠道。

农民专业合作社是重要的土地流入方主体，特别是以土地入股的农民专业合作社，是西部地区农地流转的生力军。与城市工业劳动相比，农业劳动的收益相对较低，因此大部分农村劳动力都外出务工或经商，导致农村土地撂荒严重。如何解决土地撂荒问题成为村庄治理的一大难题。成立合作社，鼓励村民将自家的闲置土地入股合作社是解决这一问题的不错选择。合

作社实行入社自愿、退社自由、地位平等、自主管理、自主经营、自负盈亏、利益共享、风险共担的原则，采取股份制入社的方式，自愿入股。合作社成员通过商议确定一定数额的金额为一股（如1000元为一股），社员既可以通过现金入股，也可以通过土地入股，还可以以投工投劳的形式入股。合作社的主要工作是实现农地的规模、连片流转，同时对外跑市场，对内搞协调。合作社可以先跟公司洽谈相关的农业生产项目，然后确定合作社在项目中所占的股份，再将股份拿出来向村民进行招股，农民可以以自己的土地入股，从而获得租金和股份分红。

农民专业合作社一般是由乡镇政府、村干部、村庄内德高望重的人士、种养大户、经济能人等牵头成立，主要是位于村庄内部，根植于农村社区，其自身具有的民间性、草根性决定了其与农户联系的紧密性。通过合作社的形式实现土地流转，能够降低土地流转的交易费用。首先，农民专业合作社内生于村庄，与村民关系密切，利用农村社区熟人社会的优势能够直接了解、认知农民的农地流转意愿，交易标的物的位置、好坏等，降低了信息收集的费用和谈判协商的费用；其次，农民专业合作社的牵头人一般是体制内的基层管理者或体制外的村庄能人，体制内的牵头者能够利用政治权威获得村民的信任，而体制外的村庄能人与村民有着密切的地缘甚至是血缘关系，村民对其知根知底，因此能够获得村民和村庄社会的信任。除此之外，两者都在村庄中享有一定的威望，能够将村民凝聚起来，组织村民进行土地集中流转。农民专业合作的牵头人具有的社会资本，包括威望、人情关系资源等，使得其在农地流转中谈判、协商、土地集中、签订合同方面的费用大大降低；最后，农民专业合作社的参与性、开放性以及身份的平等性，最重要的是与农民的互惠性，赢得了农民的信任和支持，降低了合作社的合同执行、履约、合同执行的监督成本。由于农民专业合作社的牵头人具有政治权威或人情关系等社会资本，即使出现交易纠纷也能够通过人情、威望等进行调解，降低了农业生产经营活动被中止的风险。

2."小块并大块"与土地流转（土地置换）。一般来说，要想成功地进行一次农地流转交易，需要三方主体共同存在：农地流入方主体、流出方主体以及中介方主体。西部地区农地供给大于农地需求，且农业内外部经济条件较差，无法内生新型农业经营主体，也很难吸引外生的新型农业经营主体。农业外部经济条件主要是指该区域的工业化、城市化发展水平，主要是二、三产业的发展水平①。农业外部经济条件对农地流转的影响主要体现在以下两个方面：第一，农业外部经济的好坏直接影响到村庄剩余劳动力的转移。一般来说，农业外部经济条件越好的地区越有利于农业劳动力的转移和流动。因为，二、三产业发达能够提供较多的就业岗位，城市吸纳劳动力的能力增强；除此之外，经济的发展也给农民提供了相应的社会保障，从而为农地流转创造条件；第二，农业外部经济条件的好坏决定了是否具备催生新型农业经营主体的土壤。西部地区，二、三产业落后，阻碍了新型农业经营主体的形成。缺乏新型农业经营主体，农地流转就无法发生。农业内部经济条件是指土地的土壤肥沃程度、细碎化程度、灌溉条件、交通条件等，西部地区农村土地细碎化程度很高、灌溉条件落后、交通还不是很便利，农地流入方主体如果需要投入大量的成本去平整土地、改善基础设施，就会导致其生产成本居高，因此，西部地区的农业内部经济条件也很难对农地流入方主体产生吸引力。

那么，在农业外部经济条件和内部经济条件都较差且缺乏现代农业经营主体的西部地区的农村应该如何推动土地流转，实现农业的适度规模经营呢？我们认为，现代农业经营离不开千千万万的小农，在稳定农村基本经营制度的前提下，可以通过发挥农民的主体作用，运用"协商"、"谈判"、"一

---

① 蒋永甫、徐蕾：《现代农业经营主体与农地流转———项实证分析》，《中共福建省委党校学报》2015 年第 9 期。

事一议"等民主方式实现农地流转方式的创新，即通过耕地置换的方式实现"小块并大块"，为家庭适度规模经营提供另一种切实可行的路径。所谓"小块并大块"是指根据农民的自愿原则，在保留原有耕地面积不减少的情况下，同村集体经济组织内部成员之间自愿将自己原有的条块分割、零星分布的耕地进行互换，整合为相对连片集中的耕地，同时对平整后的土地进行道路、水利等基础设施的规划和建设，在此基础上重新分配土地并作好农村土地承包经营权证书的变更登记的过程①。"小块并大块"的产生源于农民对改变"土地细碎化、农业生产成本高、土地产出效益低"的现状的渴求。在"小块并大块"的农地内部流转中，发挥农民在农地流转中的主体地位，运用村庄社会关联即社会资本，通过协商、谈判的方式，通过"小块并大块"，将土地连片集中，并重新分配土地承包经营权，可以实现农户的家庭适度规模经营。

（二）农地流转社会机制的条件

无论是合作社形式还是"小块并大块"形式，村庄都是农地内部流转的场域。因为如果范围过大，超出自然村或者是行政村的范畴，就会导致成本过高而无法实施。同时，由于范围过大，也存在以下弊端：第一，收集信息的成本过高。村庄无论是成立合作社还是开展"小块并大块"并地，均首先需要收集村民的意愿，如果范围过大，开会的次数、达成一致所耗费的时间、精力、人力成本就会过高。除此之外，在"小块并大块"形式中，还需要对原来的土地的"四至"、地理位置、面积大小、土壤等级等信息进行收集，并地范围过大，就会导致人力、物力、财力成本过高；第二，组织管理成本过高。一般的村民并没有自发组织合作社或实现"小块并大块"的能力和愿望，需要村庄精英来组织和发动一般村民参与其中。以"小块并大块"

---

① 蒋永甫、张小英：《农民主体与农业适度规模经营的另一种路径选择——基于广西龙州模式的案例分析》，《中共福建省委党校学报》2016年第7期。

为例，如果并地范围过大，涉及的村民过多，管理者很难进行动员，因为人数越多，社区成员异质性程度越高，很难达成利益一致。同时，如果范围过大，那么并地的领导者就需要从不同的村屯选举，不同村屯的代表人出于对本村利益的维护，就可能会意见相左，这也会导致领导消极组织本村屯的村民推动并地，造成并地的组织和管理成本增高。不是同一个村屯的利益关系不好进行协调，当存在利益不一致的情况时，可能会产生怠工的行为，这时就需要领导者对其进行劝导，这也会耗费较高的时间成本；第三，监督成本过高。范围过大，无论是对村民投工投劳的监督管理，还是对工程进度的监督管理都会耗费较高的时间、人力资源、财力成本。

社会资本是社会合作机制发挥作用的基础与条件。农户之间的农地流转并不一定是简单的经济利益的驱动，有时是社会资本推动的结果。农地内部流转的顺利开展、持续推动并取得成功需要领导者巧妙地运用农村社会的人情关系，乡村社会所形成的村民之间紧密的人情关系和地缘关系成为并地的先天优越条件，村民之间基于村庄共同生活所建立的信任、认同和相互理解成为全村共同开展并地的纽带。农村社会公共事务的开展总会存在一些阻挠者，并不是所有村民都愿意进行农地内部流转，这时就需要村庄权威（一般是村庄中具有威望的人）先对其进行情感动员，以公共利益为切入点，讲明其中的利害关系，让不合作者明白：自己的不合作行为可能会损害和自己关系紧密的同村人的利益，大部分人的利益受损也会让自身遭受公众的谴责，最终使自身的社会资本受损。

村庄社会资本的有无决定了村庄的社会关联度。所谓村庄社会关联是指村庄内部人与人之间具体关系的性质、程度和广泛性，它是村民在村庄社会内部结成的各种具体关系的总称①。社会关联从结构层面上看，主要是指

---

① 贺雪峰、仝志辉：《论村庄社会关联——兼论村庄秩序的社会基础》，《中国社会科学》2002 年第 3 期。

村庄内村民由于地缘关系、血缘关系、互惠关系、共同经历以及社会经济分层产生的社会契约关系和权威—服从关系，等等；从功能层面看，一个在村庄中拥有众多关系的人，在生产和生活中遇到日常性和突发性事件时，他可以调用这些关系进行应对。

　　社会合作机制发生作用，还取决于村庄精英的存在。以"小块并大块"为例，并地的顺利开展首先要获得村庄中大多数村民的同意，这就需要村庄精英（一般由村里比较有威望的、能说得上话的村干部、村庄经济能人、党员干部组成）运用手中的公共权威、传统权威以及通过经济优势建立起的权威对村民进行动员和号召，通过给予村民相关的承诺，获得村民的信任和支持。通过宣传并地带来的"互惠"、村庄共同利益的增加激励农民参与并地。村庄公共事务的组织开展离不开村庄组织，在集体经济作用甚微的村庄，村庄公共事务的开展需要从村民那里汲取资源，这其中的关键就是看村庄精英能否争取获得村庄中少数反对者的合作。并地作为一项有利于农业规模化、集约化生产的公共项目，并不是都会获得全部村民的支持，仍然会存在不少反对者，他们主要是担心自己抽到不好的地或是自己家原来的承包地的地理位置较佳、交通便利不愿意进行并地。这时村庄精英就会运用公共权威或传统权威对其进行劝说，运用在平常交往中反对者对其形成的"信任、感情"对反对者"晓之以理，动之以情"。如果其不进行并地就会损害村庄中大多数人的利益，也就是使公共利益受损，这样会引起村庄中大多数人对反对者的议论、谴责甚至敌视等，迫于村庄社区公共舆论的议论和谴责，反对者一般会采取妥协进而合作的态度。

第五章　集体产权制度下的农地流转主体：案例分析

在农地流转过程中，存在三方最为重要的农地流转主体，即作为农地承包经营者的农户及家庭，作为现代农业经营主体的龙头企业、农业公司、种养大户及农民专业合作社等，以及作为农地流转中介方的农村基层自治组织。农地流转能否顺利进行，一方面取决于农户的农地流转意愿，另一方面取决于是否存在现代农业经营主体，从某种意义上讲，现代农业经营主体是决定农地流转的关键因素。而农民基层自治组织及其代表的村干部则在农地流转过程中发挥了极其重要的中介作用。

第一节　农民意愿与农地流转

农户进行农地流转会获得更多的经济收益，即流转行为是符合农民的经济理性的。但在现实中，农户不愿流转土地的状况时有发生。所以，单纯从经济理性来分析农户的农地流转意愿仍然有所欠缺。从农地价值的视角来看，农地具有市场价值和非市场价值。农地流转只是实现了农地的市场价值，而无法实现农地的非市场价值，这是部分农户农地流转意愿不高的主要原因。因此，在农地流转实务中，必须重视农地社会价值的实现，才能促进农地流转的顺利进行。

一、农地价值与农户流转意愿

一般说来，农地流转取决于两个决定性因素，一是农地流入方的存在，产生了对连片集中农地的客观有效需求；一是作为农地拥有方的农户愿意转出其承包经营权。只有同时满足这两个方面的条件，农地流转才能顺利进行。由此可见，农户的流转意愿是农地是否成功流转的关键因素。

（一）农户流转意愿的现状

近十年来，学术界开始持续关注农户农地流转意愿，相关研究成果日益丰富。乐章对十个省份上千户农户调研发现，无论是流出意愿还是流入意愿，选择"不愿意"的农户都占大多数（比例分别为61.9%和80.2%)[1]。不仅如此，农户即使一开始顺利地进行了土地流转，后来也会出于各种原因拒绝继续流转，或者只进行短期流转[2]。相关调查表明，农户的农地流转意愿低是一种普遍现象。为什么农户不愿意流转土地？在有关农户农地流转意愿的讨论中，农民的"生存理性"构成了一种主要的分析范式。王曙光认为"生存理性"是农户将首要的目标定位在自我生存上的一种理性考虑；其看似"不理性"的行为是在特定的资源禀赋结构和约束条件下的理性决策结果。如果农地流转是发生在缺乏一个有效的生存保障的环境中，农户一般采取的是风险规避型的行为方式，守住手中唯一的稳定资产——农地。也正是这种保守主义的特征，使得农户具有一种保护自我、避免大规模破产的性格[3]。而钟菲在分析了不同类型农户在土地流转意愿上的差异后指出，无论是保守型农户、观望型农户还是积极型农户，经济效益都不是农户考虑的首要因素[4]。聂建亮、钟涨宝运用 Logistic 回归模型对中国5省样本进行分析，

① 乐章：《农民土地流转意愿及解释——基于十省份千户农民调查数据的实证分析》，《农业经济问题》2010年第2期。
② 陈水生：《土地流转的政策绩效和影响因素分析——基于东中西部三地的比较研究》，《社会科学》2011年第5期。
③ 王曙光：《农村金融与新农村建设》，华夏出版社2006年版，第4—5页。
④ 钟菲：《不同类型农户土地流转意愿影响因素差异分析》，《价值工程》2015年第7期。

探讨农地保障功能替代对农民转出农地意愿的影响，得出了农地就业保障替代程度和农村社会养老保险的替代程度与农民流转意愿成正比的结论①。可见，生存理性而非经济理性是决定农户农地流转意愿和行为的主要因素。刘文勇、孟庆国、张悦研究发现，除了农地产权稳定性与完整性、农地流转交易费用、农地流转机会成本以外，农户家庭特征也对农户农地流转意愿起到了关键的作用，他们了解到农户家庭成员的年龄与流转意愿成反比，教育水平与流转意愿成正比②。而发生这一现象的原因在于农户与土地之间的感情维系的强弱，如果农户年龄较大、文化水平不高，那么这些农户就会长期从事农耕作业，土地会更有可能成为小农农户的传统、情感、文化、尊严以及信仰的寄托，从而这部分农户拒绝流转土地的愿望会比较强烈。

随着乡村生存环境的改善以及农户家庭收入结构的巨大变化，经济因素显然不是决定农户农地流转意愿的主要因素。但是，农民生存理性的分析框架仍然无法解释农户不愿意流转土地的多样化的理性决策动因。农地价值的概念提供了一种分析农户农地流转意愿的新的分析框架。根据农地价值的分析框架，农地价值包含市场价值和非市场价值两部分，农地流转只能实现农地的市场价值，却无法实现农户对农地非市场价值的索取，特别是农地的社会保障价值、身份认同价值、工具性价值、情感维系价值无法得到充分的补偿和替代，这是导致农户农地流转意愿低的一个重要原因。

（二）农地价值

因为公众对资源有支付或接受的意愿，所以资源是有价值的。价值一般包括了使用价值、交换价值、馈赠价值、存在价值、选择价值，等等，而经济学家约翰·克鲁蒂拉（John V. Krutilla）在区分资源使用价值、选择价

---

① 聂建亮、钟涨宝：《保障功能替代与农民对农地转出的响应》，《中国人口·资源与环境》2015 年第 1 期。

② 刘文勇等：《农地流转影响因素的研究综述》，《农业经济》2014 年第 10 期。

值和存在价值的基础上第一次提出了资源非市场价值的概念①。理查德·比肖普（Richard C. Bishop）进一步将那些无法通过市场交易实现而又客观存在的价值，即资源的选择价值、馈赠价值和存在价值统称为非市场价值②。

对于农户而言，农地同样具有市场价值和非市场价值。农地资源能够用市场价格反映的部分归为市场价值，包括农地的产出价值、租金收入以及国家的种粮补贴等。这些价值可以直接折算成货币，并可以通过市场交易的方式实现。而游离于市场之外，无法有效地通过市场交易机制实现而又客观存在的价值就是农地的非市场价值。

表5-1　农地价值分类及表现形式

农地价值	类型	表现形式
市场价值	农地产出价值 农地租金价值 农业补贴	农户经营农地的生产性收入； 转让土地承包经营权获得的财产性收入； 粮食直补、农机购置补贴、良种补贴等农业补贴收入。
非市场价值	社会保障价值 身份认同价值 工具性价值 维系情感价值	农地承担着农户的社会保障功能； 农户在乡土社会的村民资格； 表达并实现农户其他目的； 维系农民的"恋乡"、"恋土"情感，传承小农耕种文化和生活方式。

如表5-1所示，农地的市场价值主要表现为以农地为生产管理对象而获得的家庭生产性收入、农地流转的租金以及国家种粮补贴等。农地非市场价值主要包括农地的社会保障价值、农地的身份认同价值、农地的工具性价值、农地的维系情感的价值。

首先，自古以来土地都是农民的命根子，是农民的生存之本。在中国

---

① John V. Krutilla, "Conservation Reconsidered," *American Economic Review*, 1967, 57 (4), pp.777-786.

② Richard C. Bishop, "Option Value：An Exposition and Extension", *Land Economics*, 1982, 58 (1), pp.1-15.

城乡二元保障结构下，农地具有社会保障功能，在农村社会保障中发挥着重要作用。其次，土地维系农民身份认同。在村庄中，拥有土地是与村民资格联系在一起的。因此，对于农户而言，拥有农地不仅仅是一个生存的手段，也是身份的烙印。再次，农地还具有工具性价值。农地的工具性价值并不是指能够获得更多的经济效益，而是指农地是实现农户其他目的的一种工具手段。对于外部世界，农民拥有土地财产权，是其对抗外部世界的工具。正如斯科特所指出的那样：土地是农户拥有的对抗外部世界的重要武器。最后，农地还具有维系农民的"恋乡"、"恋土"情感，传承小农耕种文化和生活方式等一系列情感价值。

从农地价值的视角来看，农户的农地流转意愿取决于农户对农地市场价值和农地非市场价值的取舍。而农户在市场价值与非市场价值之间的取舍则取决于农户的家庭收入结构变化。农民理性则是农民决策行为选择的重要依据。生存理性关注农民的自我生存，而经济理性则强调经济效益。无论是生存理性还是经济理性，都是农民在特定的资源禀赋结构和约束条件下的理性决策结果。从农民经济理性的角度来看，农户产生流转意愿和作出流转决定，是因为农地流转的租金高于农民直接经营土地获得的收入。也就是说，农户为了获得更多收入，会愿意放弃这部分属于农地市场价值的家庭经营收入，从而获得属于农地市场价值的另一部分农地租金、补助，并且还可以将劳动力转移到第二、第三产业，增加家庭工资性收入。但是，随着农户家庭收入结构的变化，对农户而言，农地的两种价值构成比重也相应地发生了变化。农地的市场价值趋于下降，而非市场价值则不断提高。

随着国家城市化、工业化的迅速发展，大量农民进城务工成为一种普遍趋势，再加上农村经济发展和国家的一系列支农惠农政策的落实，近十几年来，农户除了家庭收入大幅提高外，家庭收入结构已经发生了巨大变化（见表 5–2）。2010 年以后，农户的工资性收入、转移性收入和财产性收入已占了农户人均纯收入的一半以上。也就是说，农户的经营性收入影响不断降低，其中专门以农地为经营方式的收入比重更是不断减少。

表 5–2　农户家庭收入结构的变化

年份	家庭营业收入占纯收入之比（%）	工资收入占纯收入之比（%）	转移性收入占纯收入之比（%）	财产性收入占纯收入之比（%）
1995	71.35	22.42	3.63	2.60
2000	63.34	31.17	3.49	2.0
2010	47.86	41.07	7.65	3.42
2011	46.18	42.47	8.07	3.28
2012	44.63	43.55	8.67	3.15

资料来源：中华人民共和国国家统计局：《中国统计年鉴 2014》，中国统计出版社 2014 年版，第 163 页。

　　因此在农户家庭收入结构发生巨大变化的情况下，农户的农地流转意愿不再取决于农地市场价值，即农地租金的高低（事实上，农地流转的租金会普遍高于农民直接经营土地获得的收入），而更多地取决于农地非市场价值的实现与否。一般而言，农地流转只能实现农地的市场价值，但不能实现农地的非市场价值。这就意味着，一方面农户通过流转土地获得土地租金收入的意愿降低了，另一方面，农地的非市场价值由于无法通过农地流转加以实现，也减弱了农户农地流转的意愿。

二、农地的非市场价值与农户农地流转意愿：典型案例分析

　　广西宾阳县位于南宁市东，在行政区划上属于南宁市管辖。全县面积 2308 平方公里，辖 16 镇，192 个行政村，41 个社区居委会，1742 个自然村，总人口 105 万人。县城宾州镇距南宁市中心 79 公里，是广西四大古镇之一和桂中南重要商品集散地，人口 22.8 万人；第二大镇黎塘镇为全国重点建设镇和广西首批小康示范镇，人口 15.7 万人。2012 年，全县完成地区生产总值 150.1 亿元，增长 9.3%；全社会固定资产投资 173.94 亿元，增长 30.81%；

财政收入 12.67 亿元，增长 23.46%；规模以上工业增加值 22.79 亿元，增长 13.8%；农林牧渔业总产值 61.93 亿元，增长 5.54%；社会消费品零售总额 63.73 亿元，增长 17.5%；城镇居民人均可支配收入 20321 元，增长 12.94%；农户人均纯收入 7187 元，增长 16.3%[①]。据初步统计，到 2013 年 12 月底止，全县农户家庭承包耕地流转面积为 8.9 万亩，比上年增加 1.2 万亩，增长 16%，占全县家庭承包耕地面积的 13%。流转出承包耕地的农户数 2.9 万户，占总农户的 13%，签订耕地流转合同份数 0.32 万份，签订流转合同的耕地流转面积 3.8 万亩[②]。凡是实行了土地承包经营权流转的地方，农户不但能够获得较高的租金收入，而且还可能通过在农业企业、合作社从事农业劳动获得 1800 元以上的月工资性收入[③]。

近年来，在国家宏观政策指导和县委县政府的农业招商引资下，城市工商资本下乡大大促进了宾阳县农业产业化的发展。资本下乡必须实现与土地的结合，农地流转成为宾阳县推进农业产业化发展的重要举措。以农业公司的农地流转为例，公司向农户租用土地，一般每亩按 800 元计算，农户在土地流转后，每亩土地的收益至少可达到 800 元。除了租金收入外，农业公司在项目实行后，一般都会优先吸纳当地农户作为企业员工，工资水平能基本达到 80 元 / 天[④]。这不仅避免了当地农户在土地流转后劳动力浪费的问题，还为农户创造了在租金之外的工资收入。可见，农地流转，使农户获得了比不流转更多的经济收益。

但是，宾阳县仅仅只有 13% 的农地实现了流转。即便是荷香人间这样

---

①　数据来源：根据 2014 年 12 月宾阳县人民政府提供的内部材料整理得到。

②　数据来源：根据 2014 年 12 月宾阳县农业局提供的内部材料《关于对宾阳县政协九届四次会议第 130 号提案的答复》整理得到。

③　数据来源：根据 2014 年 12 月宾阳县农村经济经营管理站提供的内部材料《宾阳县稳步推进农村土地承包经营权流转及发展农业规模经营存在的问题和对策》整理得到。

④　数据来源：根据 2014 年 12 月宾阳县农村经济经营管理站提供的内部材料《宾阳县稳步推进农村土地承包经营权流转及发展农业规模经营存在的问题和对策》整理得到。

的农业经营项目，仍然存在大量的插花地，给项目的经营管理带来一系列问题。为什么部分农户不愿意流转土地呢？笔者以深度访谈的形式进行了调查。笔者的访谈对象为宾阳县政府农业局相关工作人员、农地流入方（农业企业、农业公司、家庭农场、合作社）代表和农户代表，通过深入采访，获悉了宾阳县农户流转意愿现状与不愿意流转的典型事例。

（一）农地的社会保障价值

插花地所有者 L 姓农户在被询问到为什么不愿意流转土地的原因时回应道：

> "近些年我家的日子不好过，就靠这几亩供口粮的旱田，平时再去做些帮工，补贴点家用。我家大儿子进城打工了，但是因为没经验没技术，所以很多工厂都不要他，甚至有时候一个月换好几份工，没有稳定的收入来源，他的工资只能勉强顾住自己，小儿子还在上学呢，这几亩地是我们家唯一的资产了，我和老伴留着它养老呢，而且现在城里竞争那么大，大儿子撑不下去了早晚也是要回乡的，无论如何，我得好好守着这几亩田，我们一家人以后得靠着它们过活呢。"（根据对 L 姓农户的采访录音 NO.2014121602 整理得到。录音采集时间：2014 年 12 月 16 日；录音采集地点：宾阳县 WL 镇苍山村）

尽管农民大多进城务工，但职业技能不高的外出务工农户一般会在短时间内换多份工作，没有一份稳定的收入来源。并且这些农民工没有签订正式雇佣的合同，无法享受与城镇居民相当的社会保险，所以他们就会出于生存理性的考量，抱着早晚会回乡的态度，不愿流转土地或者保留着部分土地。由此可见，农地本身所具备的社会保障价值，影响了农户流转意愿，是造成农户"离土不离乡"的主要因素之一。

（二）农地的身份认同价值

T经理（宾阳县某农业公司负责人）指着水塘附近的一片地对我们说：

"我们到现在也没有将这片土地流转过来。我和这家农户聊天时，这家农户就说道：'我没有上过什么学，从小就是看着父亲种地长大的，我的父亲就是我的老师，从我是一个小娃娃的时候，就知道我以后会像父亲一样做农民，当然我也做了一辈子的农民，除了种地，我不会也不知道该干嘛，这里是我的一切。现在你要是把我的地流转走了，我还算什么农民呀！我又能做什么呢？'"（根据对T经理的采访录音 NO.2014121601 整理得到。录音采集时间：2014年12月16日；录音采集地点：宾阳县胜杰农业生态园）

由此可见，部分农户不愿意流转是因为他们认为土地是自己的身份象征，农民与农地是紧紧联系起来的，所以对于农户而言，农地不仅仅是一个生存的手段，也是身份的烙印，如果失去了"播植耕稼"的土地，他们有可能会对自身的身份地位产生疑虑和困惑。

（三）农地的维系情感的价值

L经理（宾阳县某农业公司负责人）："最初的时候，我们想要将路对面那片曾经流转入某城建公司后荒废了三年、长满杂草的土地流转过来种植葡萄，但是这一决定受到了农户的反对、质疑和排斥。"笔者询问是否是因为他们担心拿不到租金才拒绝流转土地时，L经理摇摇头感慨道：

"之前将土地流转给城建公司的时候，农户也如约收到了租金，但是农户看到自家原本种庄稼的土地没有被好好地利用，而是被荒废下来，长满了杂草后很是心疼和后悔，所以当我们想要再次将他们手中土地进行流转时，他们就不同意了。因为上次失败的流转经历让这些骨子里保守的农户担心自己的土地资源被浪费，没有得到妥善的开发和安排，所以抱着对土地强烈的热爱和眷恋，他们拒绝再一次冒险和尝试，当然还有一部分的农田变成插花地的原因是家里人都出去打工了，只留下来老两口，他们已经早就习惯了这种生活，子女在外打拼，二老在家种这一亩三分田，有个事情做，他们也充实也开心……"（根据对 L 经理的采访录音 NO.2014121601 整理得到。录音采集时间：2014 年 12 月 16 日；录音采集地点：宾阳县胜杰农业生态园）

农户不愿意流转土地是因为土地还具有维系农民的"恋乡"、"恋土"情感，传承小农耕种文化和生活方式等的情感价值。所以当他们经历一次失败后，就拒绝再次冒险进行流转或者当农户已经习惯并享受这种农耕生活时便不愿意进行流转。

（四）农地的工具性价值

Z 站长（县农机站站长）介绍说：一位 C 姓农户由于当地政府的政法部门对他的儿子作出了他认为不合理的处罚而不满，并且当他到相关部门进行上访诉求时，没有得到及时满意的答复，所以十几年来，他一直都保持着对政府不信任、排斥和对抗的态度，所以当当地政府引入一个农业项目需要对他家附近的农地进行流转协商时，他直接表明了无论对方开出什么条件都拒绝进行流转的态度。农户通过拒绝流转来表达对地方政府、村委会和一些村干部的不满。因为当地政府对农地流转只是起到了一个引导作用，虽说农地流入方和流出方之间采取"一户一合同"的签订方式，但是一般来说还是当地的村委会、村干部来负责与农户协商的具体工作，所以部分农户会因为与村干部的个人恩怨而否决他们的提议，拒绝流转土地。（根据以宾阳县农地流转现状为主题的座谈会录音 NO.20141217 整理得到。录音采集时间：2014 年 12 月 17 日；录音采集地点：宾阳县农业局）

部分农户不愿意流转土地就是为了表达自己的特殊诉求，或者让地方政府、村委会、流入企业重视自己的意见和态度，使其得到应有的尊重和重视。同时，在资本下乡的背景下，在强大的外部资本面前，农户拥有农地流转与否的决定权，在一定程度上增强了农户对抗外部资本的力量，从而提升了农户的自我价值感。如果农户对外部企业（外部资本）不信任，认为外部资本是在对乡村资源进行抽取压榨时，农户对抗外部资本的强力手段就是拒绝流转手中的土地。同时，土地也是农民实现自己被重视、被尊重的需要的重要工具。通过"拒绝流转"这一方式，让流入方（农业公司、龙头企业或经营大户）和政府部门关注并重视自己的意见和想法。

由此可见，农户这些看似不理性的决定的背后都是有着深层原因的，土地的非市场价值就是农户不愿意流转土地的"背后的故事"。

三、提升农户农地流转的意愿的途径

从农地价值的角度来看，农地的非市场价值也是影响农户农地流转意愿和行为的重要因素。因此，促进农地流转，必须通过其他方式实现农地的非市场价值，才能改变农户在农地流转中的行为选择。

（一）改善农民的生存条件

中国城乡二元结构导致的城乡保障体系的不同，使农户的土地除了具有经济功能外，也承担了大部分的社会保障功能。也正是因为农村的社会保障缺失、农户在城市无法获得满意的工作待遇等因素促使农户不能彻底离开土地，通常只能"年轻时外出打工，年老时回乡务农"。因此，弱化土地承担的风险保障功能，使农地不再成为农户安全感的唯一寄托对象的关键就是以"社会保障"来代替"土地保障"，建设"农户家庭自筹为主，国家和集体保障为辅"的包括社会救助、社会保险、社会福利三个层次的新型农村社会保障体系。同时，适应工业化、城市化背景下农村人口快速转移的趋势，深化城镇户籍制度改革，让从农业转移出来的人口进得来、留得下。除此之外，还必须拓宽农户的就业途径，通过大力发展第二、第三产业，以及优化

农户进城务工经商的政策环境，来吸纳更多的农户从事非农生产，从而增强耕地流出的原动力。在这个过程中，政府部门需要与社会其他营利或非营利组织合作，对农户进行定期的学习培训，使其获得一技之长，掌握"谋生"能力，提高他们在城市谋生的竞争力，并举办各种形式的招聘会，将农村人口吸纳到城市中，让进城务工的农民不再是简单地流入城市中，而是深深地扎根于城市，使外来务工人员真正成为城市一员，而非"暂住者"，强化他们的安全感和归属感。

（二）保障农民权益与利益诉求

农地具有工具性价值，这是基于农地的物权性质而来的一种对抗外部世界的权利。农民权益除了农民的土地权益外，还有其他权益与利益诉求，特别是农村中的一些中老年农民，已经习惯了传统的农业工作模式，对他们而言，土地不仅意味着收入来源，还意味着一种生活方式和情感牵挂。因此，当他们想要继续种植农地而作出拒绝流转决定时，我们应该予以尊重和支持。在尊重农民流转意愿的前提下，地方政府可以通过确权不确地的方式，打破土地的边界，将土地资源重新整合，实现土地的连片规模流转，并为留有部分土地的农户重新开辟一片肥沃的土地，维持他们对土地的热爱，保持以往的农耕生活。除此之外，还可以通过其他的方式来满足农民的劳动权益。例如，农地流转后，资本下乡从事农业经营的公司需要尽可能地招募农民作为农业工人从事农业生产劳动，进而满足农民想要维系原先农耕生活的愿望，来继续实现农户对土地的热爱和眷恋之情。通过这种方式让农户加入到土地流入方的团队中，从农民身份转换为农业企业、合作社的成员，凭借其对自家土地的热爱和眷恋以及以往耕种经验，这些农户能够更快地投入到日常生产经营中去，真正做到与企业荣辱与共，这不仅维系了其对土地的热爱，保持了原先的生活方式，而且实现了社会地位的垂直向上流动。除此之外，还可通过 CVM、AHP 方法、支付卡询问法、意愿调查法、环境评估等方法手段对农地的非市场价值进行考评，将这部分价值内部化产权化，并通过建立起土地租赁市场进行流转，进而补贴农户的投入成本。

（三）外部资本要实现嵌入性发展

随着越来越多的外资企业进入到乡村社会，如何和睦地与当地人相处也成为外资企业长久入驻的基本要件之一，而其关键之处就是要实现外部资本在村庄的嵌入性发展。一般来说，保守排外的农户都会凭借手中的农地作为对抗外来者的武器，所以外部资本应该以各种渠道嵌入到乡村社会中，积累与乡民之间的信任资本，善于与农户进行沟通交流，减少一切不必要的误会，遇到任何问题要与农户进行协商，倾听农户的建议，形成良性的双向沟通渠道，并且要让农户感觉到他是被尊重的、被重视的，让农户放心、安心、有信心地流转土地，将农业企业与乡村社会融为一个荣辱与共的共同体。只有通过这些方式，农户的农地非市场价值才能够得到其他形式的补偿。

（四）发挥政府的服务功能

农地流转是一个涉及多方面利益主体的复杂过程，它需要政府的积极引导和支持，为了更加顺利有效地进行农地流转，规范的管理服务系统的构建是必要的。事实上，由于缺乏正规的土地流转信息渠道和交流平台，多数农户根本不知道向谁去流转耕地，种植大户也不知道何处有土地转租，造成了农地流转不畅、效率低等问题，所以政府有必要利用自身优势建立信息平台，使流转行为规范化、畅通化。另外政府部门还承担着一个宣传者的角色，应该运用各种渠道向农户们宣传农地流转的惠农政策，消除农户们的疑虑和顾忌。除了信息提供者、宣传者，政府部门的另一个重要角色就是第三方协调者，通过健全乡镇村调解、县仲裁、司法保障的农村土地承包经营纠纷调处体系，切实维护农户合法权益，保障农户在流转过程中的农地价值，让农户获得安全感，尽可能地减少一切不确定性。

总之，对农户而言，农地具有市场价值和非市场价值两部分价值。农地的市场价值可以通过农地流转来加以实现，而农地的非市场价值则在农地流转中无法实现，这是导致一部分农户农地流转意愿低的重要原因之一。随着农户家庭收入结构的变化，农地的市场价值对于农户农地流转行为的作用将减弱，而游离在市场交易外，虽然无形的但是对于农户来说至关重要的农地非市场价值的重要性越发地被凸显出来，并对农户农地流转意愿产生了相当大的影响。

第二节　农地流入方主体与农地流转

农地流出方和流入方的意愿和行为决策直接影响了农地流转的发生。在第一节中，我们主要分析了农地流出方主体即农户的农地流转意愿对农地流转的影响。在本节中，我们将从农业外部经济条件入手，分析东西部地区农地流转的差异，并进一步探讨农地流入方主体与农地流转的关系。研究表明，农业外部经济条件对农地流转主体，特别是对流入方主体的影响，是造成东中西部地区的农地流转差异巨大的重要原因。

一、农业外部经济条件与东、西部农地流转的差异

农地流转就是农地承包经营权的流通与转让。通过农地流转，优化配置农地资源，实现土地规模化、集约化经营，是发展现代农业经营体系的必由之路。近年来我国农村土地承包经营权流转有了一定的提高，全国农地流转率已达到了25%[①]，但总体来说，还处于一个较低的水平。同时，区域间的农地流转差异也十分明显。经济发达的东部地区明显高于中西部地区。邹亮亮的研究发现，经济发达的东部地区（如浙江省）在2008年至少有37%的耕地发生了流转，是当年全国农地流转率的2倍多，中部地区以湖北省为例，其农地流转率有20%，四川省、辽宁省的农地流转率均为13%，河北省的农地流转率为11%，而相对落后的西部地区（如陕西省）的农地流转

---

① 林远：《全国农地流转面积已达1/4》，《新华每日电讯》2014年1月15日。

市场发展却几乎处于停滞，其流转率一直没有超过 5%[1]。赵金龙在整理了
2011 年全国农村经济经营管理统计资料后发现，发达地区的农地流转率一
般高于落后地区的农地流转率，例如，上海、江苏、浙江的农地流转率分别
为 58.16%、41.22%、40.33%，远远高于西部地区的农地流转率，例如，广
西、贵州、青海的农地流转率分别为 10.26%、14.16%、14.45%[2]。农地流转
的区域差异性引起了广泛的讨论。夏玉莲、曾福生采用多元统计方法以及面
板数据对我国农业可持续性进行了测度，发现西部地区由于受自然条件的限
制，特别是气候、水资源等的影响，农业生产环境恶劣，影响了农地流转效
益和农业可持续性发展[3]。乐章同样认为由于平原地区更适合于大规模的机
械化作业，所以东部地区土地规模化生产的要求远远强于中西地区[4]。相对
于农地较零散化、农业生产环境恶劣的中西部地区来说，多以平整、连片的
农地为主的东部地区实现农地规模经营条件和可能性更大。但是，陈水生通
过选取浙江慈溪、安徽潜山、重庆作为案例样本，分析三地土地流转的政策
绩效后指出，适当有效的政策制度安排，可以促进农地的大规模流转[5]。可
见，地理因素并不是导致农地流转区域差异的主要原因，因为地方政府提供
相应的政策支持和服务可以弥补地理条件的不足。西部地区属中国经济比较
落后的地区，工业化、城市化程度较低，农业在整个国民经济结构中占较大
的比重。通过农地流转，促进现代农业发展对于以农业为基础的西部地区而
言更具有重要意义。因此，地方政府也出台了大量优惠政策促进农地流转。

---

① 邰亮亮：《中国农地流转发展及特点：1996—2008 年》，《农村经济》2014 年第 4 期。
② 赵金龙：《中国农地流转问题研究》，中国农业出版社 2014 年版，第 44—46 页。
③ 夏玉莲、曾福生：《农地流转效益、农业可持续性及区域差异》，《华中农业大学学报》（社
　会科学版）2014 年第 2 期。
④ 乐章：《农民土地流转意愿及解释——基于十省份千户农民调查数据的实证分析》，《农业
　经济问题》2010 年第 2 期。
⑤ 陈水生：《土地流转的政策绩效和影响因素分析——基于东中西部三地的比较研究》，《社
　会科学》2011 年第 5 期。

如广西壮族自治区政府农业部门以项目制方式，设置专项建设资金，提供制定合同、管理档案等服务，促进农地流转。《广西壮族自治区农业厅关于印发〈2010年土地承包经营权流转管理试点示范项目建设实施方案〉的通知》（以下简称《通知》）中，指出"集中连片推进，依托农业经营公司、种植大户，选择通过土地流转种植面积大、生产集中、产业化水平高的优势产区安排项目"，"坚持依法、自愿、有偿和公平、公正、公开原则，在项目实施过程中要始终做到'引导、规范、健全'，确保项目资金按时足额使用到选定项目"。县、乡两级政府也出台了相关优惠政策和行动促进农地流转。政府的支持与引导，改善了农业投资环境，极大地吸引了农业投资资金流入，推动了农地流转进程。但是政府的积极作为并没有取得理想的效果。整体而言，西部地区的农地流转率仍远远低于东部地区。

在分析导致东中西部地区农地流转差异的根本原因时，我们必须考虑东中西部地区不同的农业外部经济发展状况。所谓农业外部经济因素主要是指该区域工业化、城市化发展水平，主要是第二产业、第三产业的发展水平。农业外部经济因素对农地流转的影响主要通过影响农地流转主体的意愿和行为决策。农地流转实际上就是农地产权的市场交易。在农地流转过程中，参与农地市场交易的自然人或法人就是农地流转主体。一般而言，一次成功的农地流转需要三方主体的共同参与才有可能发生。一是拥有农地承包经营权的农民。二是需要流入农地的种植大户、龙头企业、农业公司、专业合作社等。三是为农地市场交易提供中介服务的中介组织，包括地方政府、基层组织和专业中介服务公司等。而农业外部经济发展状况则直接影响了农地流出方主体、农地流入方主体的流转意愿和行为决策。首先，农业外部经济发展直接关系到农业人口的转移与流动。一般而言，农业外部经济越发达，提供的就业岗位就越多，吸纳劳动力的规模亦越大。在东部地区，发达的农业外部经济可以有效吸纳农村剩余劳动力，带动农村劳动力向城镇或非农产业转移。由于经济发展而带来的社会保障也免除了农民的后顾之忧，从而为农地流转创造了条件。其次，农业外部经济因素对于农地流入方主体的形成及流入意愿与行为产生了直接的影响。而在中西部地区，由于第二、第三产业相对落后，阻碍了新型农业经营主体的形成。缺乏新型农业经营主体，即缺乏农地流入方主体，农地流转就不会发生。可见，是否存在相应的农地流入方即现代农业经营主体是决定农地流转的关键因素。

二、农地流入方主体与农地流转的理论分析

一般来说，农地流转主体是指农地承包经营权进行流通与转让时所涉及的相关利益主体，包括自然人和法人。具体包括拥有农地承包经营权的农户，愿意进行农地流入的种养大户、龙头企业或农业公司、农民专业合作社以及为农地流转提供必要支持和服务的中介方如地方政府、基层组织以及专业中介服务公司。其中，拥有农地的农户及家庭是农地流出方主体，而种养大户、龙头企业或农业公司、农民专业合作社则是农地流入方主体，为农地流转提供中介服务的属于农地流转中介方主体。

作为农地流出方的农户，其农地流出意愿和决策行为是能否顺利进行农地流转的前提和基础。而农户的流转意愿受多种因素影响。对于西部地区而言，农业外部经济落后，吸纳农村劳动力能力有限，造成整个区域内城市化率过低，农村社会依然维持庞大的人口规模，这些农村人口或选择外出务工，或选择在家继续经营承包地，且多数农户选择外出务工与农业经营的混合形式，即年轻力壮的劳动力外出务工，老弱者留村种地，形成"务工解决消费问题，种地解决吃饭问题"的家庭经济收入模式。这种家庭经济收入模式影响了农户的农地流转意愿。随着乡村社会经济水平的发展、各地区对农地流转政策、技术、资金等方面的倾斜支持、农村社会保障制度的完善以及农村土地确权的逐渐落实，西部地区农民的"恋土情结"都有所消减，越来越多的农户愿意将自己的土地进行流转。相关研究表明，西部地区仍呈现出一种流转农地供过于求的现状，有近四成农民愿意转出农地，农民转出农地

的意愿普遍是比较强烈的①。

即便农地承包户具有较强的流出意愿，但如果没有农地流入方接手，农地流转仍不能发生。农地流转的成功与否直接取决于农地流入方。农地流入方是指对农地产生客观需求的农户或者经济组织，包括种植大户、龙头企业和农业公司以及专业合作社。这些新型的现代农业经营主体深受农业外部经济条件的影响。在东部地区经济发达地区，工业化、城市化程度高，培育了大量的新型农业经营主体。其现代农业经营直接服务于工业化、城市化的需要。而西部地区，由于农业外部经济落后，这类新型农业经营主体不易出现。再加上农业的弱质产业性质，从事农业经营的种植大户、龙头企业以及专业合作社普遍面临经营的困境，从而制约了农地流入方主体的流转意愿。在对中部地区四省的调查中发现，有 40% 的农民愿意将土地进行流转，而愿意承包别人土地的农民却仅为 18.1%，有超过 80% 的农民不愿意转入农地②。这样的现象在西部地区同样出现，在对重庆市内的部分农户进行随机抽样和典型调查后我们发现，参与到农地流转的农户有 33%，其中 23% 的农户流出了土地，但参与流入土地的农户仅为 11%，农地的供求比约为 2 : 1，供给远远大于需求③。由于农业的弱质产业性质，易受市场与气候的影响，具有投资回报率低、投资收益周期长、投资风险大、竞争力水平低等特点，使得农业产业与工业、服务业等其他产业相比具有极大的局限性和弱质性。农业本身具有的弱质性导致农业吸引投资的能力很低，资本力量不愿意入驻农业行业，农地流入愿意并不强。

农地流转中介方主体包括地方政府、基层组织以及专业服务公司。为

---

① 聂建亮、钟涨宝：《保障功能替代与农民对农地转出的响应》，《中国人口·资源与环境》2015 年第 1 期。

② 叶男：《农民的土地流转意愿及其影响因素研究》，《统计观察》2013 年第 9 期。

③ 裴厦、谢高地、章予舒：《农地流转中的农民意愿和政府角色——以重庆市江北区统筹城乡改革和发展试验区为例》，《中国人口·资源与环境》2011 年第 6 期。

了有效地对土地资源进行配置，实现规模经营，构建现代农业，农地流转除了需要两大关键主体：流入方和流出方以外，还需要其他的一系列的支撑体系，而这些服务的提供就是中介组织的职责。一般中介组织包括基层政府和专业中介公司，它们大都承担着服务功能，对农地流转市场的发展起到引导作用，维系着农地流转市场的正常运转，对农地流转起到一定的促进作用。特别是对于资金、交通、技术、服务等方面都有所欠缺的西部地区，农地流转过程中的中介服务功能更多的是由当地基层政府，特别是乡级政府提供的，一般地方政府在引导农地流转过程方面具有四种职能：一是管理服务功能，例如，相应的流转规则的制定、流转合同签订的指导和审核、对日常的流转行为的引导、组织农民进行土地确权、对流转状况进行登记、对流转土地用途的审核；二是纠纷处理职能，对流转争议或者纠纷进行调解，保障农民的权益，保障农地流转的顺利进行；三是为农地流转提供一个适宜的经营环境的职能，例如，政策支持、提供更好的农业基础设施、积极进行农地流转的宣传等。由此可见，当地基层政府所提供的相应的扶持和配套机制对于农地流转的顺利进行起到了重要的促进作用。

通过对农地流转过程中各主体的分析，可以发现：作为农地流出方的农户具有农地流转的意愿。但是缺乏相应的农地流入方主体，制约了农地流转的发生。可见农地流入方主体对于农地流转最为关键。在西部地区，由于农业外部经济不发达，制约了资金、技术、人力等要素的集聚，使得相应的农地流入方主体不易产生。因此，以资本为支撑的农业公司、龙头企业数量不多，构成农地流入方主体的主要是以家庭经营为主的种植大户、家庭农场以及内源式的农民专业合作社。另外，西部地区农地流转市场以及相应的流转服务体系的不完善也是西部地区农地流转率低的原因之一。西部地区的农地流转行为一般较不规范，多采用口头协议的形式，农户可以随时终止合约，农地流转的契约稳定性较低；并且，流转形式随意性大，一般以转包与代耕为主；不仅如此，县内的农地流转还处在一个自发的、分散的、无序的小规模状态，以至于流转信息不通畅、土地评估不具有权威性、流转对象和范围狭窄。由于农地流转中介服务的缺乏，导致了农地流转交易的不确定性、不稳定性、风险性的增大，从而提高了农地流转的交易成本。

三、现代农业经营主体与农地流转的实证分析

广西桂东南地区自然资源丰富、土地肥沃、气候适宜、水陆交通便利、地理位置优越，有着悠久的人文环境和历史渊源。作为中国西部百强县之一的桂平市位于郁江平原和浔江平原之间，具有耕地 101.7105 万亩，其中水田 77 万亩，是广西第一人口大县、最大的粮食生产基地，也是广西招商引资工作的先进县和示范县。随着农业产业化的不断完善和相应政策的支持，桂平市内已有 11.2 万亩的农地发生了流转，约占总家庭承包耕地面积的 13%①。从 2001 年以来，隶属南宁市的宾阳县也通过政策扶持、服务引导、规范管理，进行了现代农业示范基地建设，稳步推进农村土地承包经营权流转并且取得了一定的成效。据初步统计，到 2013 年 12 月底，全县农户家庭承包耕地流转面积为 8.9 万亩，比上年增加 1.2 万亩，增长 16%，占全县家庭承包耕地面积的 13%②。随着适度规模经营逐步扩大，县内土地承包经营权流转从农户相互间的自发流转向组织化、有序化发展，全县农业产业化经营以农业龙头企业、农民合作社和农产品批发市场为主体，直接带动和辐射带动农户总数为 9.35 万户③，截止到 2013 年年底，宾阳县通过重点推进"五个一工程"，④ 建设了一批标准化程度较高的糖料蔗、桑蚕、蔬菜、畜禽

---

① 数据来源：根据 2013 年 3 月桂平市农业局提供的内部材料整理得到。

② 数据来源：根据 2014 年 12 月宾阳县农业局提供的内部材料《关于对宾阳县政协九届四次会议第 130 号提案的答复》整理得到。

③ 数据来源：根据 2014 年 12 月宾阳县农业局提供的内部材料《关于对宾阳县第十五届人大四次会议代表第 105 号建议的答复》整理得到。

④ "五个一"即流转一片土地、引进一家龙头企业、培育一种优势产业、打造一个名特优农产品品牌、发展一家农民专业合作社。

等共 26 个特色农业种养基地,具有一定规模的农业产业化经营组织 283 个。宾阳县还通过构建统一经营、利润分成和共同发展的合作机制吸收了 10085 人的合作社成员,其中"广西农民合作社示范社"10 家、"南宁市规范化农民专业合作社"5 家;另外还有 7 家南宁市级农业产业化重点龙头企业①。

　　为了促进农地流转,实现农业规模经营,建立现代农业经营模式,广西桂东南地区的地方政府都在通过农业招商引资、为农地流转提供相应的政策与服务等方式来改善当地农业经济外部条件,培育新型农业经营主体,并且取得了一定的成效。特别是桂平市、宾阳县两地的农地流转规模和质量都在稳步提升,农地流转模式正在从农民自发性、分散性流转向组织化、规范化、规模化流转转换,农地集中到了种田能手、经济能人、涉农龙头企业、农民经济组织等新型农业经营主体手中。

　　(一)龙头企业与农地流转

　　龙头企业是促进西部农地流转的主要推动力之一。由于其在资金、技术、管理等方面的突出优势使得龙头企业更能够将产、加、销各个环节和部门纳入组织内部,来减少交易成本,并且能利用自身的辐射带动效应,与农户、基地、合作社、种植大户等流转主体进行联合、延伸、拓展企业的农业链,进一步扩大农业产业规模。为了获得更多的农业规模效益、提高市场竞争力,龙头企业就会进一步加大种植生产力度,对农地的需求会进一步加大,导致农地流转规模的扩大。宾阳县通过推动"五个一工程"引进了一些优秀的龙头产业,例如,广西荷香人间现代农业科技有限公司就是由当地政府农业招商引资过来的一家经营现代农业的公司。流转土地 1000 亩。南宁盈丰植物有限公司在宾阳县内租赁土地种植剑麻近 4000 亩,示范带动全县剑麻种植预计达 8000 亩左右②。

――――――――――

① 数据来源:根据 2014 年 12 月宾阳县农业局提供的内部材料整理得到。

② 数据来源:根据 2014 年 12 月宾阳县农村经济经营管理站提供的内部材料《宾阳县稳步推进农村土地承包经营权流转及发展农业规模经营存在的问题和对策》整理得到。

案例1：广西荷香人间现代农业科技有限公司是宾阳县政府跨省级区域招商引资超亿的项目。公司总体规划面积为10000亩，其中稻、藕（莲）生产基地5000亩，旅游休闲农业生态示范园2700亩，旅游休闲农业体验园2000亩，产品加工及商贸物流园300亩。计划总投资2.36亿元，分三期实施。广西荷香人间通过实行产业化管理，把农业种植能手集中起来，分片承包，定点管理，加大技术和物资的投入，在广西宾阳县黎塘镇建立起了"稻藕套种"示范基地。并且公司与农户建立结盟关系，实行"公司＋基地＋农户"的产业化模式，通过龙头企业的带动、示范基地的推进，带动当地2000多亩稻藕套种的发展，带动1500户农民通过稻藕套种增收500多万元。（根据2014年12月广西荷香人间现代农业科技有限公司提供的内部资料整理得到）

（二）农民专业合作社与农地流转

农民专业合作社也是西部地区农地流转的主要流入方。很多农民专业合作社是由经济能人或种植、养殖大户牵头兴办，农户群众参与的农民经济组织。农民专业合作社采取土地入股的形式，使专业合作社成为一种最为重要的农地流入方主体，有力地推动了当地的农地流转。

案例2：2007年年底，金龙村经济能人骆某某牵头成立了桂平市金龙农业专业合作社，农户可以通过土地、现金和协议劳动力三种方式入股。入社土地由初期的25亩水田扩大到近2000亩，控股股金由原来的50万元增加到现在的400万元。合作社采取项目制运作模式，共运作完成15个项目。合作社成立后，总投资307万元，总产值498万元，实现净利润191万元，村民实际得益280万元。在合作社的带动下，2007年全村农民人均纯收入2200元，2008年全村农民人均纯收入达3286元，增长49.4%，2009年全村农民人均纯收入达4785元，增长 45.6%。农民专业合作社在帮助农民增收的同时，还通过土地入股、出租等方式，使得当地土地资源进行了整合，实现了集中的连片规模经营，获得了可观的规模效益，为构建集约化、专业化、组织化、社会化的新型农业经营体系奠定一定基础。（根据 2013 年 7 月广西桂平市金龙农民专业合作社提供的内部资料整理得到）

案例 3：广西宾阳黎塘三禾农民专业合作社是由黎塘镇等地农民以入股的形式，于 2007 年筹建，属于产供销一体化的农民专业合作社。目前，该农民专业合作社是以胡萝卜生产经营为主，坚持"民办、民管、民受益"的基本原则，为社员及农户提供产前、产中、产后一条龙服务，形成了"七统一"①，并实行"合作社＋基地＋农户＋订单＋仓储"的产业模式，实现了产业化经营合作社。在各级党委、政府和有关部门的关心支持下，合作社最初分别以王灵农场 1000 亩、黎塘镇三禾村委塘村 600 亩胡萝卜生产基地作为示范亮点，以高产、优质占领市场。随后，以合作社为龙头，组织社员及农户大规模种植胡萝卜，截至 2010 年年底，社员已发展到 240 人，胡萝卜种植面积达 8000 亩，形成了以黎塘镇为主，带动周边乡镇 30000 多亩区域的种植规模。并且合作社可常年安排 500 人、不定期安排 3000 多个农闲劳动力就业，种植户年人均纯收入增加 1200 元以上，充分体现出"农民专业合作社农民办，农民专业合作社为农民"的旺盛生命力。（根据 2014 年 12 月广西黎塘镇三禾农民合作社提供的内部资料整理得到）

农民经济组织特别是农民专业合作社根植于农民和农村社区，其自身所具有的民间性、草根性决定了其与农户联系的紧密性，能够直接地了解、

---

① "七统一"即：种子统一、种植统一、技术统一、加工统一、包装统一、销售统一、贮藏统一。

认知、满足农户的农地流转愿望，且因农民经济组织缺乏公共权威性，不可能在违背农户意愿下强制实施农地流转。农民经济组织的参与性、开放性，以及以平等的身份和无政府背景与农户直接进行联系、沟通、协商、谈判以及公平地分配利益，往往会赢得农户的信任与支持。并且农民经济组织作为农地流入方，可改变农户自发流转的盲目性、随意性、无序性以及由此而来的诸多矛盾和冲突，以规范、统一的形式将农地流转纳入组织建设、运行制度中，赋予组织与农户之间稳定的农地流转关系，且流入的土地几乎用于发展农业，不会造成土地资源浪费。此外，农民经济组织无政府背景，可有效地摆脱政治、行政事务的烦恼，专注于组织运行，同时，组织程度高于原子化的农户，实力较强，能够掌握大量资金、人力和市场信息等资源，抗风险水平高，因此，较之于其他农业组织或者农户个体，农民经济组织更具优越性。

（三）农业公司与农地流转

农业公司是当今农地流转的一个重要的农地流入方。由于桂东南地区便利的水陆交通条件，吸引了大量的外地农业公司下乡经营农业。这些农业公司下乡经营农业，需要流入农地，它们一般都主动寻找农户并直接与农户接触、谈判、协商，直至签订农地流转合同。由于要面对的是分散的农户，且要考虑满足他们不同的土地租金的需求，所以农地流转的交易成本很高，且经常面临"农地流转钉子户"。

案例4：南宁市某公司是宾阳县政府招商引资，由广西某集团有限公司投资兴建的一家农业企业。自2011年公司成立以来，公司一直以"公司＋基地＋农户"的经营模式，引导、规范、扶持、组织农户开展健康养殖，并拿出一部分资金为农户提供优质桑苗、建设蚕房，在公司周边建立多个种桑养蚕基地，带动当地60000亩蚕桑种植基地的发展，拉动15000户农民通过种植蚕桑增收30072万元。实现了公司与农户"双赢"

的战略，为推动农地流转、促进农业产业化发展起到了积极的推动作用。（根据 2014 年 12 月南宁市某公司提供的内部资料整理得到）

外部农业企业或农业公司进入当地以后不仅可以为农户提供一份相对满意的租金，为当地村庄提供一些就业岗位，还能够对整片的土地进行平整，铲除以往的田埂界限，将农地连成一片，在这成片的土地上重新规划机耕道和排灌渠，解决农地分割细碎以及由此带来的农田水利、道路设施不健全的问题。

（四）外地老板与农地流转

在桂东南地区，还有许多外地老板下乡租赁土地，经营农业，这也是促进农地流转的一种模式。

案例 5：JF 村 PY 屯的农地流转涉及该屯两个生产队，121 户，以出租方式流转农地 710 亩，租期为 15 年，并根据土地质量与区位划分等级分别支付租金，据悉初始租金一等农地（水田）每年 900 元/亩，二等农地每年 400 元/亩，三等农地每年 250 元/亩，5 年后上涨 20%，最后五年再上涨 20%。该屯农地转入方来自贵港市东津镇的一位老板——廖某某，是贵港商会的副会长。出于保持土壤肥力和保证产量的考虑，廖老板将租入的农地进行多元的经营，实行果蔗—香蕉—杂交水稻轮替种植，果蔗亩产达高达 9—16 吨，以每公斤 2 元的价格收购甘蔗，并返聘农民务工 60 元/天。在调研中我们了解到，当地的农户流转意愿都是比较强烈的。据一家农户女主人介绍，他们家有 5 口人，一个小孩外出打工，一个去读大学；男主人在附近木乐镇打工，只剩下女主人和一个年迈的老人，所以家有的 2 亩多土地全都出租给廖老板。当然缺乏农耕劳动力是进行流转的一个原因，但是最重要的是，老板提供的租金数额很让人难以拒绝。这位女主人还说，原先老板没有来的时候，家里还打算不要租金将土地转让给亲邻，所以，即使老板只给200元/亩，他们也愿意将土地流转出去的。（根据对农地转入方廖老板以及有意愿转出农地的农户采访录音 NO.20130301 整理得到。录音采集地点：桂平市 MP 乡 JF 村）

（五）中介组织与农地流转

如果没有中介组织的帮助和支持，不仅外部农业公司进入乡村社会进行农业投资时会遇到很多问题，当地有流转愿意的农户也会因为其他的原因而不能顺利进行流转。所有这些与农户进行联系、协商等的工作都是由中介组织承担的。而在西部地区，中介公司这些职能大都由当地政府、基层组织，特别是村集体承担。农地流出方与农地转入方之间并不存在直接接触，而是通过村集体作为第三方进行协调。

案例6：JF 村外出务工的劳力很多，务工收入成了村民主要来源，这是农地流转在这里能顺利进行的前提。PY 屯农地流转合同涉及三方，即老板方、村集体（自然村）方和村民方，老板和村屯签订合同，村屯和村民签订合同。由村集体代表农户与农业投资商洽谈，以共同体式的方式转让农地，出租该屯所有土地。村集体和村民之间只有一张集体合同，合同上写明每家每户的各类农地数量及租金，然后每个户主在上边摁手印作为法律凭证，合同末尾分别是村集体代表的签字和按手印，以及老板的签字和按手印。这个做法——也就是和村集体签一份统一的合同，村集体再和村民签合同，这突破了以往外来主体和每家每户农户签合同的做法。由于外来老板或公司只需要与村集体交涉，而具体的争执由村集体内部解决，这极大地减少了谈判的交易成本，并确保了合约得以履行的成本。（根据对 JF 村村支书采访录音 NO.20130301 整理得到。录音采集地点：桂平市 MP 乡 JF 村）

中介方主体的存在，农户可以减轻因信息不对称而带来的损失与痛苦，而农业投资商则免于与原子化的农户接触，极大地降低了农地流转的交易成本，还能促进村庄农业经济发展以及改善村庄基础设施。村集体在农地流转过程中既是农户流转土地的代理人，又成为农业投资商与农户接触、沟通、协商、谈判的代表。一种农地流转关系的确立建立在农户广泛参与、同意和认可的基础上，而村集体作为第三方身份存在的目的就是让农户了解整个农地流转关系确立的过程，引导农地流转关系得以成功地建立起来。

四、培育新型农业经营主体的路径

从农地流入方主体的角度来看，农地的流入方的有效供给是推进西部地区农地流转的关键因素。因此，西部地区为了实现农业的规模经营、构建新型农业经营体系，必须培育新型农业经营主体。

（一）农业招商引资，引入外部资本从事现代农业经营

西部地区农业外部经济发展落后，新型农业经营主体缺乏，是导致农地流转率低的根本原因。因此，可以通过地方政府的招商引资引入外部资本，这是培育新型农业经营主体的路径之一。农业外部资本下乡后，地方政府要为外部资本下乡提供相应的服务。一是为农地流转过程提供相应的服务。外部资本下乡后，首先面临农户的抵制。由于农户不了解、不信任外部资本，使得他们的流转意愿较低，流转行为非常谨慎，外部资本为了流转农地，必须与这些充满防备的农户进行协商谈判，这必然增加其交易成本。在这种情况下，地方政府在外部资本的农地流转过程中，必须做好协调和服务工作，促进农地流转的顺利进行。二是要加大对外部资本的融资支持力度。外部资本进入村庄社会后不仅要面对流转意愿不高、对自己充满警惕的农户，还要面临融资困难的问题，因为其投入的资本几乎来源于自有资金和政府扶持资金，商业贷款很少。为解决外部资本的融资困难，政府应提供财政援助，这种财政援助表现为向农业经营大户，特别是外部资本提供低息或

无息小额贷款，加大农业财政补贴力度并防止挪用农业扶持资金。在农业属于基础性、保障性产业的前提下，在农业经营者无法获得商业贷款或商业贷款代价过高的情况下，当地政府有义务、有责任向农业经营者特别是外部资本提供融资优惠或财政援助。据调查，国家种粮补贴金并不随着农地流转而转出，即不管承包户是否亲自经营农地，均能定期获得种粮补贴金。在这种背景下，作为真正进行农业生产经营的流入方反而得不到种粮补贴，并且如果想获得种粮补贴的话，就又会拉升农地转入成本，出现"种粮直补悖论"。因此，地方政府要根据农地转入方的经营状况给予一定的农业项目补贴和低息或无息贷款。除了按照国家发展农业的政策足额实施财政补贴外，还应提供农业经营专项财政补贴，更重要的是应放松农业商业贷款限制或降低农业发展金融支持门槛。三是采取有效措施保障和维护外部资本的土地权益。西部地区特殊的环境使得农业经营主体进行农业生产经营时会遇到比东部地区更多的阻碍和风险，特别是对于外部资本来说，完全陌生的环境再加上农业本身是弱势产业的特质，必然大大增加这些农业经营主体的交易成本。而如何降低恶劣环境、生产要素稀缺、土地资源细碎化、本地农民对抗等因素带来的风险和不确定性，保障流入方的土地权益就成为培养农业经营主体的关键。政府作为公共机关，是公共权力的代表，具有权威性，利用政府权威能够较好地保护农业经营主体的合法权益。具体而言，政府应作到：第一，政府首先不能侵害农业经营主体的合法权益，更不能以"经济人"角色参与农地流转市场博弈，获取政府利益，造成政府与民争利的局面；第二，政府征收农业经营主体的土地时，应给予农业经营主体一定的经济补偿，而不是仅仅补偿享有土地承包权的农户；第三，保护农业经营主体的日常业务顺利有序地进行，免受他人干扰、破坏。只有保护好农业经营主体的合法权益，才能促使他们继续从事农业经营并具有稳定的投资收益预期，从而保障其投资安全，以便利用农业投资带动农地流转。

（二）加大扶持力度，培育内源式的农民专业合作社

农民经济组织迅速发展有利于促进农地流转，特别是以土地入股的农民专业合作社，是西部地区农地流转的生力军。伴随农民专业合作社的制度化、规范化程度的提升，农地流转的数量、质量、程度均会有所提高。西部地区地理环境、资源环境、政策环境、经济环境等方面的缺陷使得农地流入方处于一种缺乏的状态，特别是在外部资本进入当地乡村社会成本较高的情况下，外生农业经营主体供应不足，并且在内生农业经营组织流入土地意愿也不强烈的情况下，内源式的农民专业合作社更适合西部地区现代农业经营的发展。但是与东部地区成熟的"自办型"农民专业合作社不同，由于西部地区农民合作组织尚处于起步阶段，所以当地农民专业合作社的发展和培育还需要政府的牵头领办。为了培育西部地区农民专业合作社的发展，应该从以下几个方面着手：第一，改善登记服务。鼓励成员全面参与到合作社的管理中，满足成员物质和精神需求，培养其对合作社的忠诚度；制定合作社成员吸纳标准，并通过考评监督机制来提高合作社运转的规范化程度，加强对合作社强势群体权利的限制，确保农民专业合作社"公平"、"有效"地顺利运行；第二，从政策倾斜、信贷支持、税收政策等方面入手，"适量"地对合作社提供扶持和补贴，帮助他们解决资金不足的问题；为当地农民专业合作社"适时"地提供必要的服务，并"适度"地对农业合作社进行引导和管理，保障专业合作社顺利有序地进行；第三，提高专业合作社成员的技术水平、管理能力，加大新技术在农业生产过程中的应用，提高农产品的附加值，开展多样化的经营，增加合作社的农业规模效益，提高农业专业合作社的竞争力和抵御风险的能力；第四，开展示范创建。通过政策支持、专业咨询服务和重点引导，在当地构建农民专业合作社培训基地，作好示范社的创建工作，充分发挥其辐射带动作用；第五，为其开拓市场提供支持和帮助。有关部门应为农民专业合作社进行标准化的生产提供必要的指导咨询服务，来保障农产品的品质安全，并通过实体展销会、农业网站等方式拓宽销售渠

道和营销方式，宣传具有优势和当地特色的农产品。

（三）完善中介服务机构，促进农地流转顺利进行

对于西部地区来说，由于各种条件的限制使得当地的农地供给与需求处于不平衡的状态——供大于求。为了消除这一差距，就需要政府承担更多的职责。

首先，政府应该成为流转双方的中介和桥梁。建立起农地流转的信息平台，及时公布关于农地供求的详细信息，并且对流入方、流出方提供咨询服务，引导流转关系的顺利建立。

其次，规范农地流转程序。为农地流转双方提供合同文本服务和农地流转档案管理服务，并要求流转双方按照统一的合同文本确立农地流转关系，然后建立起严格的土地登记制度，防止因农地流转缺乏规范而造成农地流转双方的权利、义务及责任不清并带来冲突，规范流转双方的行为。

最后，政府在促进农地流转，培育现代农业经营主体中应该做好六个角色。一是引导者。采取措施建立起运行高效的农地流转市场，促进土地资源的有效配置；采取相应的措施引入、培育龙头企业和农民专业合作社，并对符合土地流转法律法规及政策要求且用于进行高效农业种植或特色农业开发的农业公司、农民专业合作社、农村经纪人或有志于投资农业产业的经济能人进行土地流转专项资金补助扶持。二是决策者。通过进一步落实农村土地确权、完善农村社会保障体系、出台土地纠纷处理机制以及拓宽农民工就业渠道和方式来消除农户流转土地的阻碍，在保障农户合法权益的基础上，促进农地大规模地向现代农业经营主体流转。三是服务者。加大农业基础设施建设，为农业经营主体进行日常农业生产经营提供必要的设施支持；政府应该成为流转双方的中介和桥梁，建立起农地流转的信息平台，及时公布关于农地供求的详细信息，并且对流入方、流出方提供咨询服务，引导流转关系的顺利建立。四是监督者。政府应明确规定农地流转过程的要件，监督农地流转过程中各主体的行为，防止各种侵农害农事件的发生，同时保障

农地流入方的合法土地权益。五是调节者。政府应充当农地流出方、农地流入方之间的缓冲剂，消除流转过程中的不稳定因素和风险，妥善地处理流转纠纷，推动农地流转的顺利进行，并尽快健全乡镇村调解、县仲裁、司法保障的农村土地承包经营纠纷调处体系，切实维护农民合法权益。六是宣传者。政府应积极开展农村土地承包经营权流转和规模经营等法律法规及政策的宣传培训，让农民了解到这些法规政策的利民性、惠民性，消除他们心中的顾虑，并且鼓励将土地向种养大户、农民合作社、农业龙头企业集中。事实上，西部地区农地流转行为不规范、流转合同无效等问题的出现很大程度上是由于政府在"法律下乡"领域的缺位。政府应积极主动推动法律知识下乡，加强法律宣传，强化流转主体的法律意识，使其自觉地遵循法律规定，有序、规范地进行农地流转活动，并能够运用法律维护各自的土地权益。

第三节　农地流转过程中村干部的行为逻辑与角色规范

在农村土地集体产权制度框架下，作为集体产权代表的村干部普遍参与农地流转过程，成为农地流转的一个重要参与主体，在农地流转纠纷与冲突中发挥了协调、裁决的作用。村干部的农地流转经营人角色主要表现为农地租赁中的"中间人"、土地股份合作经济组织的负责人以及农业资本的合伙人。村干部参与农地流转有利于降低农地流转的交易成本，推动农地流转的有效配置。但是，作为村庄经营人，在农地流转过程中，村干部行为逻辑受到正式权力和经济利益的双重压力，导致村干部经营行为的自利性。因此，在农地流转过程中，需要规范村干部的经营人角色，强化其公共身份，弱化其私人属性。

一、村干部行为角色的理论框架

在有关农村基层政权组织和村干部的角色研究中，形成了两种有代表性的理论，即经纪人理论和双重角色理论。美国学者杜赞奇在研究中国华北农村的国家与社会关系时，发现中国传统的官僚体系产生了大批的经纪人，他们在税收的评估和征收中发挥着重要的作用。他区分了两种不同类型的经纪人，即保护型经纪和赢利型经纪。赢利型经纪亦称国家经纪（State Brokerage），主要是指晚清地方政府（县衙）将许多行政职能"转交"给那些并非正式官员，且无薪或薪俸很少的地方吏役，作为回报，这些下层吏役被默许从百姓身上收取"礼物"而不受严厉惩治。"这种利用下层吏役进行治理的管理方式实际上是一种国家经纪体制，如同包收赋税和雇佣军队等类似的经纪体制一样，国家经纪人从事这些令人厌烦且地位低下的职务的主要动机在于有利可图，其目的是要利用其职权捞取最大的利益。"[1]与赢利型经纪相对立的另一种类型是保护型经纪，是指村庄自愿组织起来的负责征收赋税并完成国家指派的其他任务，以避免与赢利型经纪打交道。"赢利型经纪"（Entrepreneurial Brokerage）和"保护型经纪"（Protective Brokerage）成为分析晚清至民国初年中国农村基层政权组织的最有影响的理论分析框架。

继经纪人理论之后，徐勇教授的"双重角色"理论成为学术界分析和解释村治精英特别是村干部行为角色的又一经典模式。这一理论认为村干部既是国家利益代理人，又是村庄利益当家人[2]。从乡村社会治理结构来看，该理论无疑更好地解释了集政府行政任务和村民自治利益于一体的村干部行为角色。根据这一理论，吴毅进一步分析了在"乡政村治"的制度框架下的村干部的角色冲突。村干部首先是国家与政府治理乡村社会的代理人，必须配合基层政府的工作，执行国家政策与地方政府指令等多重行政任务。在村民自治制度下，村干部由村民选举产生，是村民公意与村庄公共利益的代

---

[1]　[美] 杜赞奇：《文化、权力与国家——1900—1942 年的华北农村》，江苏人民出版社2008 年版，第 24—37 页。

[2]　徐勇：《村干部的双重角色：代理人与当家人》，《二十一世纪》1997 年第 8 期。

表，并主导村庄集体利益实现过程，因而代表和维护村庄公共利益与村民利益是其应有之责。但双重角色的权力来源不同，政府与村民对村干部的期望也不尽一致。政府希望村干部落实政务，处理更多行政事务，代理特征越明显，村民可能对村干部越不满意。作为村庄利益的维护者，村干部又常常需要面对乡镇政府的压力，导致代理人角色与当家人角色冲突，从而使村干部"陷入国家与农民夹缝中的结构性两难境地"[①]。

上述两种村干部角色理论对于解释与了解历史截面的村干部行为与角色具有很高的理论价值。进入 21 世纪以来，伴随农业市场化的发展以及国家对农村"多予少取"政策的实施，农村基层正式权威组织的整体角色发生了变化。"基层政权一个引人注目的新角色，是从事经营，成为经营人或者商人，这种新角色，一方面，如同企业家角色一样，对地方经济的发展起到推动作用，另一方面，则与其他经济人形成利益竞争乃至冲突关系。"[②] 农村基层政权组织，既包括乡镇政权，也包括村政权。从村级组织来看，村级普遍建立了三套班子：党支部、村委会、经济合作社，但机构的职能并不分化，其中的人员交叉混合。因此，在农业市场化条件下，村干部在村庄事务中的角色发生变化，村干部由村庄管理者转变为村庄公共资源的经营人，村庄经营人角色成为农业市场化条件下分析村干部行为角色的重要分析工具。

村干部作为村庄经营人，其村庄经营就是在上级政府的支持或默许下，运用其村庄领导人的公共身份，合法地经营村庄公共资源，以促进村庄公共利益的最大化。村干部的村庄经营主要包括：一是提供有偿服务。村干部作为村庄公共权威组织代理人，通过其公共身份，可为基层政府、客商或村民提供各种服务并获取收益，如村干部有偿性地向村庄外农业投资者提供中介

---

①　吴毅：《记述村庄的政治》，湖北人民出版社 2007 年版，第 56—58 页。

②　张静：《基层政权乡村制度诸问题》，上海人民出版社 2007 年版，第 49 页。

服务等。二是经营集体资源。随着农村经济管理体制变迁和农村土地经营方式变化，很多村庄的集体经济已解体，但村庄仍存在大量集体资源，包括"四荒"、村庄存款、政府拨款等实体资源，也包括村庄土地集体所有权等虚拟资源。村干部作为村庄权威组织的代表，往往成为村庄集体资源的实际控制者、管理者和经营者。三是组建和经营农民经济合作组织。农民经济合作组织是市场经济的产物，是为了解决小农分散经营与市场之间的矛盾而建立起来的连接农民与市场的纽带与桥梁，其中最具代表性的是农民专业合作社和农民专业协会。在农民经济组织发展水平较高的地区，村干部任职于农民经济组织的现象相当普遍。首先是因为很多农民经济组织由村干部发起建立，村干部顺理成章地成为负责人。其次是许多农民经济合作组织为了得到基层政权组织的认可和支持，普遍"邀请"村干部任职。再次是经营经济实体。村庄的经济实体主要有经济能人建立的个人或家族企业（包括种养、加工）和外部资本兴办的民营企业。当今乡村社会中，村干部与经济能人具有互通特性，即村干部往往是经济能人，经济能人较易担任村干部。村干部经营经济实体，主要有两种形式，一是作为村庄经济能人直接兴办种养、加工等家庭企业，二是与外部资本合作，从事民营企业的经营活动，通过股份合作或管理服务，获得股份分红和管理服务费用等经济收益。村干部的村庄经营由于在一定程度上能盘活村庄经济而受到乡镇基层政权的普遍鼓励。

在村庄经营中，村干部的公共身份可使其合法地管理和经营村庄公共资源，但村干部理性经济人的私人属性，又会导致其村庄经营活动中的谋利行为。作为村庄经营人，村干部既可利用村庄公共身份合法地经营村庄公共资源或维护村庄公共利益，以增加村庄社会净效益，如村庄集体土地开发、公路与水利等基础设施建设等，也可为了私人利益从事村庄经营活动，即利用村庄公共性资源谋求私人利益。特别是在农村公共生活空间日趋缩小、农村社会生活市场化和村民行为逐利化的条件下，村干部的公共身份和地位光环退却，村干部并不指望通过担任村干部跻身于公务员队伍，也不寄期于职务升迁，激励村干部采取行动的最主要因素是经济利益，即通过担任公共职务可能带来的私人收益。因此，村干部在从事村庄经营活动时，往往将其公共身份与地位转化为个人的经济收益。

在村庄经营人的分析框架中，村干部的经营人角色及行为对于农地流转发挥了重要影响。村干部的农地流转经营人角色行为降低了农地流转的交易成本，推动了农地资源的优化配置。但是，村干部的农地流转经营行为的自利性又在一定程度上妨碍了村干部公共身份及其职能的发挥。本书把农地流转中的村干部置于村庄经营人的分析框架中，主要分析桂东南地区农地流转中的村干部的经营人角色及其表现，并进一步分析村干部在农地流转中的行为逻辑，就如何规范农地流转中的村干部行为提出相应的对策。

二、桂东南地区农地流转中的村干部经营人角色

桂东南地区是广西农业经济较发达的地区，农业自然资源禀赋优越，但农村人口稠密，人均耕地偏少。近年来，该地区大量农村劳动力向城镇和非农产业转移（以外出务工为主），村庄常住人口以老人、妇女和学龄儿童居多，留守村庄的多数农民仅种植口粮。桂东南地区交通便利，与珠三角地区有着便利的水陆通道，以蔬菜、水果等经济作物为主的农业产业化、规模化经营具有广阔的市场前景。因此，农业产业化、规模化和集约化经营促进了该地区的农地流转，相较于广西其他地区，该地区的农地流转发生率较高。桂东南地区的农地流转主要有两种类型。一是农地经营权流转，通过土地租赁、土地入股、置换等几种方式流向农业龙头企业、农民专业合作社和农业个人投资者等。二是农地承包权的流转，即通过"购买"等方式实现农地向经营大户集中。在桂东南地区农地流转的实务中，村干部是农地流转的重要参与主体，发挥了农地流转经营人角色。村干部的村庄经营人角色主要表现为农地流转的"中间人"角色、农民经济合作组织的负责人角色以及农

业资本的合伙人角色。

（一）农地流转的"中间人"

村干部依托农村基层组织（村两委）为农地流入方和农地承包户提供农地流转服务，并帮助农地流入方规模化集中农地和协助农地流入方开展日常的农地经营活动，而农地流入方（龙头企业、个人投资者）则以向村干部支付农地管理服务费或年底提成作为回报。如前文提及的生态农业基地农地流转项目，主要采用"公司＋基地＋合作社"、"公司＋基地＋小业主"和"公司＋基地＋农户"的产业化经营模式，实际经营面积超过1500亩，所有土地均以租赁方式流转。农地流转初期，JLX农业集团通过DL镇政府与LH村村委会接触，由村委会负责与承包户洽谈农地流转事宜，取得农户农地流转愿意后，村委会根据农户意见与公司确定农地流转的价格等。流转过程中，该公司与村委会签订农地流转总合同，由村委会与承包户签订农地流转协议，承包户仅需在村委会预先制作的表格上签字、按印即可，内容包括承包户信息、农地面积、单位面积年租金和总租金等。流转后，村委会负责代理该公司发放农地流转租金并协助该公司进行农地管理活动。从整个农地流转过程来看，农地流入方通过村两委及村干部间接与农地承包户接触，村干部在该农地流转项目中起到连接农地流入方与农地承包户的中间人作用。

LH村JLX生态农地基地农地流转项目属于政府引资项目，DL镇政府通过该项目建立现代农业示范园区。村干部在该农地流转项目中采取行动，首先是对乡镇政府行政压力的回应，因为DL镇政府期望快速、低成本地建成农业示范园区。由于农地租赁价格低于当地农地流转市场价格，多数农户的农地流转意愿较弱。乡镇政府迫于维稳等压力，不便于强制农户流转承包地，因而将农地流转任务交由村两委及村干部负责完成。激励村干部采取行动的还有经济上的利益。一是该公司根据村干部的表现向村干部支付农地管理服务费和年底提成；二是村干部凭借其中间人角色和地位垄断农地流转过程，通过信息垄断截留部分农地流转租金。如 JLX 公司与村委会签订的农地租让价格为每年 1000 元／亩，但农户实际到手的金额为每亩每年 1000 元、950 元、900 元① 不等。

（二）合作组织的负责人

在农业市场化进程中，农民专业合作组织成为新的农业经营主体，也是除龙头企业、种植大户（老板）之外的又一农地流入方主体。在桂东南地区的农民专业合作组织中，土地入股成为一种比较普遍的合作经营模式。农民专业合作社一般是在经济能人或村干部带动下成立的，村干部除了把自家的承包地作为土地股份入股合作社外，还利用其村庄公共资源经营人角色，把村庄中未承包的"四荒"作为村干部集体或个人的股份入股合作社，并享有这种收益。这种做法很少遭到村民反对，这是因为村民从合作社中获得了实惠，同时也不愿与村干部交恶。如 JL 农民专业合作社，由该村党支部书记牵头成立，农户通过土地、现金和协议劳动力三种方式入股。入社土地由初期的 25 亩水田扩大到现在的 1865.5 亩、鱼塘 350 亩，控股股金由原来的50 万元增加到现在的 400 万元。合作社共运作完成 15 个项目，分别为两造黑皮冬瓜种植、09 冬种马铃薯、湖南香芋、苦麦菜、早晚造高产水稻、早造玉米、反季节玉米、西洋南瓜、300 亩良种木薯、甘蔗、养鱼、香芋等，目前正在进行的项目有投资 250 万元的养猪场一期工程、投资 300 万元的肉牛养殖场一期工程、年出栏 3000 羽鸡的 YT 养鸡场、150 亩蔬菜种植园、100 亩冬种马铃薯、630 亩甘蔗和 60 亩琴丝竹。合作社成立后，总投资 307万元，总产值 498 万元，实现净利润 191 万元，入股村民实际得益 280 万元②。该合作社经营大量水域等村集体共有资源，但这类资源入股后的股份归村干部所有。

---

① 数据来源：根据对桂平市 LH 村部分农户的访谈收集。
② 数据来源：广西壮族自治区贵港市桂平市农业局提供。

村庄内部的"四荒"本由村民集体共有，其产生的经济利益属于村民集体，但在村庄集体经济解体的背景下，村域公共资源往往处于无人经营管理的闲置状态。然而，当启用这些公共资源创造经济利益时，其经营主体要么是村集体，要么是村干部个人，因为村民个人独享村庄公共资源成果往往会受到村干部的干预。与村民个人不同，村干部是村庄公共资源的代表者与管理者，能够借村庄公共权力以村集体名义经营村庄公共资源或单独经营村庄公共资源。因为村集体经济组织早已解体，而村干部也缺乏动力为集体经营村庄公共资源。盘活村庄公共资源，村干部更倾向于选择个人经营或出租经营，村干部选择个人经营村庄公共资源，往往通过向村民输送利益的方式以获得村民的支持，村干部选择出租村庄公共资源，其租金往往由村干部私分或支配使用。

（三）农业资本的合伙人

作为村庄公共权力的执掌者，村干部是农业资本下乡进行农地流转以及从事现代农业经营活动的最好的合伙人。因为村干部与农户彼此熟悉，现代农业公司（农地流入方）借助村干部可避免与分散化的农地承包户打交道，并在一定程度上降低了规模化集中农地的难度和减少了农地集中的交易成本负担。因而，作为农地流入方的农业公司寻求村干部支持与帮助，并在以后的现代农业经营活动中建立与村干部的合作伙伴关系符合其经济理性的选择。如在 JF 村 PY 屯的农地承包经营权流转的案例中，JF 村 PY 屯出租700 多亩地给一位老板种植果蔗。该屯大部分村民有外出务工传统，多数年轻人到广东等沿海地区务工，留村村民以老人、小孩、妇女为主，且该屯以水田为主，种植稻谷劳动强度大，留守村民多种植日常消费的口粮和蔬菜，部分农地出现撂荒现象。2012 年，L 老板到该屯租地种甘蔗，该屯土地以出租方式转让农地承包经营权，合约期限为 15 年，以每五年为一个合约周期。该屯农地共分为一类、二类、三类农地，在第一周期内，各类的租金分别为每亩 900 元 / 年、400 元 / 年和 250 元 / 年，之后每个合约周期在前一个合约周期基础上追加 20% 的土地租金①。在该农地流转中，L 老板与该屯队长合作，L 老板全额出资经营，包括负责平整土地、农作物种植与保养、农产品销售等，而该屯队长负责与村民协商农地出租事宜、签订农地流转协议、发放农地租金、管理村民等。

在 PY 屯的农地流转过程中，村干部一方面通过在农地平整过程中有意压缩农地承包户的农地面积，另一方面通过平整田间道路、地界等，使得总体农地出租面积超过农户出租总面积近 100 亩。这 100 亩农地成为村干部入股资本经营的入股资本，并参与日常管理，从而成为农业资本经营的合伙人。

从桂东南区的三个农地流转案例来看，村干部在农地流转过程中，利用其村庄公共身份从事牟利性经营活动，如收取服务费、截留村民的部分土地租金，利用村庄"四荒"等公共资源入股合作社以及利用土地平整节约出来的土地入股农业资本经营。这种谋利型经营活动会侵蚀村庄公共利益和村民个人利益，更为严重的是导致村干部公共职责的异化，即由服务向谋利转化。

三、农地流转中村干部的行为逻辑

在农地流转过程中，村干部的村庄经营人角色决定了其行为逻辑。农地流转过程中村干部参与农地流转的理论逻辑乃是为了完成国家正式行政任务、维护村庄公共利益和农地承包户土地权益，但村干部的自身利益在一定程度上嵌入了农地流转过程，因而参与利益分配是村干部采取行动的现实逻辑。由于农村基层民主选举流于形式、农户原子化导致监督乏力和农户集体行动的困境等原因，使村干部有选择地向权力和资本靠拢，从而使得村干部在农地流转中易陷入党政压力和利益诱惑。

（一）正式权力压力下的行为逻辑

在"乡政村治"的制度安排下，村民自治组织成员和部分地区的村党

---

① 数据来源：根据对桂平市 JF 村 PY 屯队长、部分村民的访谈收集。

支部成员必须经全体村民民主选举产生。但是，农村基层组织是一种"准政权"组织，村干部具备"准官员"身份，具有支持、协助正式管理机关的义务。国家基层政权对村干部实行准公务员管理和准行政管理，并控制村级组织的人事与财政，村干部承受了来自基层党政机关的巨大权力压力。村干部遵从基层党政机关的指令，并承担起相应的行政任务，如农村土地征收、组织与服务农业开发项目实施等，而原子化的农地承包户因面临集体行动困境而无法有效监督与约束农地流转中村干部的经营人行为。当基层政府实施农业发展项目时，顾虑于维稳压力和政府形象，启用农村基层组织渠道，利用村干部间接地与农地承包户就农地流转相关问题进行沟通。村干部迫于"政治生涯"压力，往往置承包户利益于不顾，甚至压制承包户的土地利益诉求，选择向"权力"靠拢。

1. 以执行项目换取政治生涯。村干部掌握村庄公共权力必须得到基层政权组织的认可与支持，即村干部的政治生涯不仅仅取决于村民多数的认可，更重要的是取得乡镇党政机关的认可和支持，而这些认可和支持取决于村干部在维持村庄社会秩序稳定、执行政府项目、服从党政机关管理等方面的表现。村干部为了获得较好的政治生涯，在政府征地和实施农业开发项目时强力实施农地流转，规划区内的农地承包户几无讨价还价余地，农户对农地是否流转、流转价格、流转年限等选择余地很小，农户既无谈判、协商能力，也无谈判、协商渠道和对象。若政府主导的农地流转遵循土地流转市场机制原则，农户的土地权益损失相对较小，农民土地流转意愿相对较高。一旦政府与农地承包户不能达成一致，村干部便在基层政权组织的支持下采取强制手段强行实施农地流转。在执行上级政府的农业项目中，村干部会尽可能地压缩农地流转程序、价格，以使政府在征地和实施农业项目上获取便利，导致农户意愿得不到尊重，甚至侵害农户的土地权益，容易引发农户抵制、上访或群体性事件。

2. 以资源绑定化解土地权益纠纷。国家"少取多予"政策的实施，村干部掌握了大量来源于国家转移性、再分配性资源，包括救灾物资、农业财政性补贴、农村低保等资源。为了有效控制村民或取得村民的"合作"，村干部在代表国家向农户分配这些资源时，会把资源分配与村庄事务进行捆绑，其中农村低保捆绑问题尤为突出。在政府主导的农地流转过程中，村干部为了迅速实现政府预期目标而又不使农户反对，采用分配性资源捆绑是其屡试不爽的措施，这实质上是一种由权力控制的资源交易。因此，在村干部控制资源分配的农地流转中，农地流转带有强制性，这种强制性与政府征地等强制实施农地流转有所不同，农户存在"有选择的余地"，即要么同意农地流转，要么失去其他资源，但这种"有选择的余地"并不是为了尊重农户的农地流转意愿。当政府与农地承包户之间发生土地权益关系纠纷和冲突时，村干部对土地权益纠纷的调解往往有利于政府而不是农地承包户，村干部并不向基层政府反映真实情况，而是动用村庄公共权力和经济资源尤其是分配性经济资源，向土地权益维权者施压，以寻求农地承包户的"合作"。

（二）经济利益诱惑下的行为逻辑

在农地流转过程中，村干部因顾虑"政治生涯"而在农地强制性流转过程中被政府行政权力"俘获"，又在农地自由流转中因巨大的经济利益诱惑而被商业资本"俘获"。

1. 获取农地管理服务费和股份分红。近年来，大量农业资本进军农村，投资开发经营农业，这些农业投资者的共性是资本力量雄厚。为了流转土地以及农业经营活动的顺利开展，农业资本往往倾向于通过村干部与农户打交道，以减少交易成本，同时在农业经营活动中，聘请村干部参与经营管理并支付土地管理服务费或与村干部分享农地投资收益。

农地管理服务费实际上是一种权力租金，是农业投资者入驻村庄从事农业经营时交给村干部的"保护费"、"入场费"。谁能获得村干部的支持与帮助，谁就打开了入驻村庄从事农业经营开发的大门，谁就能减少在农地流转和农业经营活动中面临的障碍与阻力。为此，农业投资企业或个人多以农地经营面积为标准向村干部支付农地管理服务费，通过农地管理服务费"贿赂"村干部，以换取村干部对农业投资活动的默许或支持。首先，通过向村干部支付农地管理服务费，委托村干部负责与农地承包户洽谈农地流转事务，因为村干部最了解农地承包户，并与农地承包户联系密切，由村干部出面解决阻力较小。其次，当农业投资者在日常经营过程中面临村民干扰时，村干部对村民的约束最为有效。最后，因村干部是土地权益纠纷的仲裁者和协调者，支付农地管理费可以降低农地投资资产专用性风险。农业投资者向村干部分配一定数量或比例的股份，并按股份比例分享农业经营成果，从而在农业投资者与村干部之间建立合作关系，实行利益共享与风险共担，以此激励村干部加强行动，较好地防止村干部在农地流转过程中的不作为行为。在农业投资者与村干部合作关系中，农业投资者主导农业经营活动，负责农产品生产与销售，而村干部仅以一定出资额度参与农业经营管理活动，由农业投资者和村干部共同解决农地流转以及因农地流转而引起的土地权益纠纷与冲突。

2. 压低农地流转价格。在市场经济背景下，市场主体应以平等地位与身份参与社会生产和市场分配。农地流转过程中，不论村干部以中间人角色还是以农地流入方（如成立专业合作社）参与农地流转，村干部与农户都应处于平等地位。但是，村干部在村庄具有特殊的身份与地位，村干部的经营人角色合理地发展出特别的排他性利益，与其他个人或组织形成竞争，并具有一定程度的竞争优势。由于土地要素交易与合作过程中呈现出"价格不可决"的特征，即土地要素的价格不完全由其市场价值决定，村干部可以在一定程度上有意压低土地要素价格，以达到将普通农户的土地权益转换为自身经济利益的目的。这种土地要素交易与合作的不平等地位主要表现在农地流转价格中，普通农户的农地流转价格偏低，既低于村干部的农地流转价格，又低于农地流转市场价格，即由农户与农户、农户与龙头企业以及农户与商人（老板）之间的直接农地流转价格的均衡价格。

3.差别支付农地流转价格。差别支付农地流转价格是指村干部针对不同农户实行土地租金差别化支付。土地租金差别化支付的前提是村干部与农业投资者交易过程的封闭性，即农户参与性不足与交易结果不透明。农业投资者或向村干部支付一定数量货币，或与村干部共同分享经营收益，共同"合作"向外界公布统一的单位土地转让价格（简称"名义价格"），且土地转让名义价格低于同期土地流转市场价格，但实际支付的单位土地价格存在差异，如以每亩1000元、950元、900元不等的价格支付给农户。农地流转价格支付为什么会出现差异？因为投资者要立足于村庄，必须得到一定数量的农户支持，尤其是以村干部、村庄能人为代表的农户认可，但投资者不愿意承担过多的经营成本，通常选择与村干部合谋压低单位面积土地转让名义价格，在此基础上秘密协定土地实际支付价格，并把超过土地转让名义价格的部分额外支付给村干部、村庄能人，以及与他们血缘相近、关系较好的农户。村干部为了获得更多的额外支付，一方面不遗余力地与投资者谈判，以获取更高的土地转让实际价格，另一方面尽可能低地公布土地转让名义价格。

四、规范村干部角色的对策

村干部作为农地流转的一个重要参与主体，其参与农地流转过程可以有效地降低承包户与市场对接的交易成本，也能够推动农村土地资源的迅速流通与转让，但村干部经营人角色中的公共身份与私人身份易产生冲突。在农地流转过程中，应将村干部的经营人角色限制于村庄公共领域，且村干部的经营人角色必须为村庄公共利益服务。因此，规范村干部的经营人角色，并非是限制村干部为村庄公共利益而经营村庄，而是限制村干部借村庄公共利益之名谋取私人利益或恣意干预农地流转过程。

（一）规范农地流转程序

农地流转程序是农地流转各方遵循的方式、步骤和顺序的总和。规范化的农地流转程序有利于防止村干部谋取自身私人利益，保障农地流转双方尤其是农地承包户的农地流转权益，减少农地权益纠纷。在农村治理结构中，农村基层组织是村庄公共组织，村干部是村庄公共权力掌握者与使用者，且农村基层组织和村干部分别是农村土地集体产权的主体与代表，农村基层组织及村干部的特殊地位与作用使得农地流入方倾向于与农村基层组织及村干部接触，村干部也乐意参与到农地流转过程之中。农村基层组织及村干部参与农地流转本身并没有问题，且其参与有助于推动农地流转，应鼓励与支持村干部作为农地流转参与主体参与农地流转过程，但相较于农地承包户，农地流入方与村干部更易达成一致目标——短时间、价格合理地集中土地，农地流入方与村干部往往会排除农地承包户而直接谈判甚至达成农地流转协议，实践中往往是村干部代替农地承包户谈判与签约，当农地承包户不愿流出承包地时，村干部以各种借口与理由劝说甚至直接强制流转承包地，这是一种农地流转程序违规行为。因此，应规范农地流转程序，其目的是在农地流转程序中规定村干部的行动范围。首先明确农村基层组织及村干部在农地流转中的责任义务权利。农村基层组织及村干部应是为农地流转提供服务，包括提供农地流转信息、增进农地流转双方信任、撮合农地流转双方交易、协调与处理农地流转纠纷。其次是村干部可向农地流转双方了解农地流转各项事宜，但不能代表承包户与农地流入方谈判与签约，也不能代表农地流入方与承包户谈判与签约。最后是当农地流转环境发生变化引起合约面临执行困难时，村干部应以沟通者、协调者和裁决者身份处理合约执行问题而不是强制农地承包户转出农地承包经营权。

（二）建设农村土地交易平台，逐步将农地流转纳入"场内"竞价交易

目前，我国农地流转市场服务体系发展与建设滞后，沿海发达地区的农地流转市场服务体系相对完善，而中西部地区的绝大多数省份仅形成省、地市级两级农地流转服务市场体系，县、乡两级仍未完全建立农地流转服务中心或土地资源交易中心，即使部分地区县、乡两级政府出资组建了农地流

转服务中心或土地资源交易中心，但这些农地流转服务市场基本上处于空壳化运转状态，即一方面县、乡两级政府挂牌成立农地流转服务中心或土地资源交易中心，但相应的配套设施并未及时跟上，无法及时、有效地提供农地流转市场信息；另一方面，很多组建完成的农地流转服务中心或土地资源交易中心既缺乏土地资源进行交易，又因较高的土地管理服务费用使得农地流转双方不愿意借助农地交易平台进行农地流转交易。因此，应在县乡两级政府建立以农地流转服务中心和土地资源交易中心为主的农地流转交易服务组织，以向农地流转当事人提供交易服务，向农地承包户和农地流入方提供农地流转信息（信息搜集与发布）、农地流转交易平台、潜在交易对象信息、法律政策咨询、农地流转合同草拟、代管农地流转档案等服务，并向农地承包户和农地流入方收取农地流转管理服务费。在建立农地流转交易平台后，应将所有农地流转纳入土地交易中心交易，这是因为：土地交易中心的工作队伍更具专业化、更了解法律法规，这能极大地提高农地流转的规范性、合法性，同时农地流转进入土地交易中心交易是通过非直接利益第三方撮合交易的，农地流转的市场化程度更高，从而排除了来自村干部的不当利益干预。

（三）乡镇政府应加强监督，并严格执行责任追究制度

自农村地区推行村民自治制度后，村民自治组织（村民委员会）与乡镇政府之间的关系由上下级关系变为指导与被指导的关系，村民委员会的组成成员也由乡镇政府任命变为村民选举产生，这在一定程度上削弱了乡镇政府的人事权。但是，乡镇政府和乡镇党组织对村两委仍具很强的影响力和控制力：一是村民选举产生村民委员会组成成员后，需经乡镇党政组织任命；二是村两委的成员往往交叉任职，乡镇党政组织可通过管控村庄党组织来影响、制衡村庄权力结构。因此，在农地流转过程中，乡镇党政组织在规范村干部的经营人角色与行为中可以有所作为。具体而言，一是通过管控村级党组织来影响、制衡村庄公共权力；二是对不当干预农地流转造成负面影响

（群体上访、群体性事件等）的村干部进行责任追究，在党组织关系上实行一票否决制，禁止其继续担任村级党内任何职务；三是减少对村民自治的干预，支持村民自主、自由、公开、透明地参与村庄公共生活，严控村庄公共生活舞弊、违法违规行为，以使村干部的行为置于村民监督之下；四是畅通信访等信息传递渠道，及时、准确地获取一些村干部的违法违规信息，并对违法违规行为进行纠正。

村庄经营人是继经纪人、双重角色理论之后有关村干部行为角色的新理论。在农业市场化条件下，村庄治理实现了主题的转换，即由提供村庄秩序或村庄稳定向促进村庄经济发展的转换。村庄社会最大的问题仍是发展，或者说三农问题的核心是农村经济发展问题，特别是在发展导向的今天尤其如此。而如何盘活村庄公共资源则是实现村庄经济发展的重要条件。正是在这种背景下，经营村庄或村庄经营成为新的强势话语。村庄经营人便成为进入 21 世纪以来特别是农业税费取消后分析村干部行为角色的新的分析概念。在农地流转过程中，由于承包户众多、分散，导致农地流转的交易成本巨大，这需要村干部成为农地流转的重要参与主体。作为村庄经营人，村干部在农地流转过程中本应通过与地方政府和私人资本的谈判为农地流出方争取更大的权益，成为农地流出方即拥有农地承包经营权的农户的利益维护者和增进者。但是，在实际农地流转过程中，由于农户缺乏集体行动能力以及不愿得罪村干部导致的村庄内部监督乏力与低效，乡镇政府以默许方式换取村干部协助处理行政任务而导致的外部监督缺失，极大地增加了村干部利用集体资源经营私人利益的空间，在私人利益诱惑下，村干部往往被权力和资本双双"俘获"，通过各种经营手段谋取个人利益，损害农地承包户的利益，包括以资源绑定化解土地权益纠纷、获取农地管理服务费和股份分红、压低农地流转价格，以及低成本使用集体资源，如占用荒山、使用公款从事经营活动和寻租活动等。因此，在村庄经营和经营村庄的强势话语下，如何规范与控制作为村庄经营人的村干部，将成为一个随之而来的新问题。

第六章 集体产权制度下的农地流转 机制主体：实证分析

在农地承包经营权的流转过程中，市场机制发挥了决定性作用的同时，政府的政策引导和行政指导也发挥了重要作用。但是，由于农地集体产权制度的约束，由于小农户数量众多、农地细碎化程度高，决定了市场机制在推动农地流转过程中存在较高的交易费用。如何推进农地流转，实现现代农业发展，必须实现农地流转机制和主体创新。本章基于广西的地方经验，分析如何通过流转机制和主体创新来推动农地流转，实现现代农业发展和家庭适度规模经营。

第一节 研究对象、假设与方法

广西壮族自治区地处中国西南边疆，与越南既隔海相望又陆地相连。广西土地面积 23.67 万平方公里，人口 4750 万（2014 年常驻人口），由汉、壮、瑶、侗、仫佬、毛南、回、京、水等 12 个世居民族构成。其中，壮族人口占总人口的 31.39%。从经济社会发展程度来看，广西以湘桂铁路为界，可以分为桂东南和桂西北两大板块。桂东南泛指玉林、梧州、柳州三地区和南宁市、桂林市[①]，农业经济较为发达，特别是地处西江黄金水道领域的浔

---

① 庞传智、潘保兴：《发展桂东南和桂西北地区协作是振兴广西经济的重要途径》，《广西师范大学学报》1987 年第 4 期。

郁平原，是广西著名的粮仓。桂西北地区主要包括河池、百色、崇左和南宁市部分县市。桂西北地区属于大石山区，是著名的老少边穷地区。

一、现代农业经济发展面临的困境

广西是一个以农业为主的省区，农业自然条件优越，适宜种植多种农作物。自家庭联产承包责任制推行后，实现了农民与土地的结合，农民获得土地承包经营权，农民经营土地的积极性、自主性、自由度增加，农村一度呈现繁荣景象。但好景不长，20 世纪 90 年代，伴随国家宏观经济低迷，农产品价格长期维持较低水平，农业生产活动仅能保证农民温饱，且农业税费偏重，部分转移到城镇或非农产业的农户不再有家庭联产承包责任制推行初期的土地经营热情，农地撂荒趋势严重。此外，广西农村基础设施落后，农业发展条件脆弱，以及粮食增产、农业增效和农民增收困难等难题，城乡之间、区域之间发展格局分化，产业之间收入差距扩大等因素，促使农民或主动、或被迫选择"洗脚上岸"，"进城"、"务工"等成为农民寻找新生活的时代名词。农民的横向移动或纵向移动造成大量农地的非结构性剩余，但这些土地存在地块零碎、地貌形态多样和资源权利主体分散等问题，难以规模化、集约化经营。总之，广西作为西部地区的一个重要的农业区域，具有得天独厚的农业生产条件，但由于诸多原因，广西农业发展依然面临诸多困难。

（一）土地零碎化成为发展现代农业的障碍

20 世纪 80 年代，家庭联产承包责任制的推行，以农户为单位，按照家庭人口数量分田到户经营，把原来属于集体的农地分割为面积狭小、家庭地块分散的农户承包地。如地处桂东南核心地带的广西桂平市的家庭联产承包制度改革非常彻底，家庭农地承包经营权被视为农地所有权的倾向严重，农民的土地的所有权意识强烈，如图 6-1 所示。

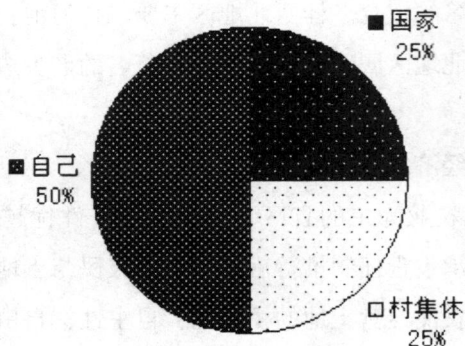

图 6-1 "农村土地的所有权属于谁"频率分布

导致农地碎片化问题的因素很多。首先，从制度上看，家庭联产承包制把人均耕地很少的农地地块面积切割得更加狭小，且为追求土地制度公平，农户的承包地被置于村庄各个区域，导致非常零散。其次，在稳定农村土地承包经营权的条件下，为维持农村社会稳定局面，"维稳"压力使得基层政府官员倾向于保持现状，而村集体缺乏足够的权威或能力，调整或平整土地相对困难，土地聚集更不容易。最后，当地农户子女偏多，分户继承农地加剧了土地零碎化程度。农地碎片化在一定程度上已成为发展现代农业的"拦路虎"。

（二）农地权益主体分散化导致农业经营低效益

由于家庭联产承包责任制非常彻底，村集体几乎没有集体经济或集体土地，承包经营权被分配到各家各户，农户享有独立的农地承包经营权，由此农户掌握了与农地承包经营权相关的农地权益，农户的原子化状态使农地权益主体更为分散。而农户在20世纪80年代获得农地承包经营权时，农户子女数量较多，虽然当地农户财产继承权多由男子继承，但是当地农户少则两个儿子，多则四五个甚至更多，这样家庭本已很少的农地，随着男丁成家立户，继承并分割家庭农地，导致：一是把家庭所有土地平均划分，继承者分别继承、管理和经营，出现"小农中的小农"；二是把面积较大的地块，按照继承者人数分割成几个小块，出现"小地块中的地块"。由此导致家庭农地总面积数的减少，较大地块不复存在，取而代之为面积狭小的几个小块，农地权益主体更加分散化。在农地权益主体分散化的背景下，农地分散狭小、小农经营成为农业经济发展的两个基本特征。理论和实践证明，小农经营方式多为农户种植口粮以满足自身所需，即使种植经济作物亦仅是初级农产品，且单个农户缺乏农业生产技术，存在经营管理不善以及抗风险能力低下等问题，不利于提高农产品商品率和农产品附加值率，更谈不上高效农业经济。农户把充足的劳动力投入到有限的农地上，依靠大量劳动力进行精耕细作，或许能提高农地单位面积产出，但边际递减规律使得投入大量劳动力不可能改变农业经济发展低效益的状况。在农业经营效率方面，与小农经营相反的那些经济能人或经济组织显示出极大的农业经营高效性，其拥有资本、技术、管理能力、抗风险能力、市场信息等优势，能根据自身实力和市场状况作出"最优的"经营决策，且凭借其优势能够使单位投入创造更多的产出，从而提升农业经营效率。因而，农地权益主体分散化已成为提高农业经营效益的障碍。为此，要改善农业低效益经营状况，需对农地权益主体进行调整，用少数几个规模大、实力强和抵御风险能力高的农地权益主体替代过度分散化、弱小的农地权益主体，其路径乃是农地流转。

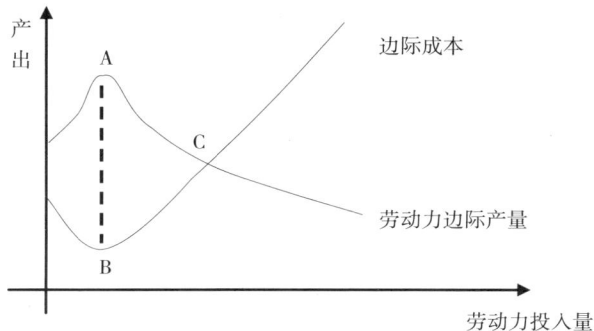

图 6-2　农地劳动力投入与产出曲线

在图 6–2 中，假定土地经营面积固定，劳动力投入量可变，劳动力边际产量在开始时上升到 A 点，并在 A 点达到最高值，此后，由于劳动边际收益递减规律发挥作用，逐步下降。与此同时，A 点或 B 点的左边区域，边际产量的递增意味着边际成本的不断下降；在 B 点，边际产量的最大值发生在边际成本的最低点；在 B 点的右边区域，由于劳动力的边际产量下降，生产的边际成本上升。

（三）农业人力资源流失严重

农业生产需要投入土地、劳动力和资金等要素。在土地数量和禀赋一定的情况下，劳动力特别是农业人力资源在农业生产活动中日趋重要。据了解，桂平市的农民有外出务工的传统，农民商业意识浓厚，而农业生产劳动强度大、收入偏低、风险较高，多数年轻人或选择到沿海地区务工，或转移到城镇经商，或从事其他非农产业，几乎退出了农业生产过程。留守村庄或留守在家从事农业生产活动的村民，几乎是老人、孩子和妇女，这些老人和孩子被当地人称为"两颗牙"和"抱奶瓶"。调研发现：留守农村的村民很少与外界联系，留守村庄的原因，或在家养老，或照顾老人与孩子，或不愿放弃土地承包权。农业生产经营活动已不再是这些村民留在村庄的主要原因，多数农民仅种养日常所需的蔬菜和口粮，或从事劳动强度较低的农业生产活动，根本不关心农业生产成本与收益，更谈不上发展现代农业。大量年轻农业劳动力退出农业生产活动，既是当地发展农业经济的困境，又是农业现代化发展的机遇。一方面，年轻、优质的劳动力流失，给传统的农业生产活动带来极大挑战；另一方面，劳动力的转移使得单位农业人口的土地数量增加，且这些农业人口对继续经营农业的愿望逐步降低，为以后发展现代农业经济带来良好条件。

二、研究样本

从经济社会发展程度来看，广西壮族自治区可以分为桂东南和桂西北两大板块。桂东南泛指玉林、梧州、柳州三地区和南宁市、桂林市。桂西北地区主要包括河池、百色、崇左和南宁市部分县市。桂东南地区农地相对平坦，农地具备机械化、规模化经营的先天优势，但既有的土地制度使得实际农业人口享有承包权的农地差异巨大，且因劳动力流失导致农业生产经营活动每况愈下。为有效利用农地资源，保证农业生产正常运行，甚至推动传统农业向现代农业过渡，弥补劳动力流失对发展农业经济产生的危害，需要重组村庄内部农业生产人员，或从外部引入现代性的农业生产人力资源。因此，统一规划、合理布局、恰当配置农地资源均需进行农地流转。而桂西北地区则多属大石山区，耕地细碎化程度较高，农业经济发展面临严重的土地障碍。我们根据经济区位、经济社会发展等指标，主要选择六个样本县（市），包括位于桂东南地区的桂平市、宾阳县、岑溪市、北流市；桂西北地区的龙州县、那坡县作为调查样本。

第一，桂平市。桂平市地处广西壮族自治区东南部，处于"泛珠三角"经济圈和东盟自由贸易区经济圈的接合部，紧邻北部湾经济区，下辖西山、石龙、金田、木乐等22个镇4个乡，国土面积4070.5平方公里，其中耕地面积超过105万亩，适宜种植各种南亚热带经济林果的山丘岗地达300万亩，水域面积33.4万亩。位于郁江平原和浔江平原之间，地势平坦，土地肥沃；靠近北回归线，日照时间长，降雨量充沛，年均气温21.4摄氏度，热量充足，优越的自然条件适于种植热带、亚热带农作物，其中粮食作物以水稻为主，经济作物以龙眼、荔枝、甘蔗、黄皮、淮山、木薯等为主；资源丰富，金属、非金属矿近40种，其中锰矿储量约2174万吨，铅锌矿储量达1563万吨；水路交通方便，黔江、郁江交汇于此并汇流成西江，千吨级轮船可沿江顺流到达珠三角沿江、沿海城市，并与南昆、湘桂和黎湛铁路线联结，形成水陆交通体系；制药、酒业、酒精、茶叶、服装针织等产业较为发达，部分产品销往国内外，成为桂平市的代表和象征。表6-1为2010年桂平市社会发展概况，其展示侧重点在于桂平市农业发展情况。

表 6-1 2010 年桂平市社会发展概况

面积	人口	GDP	人均 GDP	财政收入	农民人均纯收入
4070.5 km²	188.05 万人	1621908 万元	10787 元	85630 万元	4935.3 元
非农人口	总户数	第一产业产值	第一产业比重	农作物播种面积	城镇人均可支配收入
14.64 万人	542188 户	351299 万元	21.66%	161217 公顷	14857 元
常住人口	水果产量	糖料产量	油料产量	粮食总产量	蔬菜产量
149.69 万人	69267 吨	214705 吨	28967 吨	513412 吨	470302 吨

数据来源：《广西统计年鉴 2011》，中国统计出版社 2011 年版。

从表 6-1 可以看出，桂平市人口近 200 万，是广西壮族自治区第一大人口县级市；农业以粮食、蔬菜、糖料生产为主，是一个农业大县；流动人口近 30 万，其中大部分为外出务工人员，是一个农村劳动力输出大县；第一产业产值占桂平市国内生产总值比重超过 1/5；农业人口比重很高，农民人均耕地不足一亩；农民人均纯收入偏低，仅为城镇人均可支配收入的 1/3。

第二，北流市。北流历史悠久，设县已有 1400 多年，因境内圭江自南向北流而得名。旧称"粤桂通衢"、"古铜州"，历史上曾"富甲一方"，素有"小佛山"和"金北流"之称。北流位于广西东南部，南与广东高州、化州市、信宜市接壤，地处北回归线以南，属典型的亚热带气候，具有"中国陶瓷名城"的美誉，陶瓷享誉海外，1994 年北流撤县设市，由玉林市代管，辖 22 个镇、3 个街道办事处、278 个行政村、21 个居委会，总人口 136 万人，绝大部分为汉族，少数民族仅占 0.92%。改革开放以来，北流经济综合实力稳居广西十强县（市）前列。是北部流经济区开发与东部产业转移的承接地。北流市是广西第二大侨乡，原籍北流的港、澳、台同胞和海外侨胞

30多万人，分布在40多个国家和地区。北流因中国日用陶瓷之都、中国荔枝之乡、水泥之乡、建筑之乡、水稻高产之乡、世界铜鼓王的故乡而闻名。北流农业发达，创汇型和加工型农业已占主导地位。一些新的农业生产高效模式得到了成功实践。农村以沼气池为纽带的生态家园建设发展迅速，成为广西和全国的典型示范项目。北流是全国粮食生产基地、商品粮基地和荔枝生产基地，优质谷、荔枝、龙眼、提子、八角、蘑菇、奶水牛、三黄鸡、优质芭蕉、中药材、无公害蔬菜等农业优势产品声名远扬，水稻免耕抛秧面积位居全国县（市）第一，被评为全国粮食生产先进县（市），被自治区农业厅认定为广西首个无公害农产品（荔枝）生产基地县（市）。全市发展了各类农业企业1100多家，其中年产值超1000万元的25家，自治区级农业龙头企业3家。

第三，岑溪市。岑溪市是梧州市代管县级市，位于广西梧州市南部，岑溪东南与广东省相连，北与梧州市龙圩区和梧州市藤县连接，西与玉林市容县相邻。位于珠三角经济圈与大西南的接合部，既是连接华南和珠江三角洲及港澳地区经济辐射的重要腹地，又是大西南资源型经济与沿海外向型经济的连接点。岑溪盛产花岗岩，是远近闻名的"花岗岩之都"。2012年5月23日中国老年学会向岑溪市授予"中国长寿之乡"牌匾。截至2013年，岑溪市辖岑城（县城所在地）、糯垌、诚谏、归义、筋竹、大业、梨木、大隆、南渡、马路、三堡、波塘、安平、水汶共14镇。1995年撤县设市后，岑溪的城区面积有了较大的发展，城区人口156561人，占17.43%，镇村人口741605人，占82.57%。截至2011年年底，全市有193113户，人口898166人，人口密度为每平方千米278人。其中男性人口479177人，占全市人口的53.35%；女性人口418989人，占46.65%。全市农业人口755864人，非农业人口142302人。全市总面积2783平方公里，其中丘陵山地居多，八山一水一分田，是对岑溪土地资源的真实写照，全市仅有耕地33.8万亩。

第四，宾阳县。宾阳县位于广西壮族自治区中南部，南宁市东北部，为南宁市辖县。县城宾州镇距南宁市城区公路里程78公里。宾阳县已有2100多年的发展历史。其中，县城所在的宾州镇为广西四大古镇之一。而黎塘镇则为广西传统强镇。宾州和黎塘双子城镇，为广西所少有。宾阳县自古以来就是商贾云集之地，以"百年商埠"闻名于桂中南。2009年，宾阳县人口103.25万人，其中农业人口87.73万人、非农业人口15.48万人。全县有16个镇（乡），总面积2314平方公里，其中耕地面积为54224.5公顷，有林面积为7.03万公顷。宾阳县土地资源丰富，土地类型以平原、丘陵、台地和山地为主。平原是本县农业种植的耕地基本来源，丘陵主要用于发展林业和种植果类。

第五，龙州县。龙州县地处我国西南边陲，是著名的老少边穷地区。全县辖12个乡镇127个行政村（社区），总人口26万余人，其中壮族人口占比为95%，是国家扶贫开发重点县。全县总面积2317.8平方公里，其中耕地面积75万亩，石山面积185万亩，属典型大石山区，主要经济作物为甘蔗，种植面积为58.5万亩，占耕地总面积的78%。龙州县地处大石山区，土地细碎化十分突出。分田到户以来，更加剧了土地细碎化问题。"蚂拐一跳三块地，草帽一扔不见地"比较形象地揭示了龙州县大石山区的农地细碎化状况。这种土地细碎化导致农民甘蔗种植地零散，劳动强度大，产出效率低。

第六，那坡县。位于桂西北地区的那坡县地处我国西南边陲，与越南高平、河江两省接界，总面积为2231.11平方公里，全县总人口21万人（2011），壮族人口居多，是有名的"黑衣壮"之乡，辖9个乡镇，127个行政村3个社区。该县属南亚热带季风气候，素有"天然空调"的美誉，地形以高山为主，道路崎岖，石山和山地以及其他不宜耕种的土地面积广阔，生产活动受到较大限制。人多地少、交通不便、生产受限，加上大量年轻人外出打工，留守老人、妇女和儿童较多，而且位置偏远，使得该县成为了典型的老少边山穷地区，经济发展滞后，是国家扶贫开发工作重点县，是滇桂黔石漠化综合治理与扶贫开发重点片区。

三、研究假设与方法

（一）研究假设

假设 1：市场机制在农地流转中发挥了基础性作用。但是，由于集体产权制度下的农地权利主体多元化和农地细碎化，导致市场机制在农地流转中发生市场失灵。

假设 2：农地流入方主体的存在是实现农地流转的重要条件。在农地流转过程中，除了农地流出方主体（拥有农地承包经营权的农户）的流出意愿外，作为农地流入方主体的新型农业经营主体的存在是实现农地流转的必要条件。

假设 3：农民经济组织特别是农民专业合作社的迅速发展有利于促进农地流转。农民专业合作社已发展成为农地流转的主体之一。不同于市场机制与政府机制，农民经济组织所代表的社会合作机制能有效克服农地流转中的市场失灵和政府失败。

假设 4：村庄社会资本可以促进农民流转。在缺乏农地流入方主体的情况下，在村庄内部，基于村庄社会资本，农民可以发挥农地流转主体的作用。通过民主、协商等社会合作机制，自主地推动农地内部流转，即通过土地置换的方式，实现小块并大块，形成农户适度规模经营。

（二）研究方法

基于上述研究假设，我们对桂平市、宾阳县、岑溪市、北流市、龙州县的农地流转状况开展了深入细致的调研，收集了大量关于五县市农地流转状况的资料，对五县市农地流转的现状、经验和问题有了初步的认识。

在研究方法上，此次我们采用的是抽样基础上的座谈会半结构式访谈和田野调查的方法，对政府四个局即农业局、工商局、民政局和农机局的访谈都是采取座谈会的方式,在原有访谈提纲的基础上进行了广泛的交流;然后选择乡镇展开实地调查,除了对村庄负责人展开访谈外,还有针对村两委、合作社负责人以及部分农户的问卷调查。在样本选择方面,我们选择了与农业、农村、农民密切相关的农业局、工商局、民政局和农机局,希望能够从总体上认识桂东南地区农地流转发展状况;在村庄层面,我们根据各县市的地理区位及农业特点选择了不同乡镇若干个村庄作为调研对象,对不同乡镇不同村庄农地流转现状进行分析。

第二节　市场机制与桂东南地区的农地流转

广西桂东南地区(主要包括玉林市、贵港市、梧州所辖区县以及首府南宁市所辖的部分县区)自然资源丰富,土地肥沃,气候适宜,水陆交通便利,地理位置优越。桂东南地区是广西农业比较发达的地区,特别是位于西江中游的浔郁平原地带的贵港市,是国家重要的产粮基地,也是广西著名的粮仓。贵港市辖港北区和港南区、桂平市和平南县两区两县,农业市场化程度高。市场机制在农地流转中发挥了决定性作用。但由于农地市场化流转存在较高的交易费用,导致桂东南地区农地流转率不高。

一、桂东南地区农地流转的现状

（一）新型农业经济主体现状

自农村改革以来,家庭联产承包责任制成为我国农业经营体制的基本制度安排,并不断巩固和完善。农业生产从集体化重新回到以家庭经营为基础的小农经营模式。最初这种小农经营模式提高了农民生产积极性,实现了农业生产的持续增长。但是,随着工业化、城市化和农业市场化的发展,小农经济日益面临诸多困境,小农生产方式无法积累足够的农业剩余资源支撑农业的规模化经营。农业现代化发展需要具有资本、技术、管理的新型农业经营主体。随着农业税的取消以及国家加大对农业的投入力度以及农业经营环境的改善，龙头企业、农业公司、专业合作社和经济能人已成为推动农地流转和实现现代农业发展的新型农业经营主体。

1. 外部资本与龙头企业。随着国家各种支农惠农政策的相继落地，外部资本开始涉足农业，资本下乡成为农村社会的一种新现象。资本下乡是指城市工商资本进入农村，从事规模化、集约化的农业生产经营活动。按照资本投入的主体不同可以分为公司经营、合作社经营以及私人承包经营三种形式。2013 年"中央 1 号文件"《关于加快发展现代农业，进一步增强农村发展活力的若干意见》，鼓励和引导城市工商资本到农村发展适合企业化经营的种养业，其实质就是试图通过培育壮大龙头企业，实现农业产业化和创新农业生产经营体制。资本下乡将成为新一轮农村改革发展的外生变量，为新一轮农业发展注入强劲动力。涉农龙头企业为稳定原料供应、满足日常经营需要以及保证原材料质量，纷纷向农产品种养阶段投入资源，除大力建设原材料供应基地外，加强与种植大户、农民经济组织合作，如自治区龙头企业金源生物化工实业有限公司，与木薯种植户签订木薯生产—销售合同，形成"公司—种植户—木薯生产基地"的产业发展模式；广得利食品有限公司牵头组建了社坡广信腐竹产销专业合作社；社坡健民食品厂牵头组建了社坡健民腐竹加工专业合作社等。这些涉农企业进军农产品种养环节，伴随原材料基地建设，形成对土地规模化经营的需要，进而推动农地流转。一方面，原材料基地的扩张，促使大量农地向涉农龙头企业转移；另一方面，稳定的原材料供应，使企业获得较好的经济收益，反过来又刺激了企业建设原材料基地的欲望。因此，涉农龙头企业投资入驻农业种养环节，对土地流转具有"滚雪球"的效应，也在一定程度上使这些企业成为农地主要流入方之一。

广西振阳林业有限公司、广西东林木业有限公司、广西震烁木业有限公司、宾阳县富材木业有限公司等在宾阳县租赁土地种植速生桉近 10 万亩，带动全县约 30 万亩速生桉种植。南宁盈丰植物有限公司在宾阳县古辣镇和吉外镇等地租赁土地种植剑麻近 4000 亩，示范带动宾阳全县剑麻种植预计达 8000 亩左右。

宾阳荷香人间现代农业科技发展有限公司在黎塘镇青山村委里仁村租地 1000 亩，建立宾阳县"荷香人间"万亩荷田休闲旅游观光农业生态园，通过深入挖掘"稻—藕—莲—鱼"套种发展内涵，以"荷园、莲园、藕园、龙园"为主题，构建集现代生态农业生产、特色农业观光、休闲旅游度假、农业文化体验等功能于一体的现代农业生态休闲农业体系，全力打造南宁大都市城郊休闲农业示范区，广西大都市城郊休闲旅游目的地以及全国休闲农业旅游示范点、国家 AAAA 级旅游景区。项目规划总面积为 10000 亩，其中稻、藕（莲）生产基地 5000 亩，旅游休闲农业生态示范园 2700 亩，旅游休闲农业体验园 2000 亩，产品加工及商贸物流园 300 亩。计划总投资 2.36 亿元，分三期实施，第一期投资 4000 万元。项目自 2011 年开始实施，已完成投资 1800 万元，完成了项目总规设计、景区大门、游览步道、观赏亭、停车场、采摘体验园等建设。2013 年，核心示范区稻藕（莲）种植面积发展到 600 多亩，辐射带动周边种植面积 6000 多亩，有力促进了现代农业发展、农民增收。

2. 农民经济组织（合作社）。在桂平市，农民经济组织特别是农业专业合作社和农业专业协会特别发达，几乎各个农业产业内部均有农业专业合作社或专业协会。在农地流转过程中，由于专业协会不具备法人资格，农业专业合作社发挥的作用强于农业专业协会。农业专业合作社的建立与成长需要一定的土地规模，从而刺激和增强农地流转需求，不可否认，其已成为桂平市农地流转的主要推动力量之一。桂平市农业专业合作社发展迅速，以每年 10% 左右的速度快速增加，合作社规模扩张较快，新增的农地流转几乎产生于享有土地承包经营权的农户与农业专业合作社之间的土地权益流动，如南木镇金龙村农业专业合作社以入股方式流转水田 1865.5 亩、鱼塘 350 亩；

木乐镇广仁村南华种植专业合作社，先以入股方式成立合作社，再通过合作社租赁、租地置换等方式转入农地。

在宾阳县，黎塘三禾农民专业合作社，按照现代农业发展的要求，开发优质胡萝卜生产经营，2008年已在王灵农场、桂南林场等地和黎塘、和吉、洋桥等镇租赁土地3800万亩，建立胡萝卜标准化示范种植基地，形成了"七统一"即种子统一、种植统一、技术统一、加工统一、包装统一、销售统一、贮藏统一，并实行"合作社＋基地＋农户＋订单＋仓储"的产业模式，实现了产业化经营，取得了瞩目的经济效益和社会效益，并带动全县胡萝卜种植约15000亩。

3. 种植大户。种植大户凭借其拥有的资金、市场信息、销售渠道、技术及管理经验等，采取租赁方式将土地集中连片，面向市场统一种植农作物，桂平市MP镇等地的几个村屯的农地由外地老板租赁经营。贵港市东津镇老板廖某某租赁JF村PY屯700多亩农地进行甘蔗与水稻或香蕉轮替种植；MG镇覃某某依托丰登种养专业合作社，在马皮乡、木乐镇和木圭镇租赁1200亩农地种植冬马铃薯和优质水稻。

（二）农地流转机制

在农业市场化条件下，农地市场化流转成为普遍的趋势。广西桂东南地区也不例外，在农地流转过程中，市场机制发挥了决定性作用。但是，农地流转离不开政府政策倾斜以及政府的支持与引导。桂东南地区各县市的农地流转得到了各级地方政府的支持，这些支持来源于自治区政府、县级政府以及各乡镇政府和村民自治组织。首先，区政府农业部门以项目制方式，设置专项建设资金，提供制定合同、管理档案等服务，促进农地流转。《广西壮族自治区农业厅关于印发〈2010年土地承包经营权流转管理试点示范项目建设实施方案〉的通知》（以下简称《通知》）指出，"集中连片推进，依托农业经营公司、种植大户，选择通过土地流转种植面积大、生产集中、产业化水平高的优势产区安排项目"，"坚持依法、自愿、有偿和公平、公正、公开原则，在项目实施过程中要始终做到'引导、规范、健全'，确保项目资金按时足额使用到选定项目"。《通知》明确了项目建设的要求，即项目区应具有适当的土地流转规模，种植相对集中连片以及政府设立的专项项目资金应专款专用。同时，要求各县市农业部门加强监督检查，按照土地流转管理办法的有关规定制定相应的规章制度以及统一规范土地流转合同文本，不得采取强制手段干预农民自愿流转，并在示范项目建设点建立土地流转档案。其次，县域政府以及农业部门，结合农民经济组织、种植大户和农村经济能人的实际情况，向这些组织和个人提供小额无息贷款，以促进农民经济组织发展壮大、推动农地有效流转。最后，各乡镇政府以及村民委员会负责宣传、引导农户流转土地，接洽区域外的农业投资方，以第三方身份与农户、投资方进行沟通、协商和谈判，且为发展农业产业、推动农村经济发展、促进农民增收、方便投资方经营管理，组织兴建了大量农业发展基础设施，如入村公路、机耕道和水渠等。此外，村干部为农业发展提供稳定的农村社会秩序与社会环境。政府的支持与引导，改善了农业投资环境，极大地吸引了农业投资资金流入，推动了农地流转进程。

（三）农地流转模式

桂平市农地流转整体发生率相对较低，农地流转面积仅占总农地的13%，且农地流转分布并不均衡。一方面，在农地资源条件欠缺，农民经济组织欠发达以及农户外出务工比率较低的区域，由于农业投资环境差、规模化经营先期投资成本高以及农业人口人均土地数量少，限制了农地流转的速度和质量，农地流转率很低。另一方面，在浔江平原和郁江平原区，农地平坦、肥沃，水源充足，对农业投资资金具有很强的吸引能力，农民经济组织发展迅速，规模快速扩大，涉农企业或外地农业投资商进军农业者屡见不鲜，且农民外出务工经商者居多，农地权益意识发生巨大变化，为农地规模化流转创造了条件。桂平市的农地流转正从农民自发性、分散性流转向农地组织化、规范化、规划性、规模化流转过渡，农地流转规模以及流转质量在稳步提升，农业劳动人口人均耕地大幅度增加，如表 6-2 所示，农地流转后农业劳动人口人均耕地增加量超过 2 亩，达 3.377 亩，是农地流转前的 2.49 倍。在此期间，桂平市产生了多种农地流转模式，这些模式不同程度地促进了桂平市农业经济发展，推动农业向产业化方向迈进。

表 6-2　桂平市农地流转前后农业劳动人口与人均耕地的数量

家庭平均人口	家庭平均农业 劳动人口	流转前农业劳动 人口人均耕地	流转后农业劳动 人口人均耕地
6.75 人	2.75 人	1.3545 亩	3.377 亩

数据来源：根据 2013 年对农户的访谈样本统计数据整理。

1. "农户—农户"模式。"农户—农户"模式是指普通农户之间的农地流转模式。普通农户之间的农地流转通常发生在村屯内部，是最为广泛、最为频繁、最为普遍的农地流转形式，以代耕、互换、出租等方式为主，但规模有限，流转过程并不规范，往往以口头约定或中间人证明代替书面合同或契约。从全国范围上看，自家庭联产承包责任制实施后，就存在零星的农地流转。农户或以极低价格，或直接赠送给亲友，或"倒贴皮"把农地流转出去，但并不涉及土地承包经营权转让领域，一旦这些转移到城镇或非农产业的农户返乡，有权无偿索回土地。2003 年至 2006 年是农地流转的转折时期，2003 年农村税费改革，2004 年实施"种粮直补"政策，2005 年农业部颁布《农村土地承包经营权流转管理办法》，以及 2006 年取消农业税等一系列惠农政策出台并实施，在一定程度上保障和刺激了农地流转。伴随普通农户之间农地流转的发展，农地向部分农户聚集，村庄内部出现了经济能人或种植、养殖大户。这些经济能人或种养殖大户为了进一步扩大农业经营规模，对农地条件有了新的要求，即农地集中连片，这种新的农地要求促进了农地租赁、置换、租地置换等方式的农地流转，但因经济能人或种植、养殖大户自身农地有限，不可能大部分或完全采用置换方式完成农地流转过程，租赁和租地置换成为了普通农户与经济能人或种植、养殖大户之间最主要的农地流转方式。由于外出务工者居多且农户之间高度信任，普通农户之间普遍存在农地流转，桂平市"农户—农户"土地流转模式主要发生在村庄内部，其方式表现为农地与宅基地互换、地块置换、租赁、代耕代管等，但其发展趋势以普通农户之间的农地流转转变为以普通农户与经济能人或种养殖大户之间的农地流转。

与此同时，桂平市农民创造出一种新的农地流转方式——土地承包权流转，即土地承包经营权长期转让，是指转入方以足够金额获取土地永久承包经营权，土地一旦以这种方式确定流转关系，土地转出方就不能向土地转入方索回土地。土地承包权流转具有长期性、永久性和不可索回性的特点，转出方若想重新享有土地承包经营权，只能通过赎回途径，但转出方不具备优先赎回权，也不能干预转入方的土地经营及未来土地流向。土地承包经营权长期转让是家庭联产承包经营制度发展的结果。家庭联产承包经营制度的推行，农户获得了土地承包经营权，在国家稳定农村土地承包关系以及村集体长期未调整农地的背景下，土地承包经营权权益主体——农户的土地所有权意识受到强化，具有将土地承包经营权视为土地所有权的倾向，土地被视为农户自身财产，可以流通、转让甚至通过买卖放弃或享有这种"土地所有权"。桂平市的家庭联产承包经营制度推行得很彻底，很多村庄几乎无公共土地，半数以上的农户认为其享有土地所有权。

案例1：2003年桂平市政府决定在"玉（林）贵（港）走廊"沿线建设以金田镇为主的13个乡镇养殖万亩黄沙鳖基地，同年，桂平市政府与广西区水产畜牧兽医局共同安排"黄沙鳖项目"资金150万元投入金田镇彩村建设小区庭院式黄沙鳖生态养殖示范基地，并鼓励、倡导和支持成立桂平市金田黄沙鳖养殖协会。该协会以"协会＋基地＋农户"的方式推动桂平市黄沙鳖养殖，至2008年协会会员达493人，同时，新成立 7 个黄沙鳖养殖专业合作社，社员 58 人，协会与合作社共同带动全市 10140 户养殖黄沙鳖，养殖收入 1.56 亿元，养鳖农户人均养殖收入 6.19 万元。丽泉黄沙鳖繁殖、养殖基地在桂平市黄沙鳖养殖推广中起到极大作用。丽泉黄沙鳖基地负责人黄某某，是桂平市渔业协会会长、金田丽泉黄沙鳖养殖专业经济合作社社长、原金田黄沙鳖养殖协会会长，是桂平市最早一批黄沙鳖养殖专业户，1997 年开始养殖黄沙鳖，最初建设养鳖池 0.2 亩，养殖黄沙鳖 400 多只，2003 年庭院养殖黄沙鳖 45 亩，年产值 293 万元，年利润 217 万元，2008 年养殖规模达 230 亩，年产值 2470 万元，实现利润 1640 多万元。在黄沙鳖养殖规模扩张过程中，因采用养鳖池方式养殖黄沙鳖，养鳖池的需求与建设刺激和推动了农地流转。起初，由于黄沙鳖养殖规模有限，部分养殖户采用农地互换等方式把土地地块集中并建设养鳖池，随着养殖规模的扩张，养殖户自身农地有限，土地互换不再是集中土地的方式。此外，因需在土地上建养鳖池，复耕难度较大，于是便产生了土地承包经营权长期转让的需要，表现为种田农户与养殖户、种田农户与养殖专业合作社之间的土地买卖关系。

2. "农户—农民经济组织"模式。桂平市的农民经济组织特别是农业专业合作社的兴起和发展与农地流转有着紧密联系，很多农业专业合作社是经济能人或种养殖大户牵头兴办，广大农户群众参与的农民经济组织。农民以土地、劳动力、技术或资金等资源参加农业专业合作社，其中土地要素为农业专业合作社的基本资产。在桂平市农业专业合作社兴办热潮中，农村大量土地以入股、出租等方式向农业专业合作社聚集，多数农业专业合作社经营几十亩到上百亩农地，也有少部分农业专业合作社经营数百亩农地，服务面积甚至达到一万亩。这种模式就是把农民组织起来成立农民经济组织特别是专业合作社，并使农民与土地重新通过专业合作社实现结合。于是，农地流转的"农户—农民经济组织"模式应运而生,该模式主要涉及土地入股、土地托管以及专业合作社租赁土地等农地流转方式。

一是土地入股。土地入股农民经济组织,是借鉴股份制形式,将土地统一量化入股,组建成以土地、资金和劳动力等生产要素为股本基础的股份制合作社,由合作社对土地进行统一经营与管理,是生产要素入股方按照股份数额分红的一种利益共享、风险共担的股份合作制度。目前,桂平市的土地入股集中于土地承包使用权入股,而土地所有权入股和承包权入股相对较少。

　　案例2:2007年年底,金龙村经济能人骆某某牵头成立桂平市金龙农业专业合作社,农户可以通过土地、现金和协议劳动力三种方式入股。入社土地由初期的25亩水田扩大到现在的1865.5亩、鱼塘350亩,控股股金由原来的50万元增加到现在的400万元。合作社共运作完成15个项目,分别为两造黑皮冬瓜种植、09冬种马铃薯、湖南香芋、苦麦菜、早晚造高产水稻、早造玉米、反季节玉米、西洋南瓜、300亩良种木薯、甘蔗、养鱼、香芋等,目前正在进行项目有投资250万元的养猪场一期工程、投资300万元的肉牛养殖场一期工程、年出栏3000羽鸡的银塘养鸡场、150亩蔬菜种植园、100亩冬种马铃薯、630亩甘蔗和60亩琴丝竹。合作社成立后,总投资307万元,总产值498万元,实现净利润191万元,村民实际得益280万元①。在合作社的带动下,2007年全村农民人均纯收入2200元,2008年全村农民人均纯收入达3286元,增长49.4%,2009年全村农民人均纯收入达4785元,增长45.6%。

---

① 包括人工工资、地租、管理人分红、股份分红。

二是土地托管。土地托管是农户将农地交由农业专业合作社经营，经营成果归享有农地承包经营权的农户所有，但农户要向农业专业合作社缴纳一定数额的管理费、服务费。实际上，土地托管是农户将农作物育苗、种植、管理、收割和储存等农业生产环节外包给农业专业合作社。

案例3：桂平市石龙镇石龙村白垌屯水田面积350亩，占总耕地的81.4%，农作物以水稻为主。过去，该屯农户采用传统方式完成水稻育苗、插秧、收割等生产环节，劳动强度大，劳动生产率低，投入成本高。由于大量青壮劳动力外出务工、经商，部分农户将水田闲置、撂荒，不仅浪费了农地资源，也减少了农户收入渠道。振龙农机专业合作社成立后，开展了水稻生产全程机械化服务，农田机械作业服务，农机供应、维修、信息和农机操作技术培训等业务，于2008年上半年实现对合作社村屯内水稻种植全程机械化承包作业。白垌屯以及周围村外出务工、经商或劳动力不足的农户，将水稻生产环节以承包方式交由振龙农机专业合作社进行机械化作业，既能掌握土地承包经营权，又能减轻劳动强度，还能摆脱农地束缚，腾出时间、精力安心经商或务工，更能以创新收入渠道带动收入增加，降低收入来源风险。

三是专业合作社租赁。该农地流转方式是在成立农民专业合作社后，借助和依托农民专业合作社的力量、信誉等以租赁方式从农户手里转入农地，供农民专业合作社经营，并由农民专业合作社自负盈亏。

案例4：木乐镇广仁村南华种植专业合作社由几个种植大户以土地入股方式建立，但合作社建立后，合作社面临土地分散、管理与经营不便等问题。为了解决这些问题，合作社通过土地置换把分散的土地集中连片，随着合作社的发展以及恰逢大量农民外出务工等机遇，一方面，合作社租赁了大量外出务工农户的土地；另一方面，出现部分农户的土地夹在合作社土地连片区之间而农户又想继续自主经营的现象，合作社采取了租地置换措施，将合作社农地连片区的土地全部置于合作社经营管理之下。该合作社通过土地置换、租赁、租赁置换完成了土地流转（扩大合作社土地经营管理规模、土地集中连片等），从而实现规模化土地经营。

3."农户—村（自然村）集体—投资商"模式。农地流转的"农户—村（自然村）集体—投资商"模式类似于农地反租倒包，但与反租倒包不同，反租倒包是将农户的土地承包经营权收归集体，再由集体打包转让。而该模式在村集体与投资商达成土地流转协议之前，农地仍然掌握在农户手中，农户享有土地承包经营权，直至村集体与投资商确立农地流转关系为止。农地转出方与农地转入方之间并不存在直接接触，而是通过村集体协调转出方与转入方的利益关系。一方面，转出方——农户——由于信息不对称、知识有限、视野狭窄，仅单个农户分散式地转出农地，无法找到最优的农地转入方，且单个农户向投资商特别是涉农企业、外地老板转让土地，价格偏低。另一方面，农地转入方——农业投资商——因沟通困难、农户过于分散、耗时耗力等因素造成农地流转初期成本（交易成本）投入过高，不愿意与具体农户直接接触。通过村集体流转农地的农户，由村集体代表他们与农业投资商洽谈，以共同体式的方式转让农地，如 JF 村 PY 屯出租该屯所有土地。

案例 5：PY 屯农地流转合同涉及三方，即老板方、村集体（自然村）方和村民方，老板和村屯签订合同，村屯和村民签订合同。村集体和村民之间只有一张集体合同，合同上写明每家每户的各类农地数量及租金，然后每个户主在上边摁手印作为法律凭证，合同末尾分别是村集体代表的签字和按手印，以及老板的签字和按手印。这个做法——也就是和村集体签一份统一的合同,村集体再和村民签合同的做法,突破了以往外来主体和每家每户农户签合同的做法,极大地减少了谈判的交易成本以及确保合约得以履行的成本,因为外来老板或公司只需要与村集体交涉,而具体的争执由村集体内部解决。PY 屯农地流转(租地)后老板对整片的土地进行了平整,铲除以往的田埂界限,将农地连成一片,在这成片的土地上重新规划机耕道和排灌渠,解决了农地分割细碎以及由此带来的农田水利、道路设施不健全的问题。

村集体特别是村干部与农户直接接触,共同协商如何确定农地流转关系。村集体既成为农户流转土地的代理人,又成为农业投资商与农户接触、沟通、协商、谈判的代表。农地流转关系的确立建立在农户广泛参与、同意和认可的基础上,有助于保证农户了解整个农地流转关系确立的过程,但是也存在村集体为了某些实惠强制个别农户流转农地的事实,或置农户利益于不顾,专注于为农业投资商创造投资条件。在该模式中,虽然农户广泛参与农地流转过程,但仍存在过程不够透明的问题,如果能够有效解决农户与村集体之间的委托—代理关系,不失为可供农地流转选择的流转模式。因为通过该模式流转农地,农户可以减轻因信息不对称而带来的损失与痛苦,而农业投资商则免于与原子化的农户接触,极大地降低了农地流转的交易成本,还能促进村庄农业经济发展以及改善村庄基础设施。

4.“农户—投资商”模式。“农户—投资商”模式中,农业投资商主动寻找农户并直接与农户接触、谈判、协商乃至签订农地流转合同,农地流转过程简单但操作困难、复杂。投资商面对的是分散的农户,且各个农户土地租金要求不同,但为降低农地流转后的经营障碍,通常以统一价格租赁相邻位置的农地,容易出现土地规划区“农地流转钉子户”,这增加了农地流转困难,如果无外部力量(投资商与普通农户之外的力量,如政府、村集体、村干部、村庄能人等），农地流转交易成本极高。

　　案例6：马皮乡丰登专业合作社理事长覃某某是木圭镇人，由于与广东、香港的稻谷收购商有销路上的联系，按他们的要求进行类似订单农业式的生产，其在木圭、木乐、马皮三个乡镇总共租赁1200多亩土地种植早晚稻与冬种马铃薯，并从水田耕作、插秧到收割环节实现了全程机械化生产。地租方面，马皮乡200多亩农地位置和质量上佳，租金最贵，需每年支付900元/亩，租期为6年半，木圭的最低，仅需每亩每年100—200元，木乐镇土地租金介于100—900元不等。加上租金及各个环节的投入，每亩农地年运行成本约为2000元。收益方面，社长用这些土地进行三季种植：早晚稻和冬种马铃薯。每造水稻亩产1500到1800斤，每百斤水稻均价170到180元，比其他农户高40到50元（品种好）；冬种马铃薯每亩收成6000到7000斤，每斤价格1.2到1.5元。每亩总收成 = 1500×2（1800×2）×1.7（1.8）+ 6000（7000）×1.2（1.5）= 16880（12600）元，每亩纯利润最少12600 - 2000 = 10600元，最多14880元。除了给农民农地租金外，还雇请部分农民从事田间管理等劳动并给予酬劳，且通过他掌握的销售渠道，周边农民的水稻价格上涨，比普通销售渠道提高30—50元/100斤。

（四）农地流转方式

　　1. 租赁。由于农户害怕农地流转后，土地承包经营权得不到保证，且存在经营风险，多数农民不愿意以土地入股方式实现农地流转，而是选择有稳定租金来源的租赁方式把农地转让出去。在农民的利益权衡中，租期结束时有选择继续出租或收回土地承包经营权的权利和余地，还可以选择流转到租金较高的组织或个人手中。在桂平市11.2万亩的农地流转面积中，70%选择以出租方式流转农地。由此可以看出，土地承包经营权以及未来可供选择的余地是农地流转采用何种方式的主要因素。事实上，桂平市也存在土地入股、土地置换等农地流转方式，但是土地入股仅在发展良好的农业专业合作社中才存在，如金龙农业专业合作社，而土地置换仅是交换地块的土地承包经营权，并不从总量上增加或减少土地承包经营权。不论是土地入股，还是农地置换，抑或是其他农地流转方式，在桂平市区域内均比较少，而出租成为农户与农户、农户与经济能人或种养殖大户、农户与农民经济组织、农户与龙头企业以及农户与外地老板之间确立农地流转关系的主要方式。如桂平市马皮镇 JF 村 PY 屯把 1000 多亩地租赁给广东老板种植甘蔗，就是这种情形。

2. 转让。转让是农地承包权的流转。一般而言，农地流转主要是农地经营权的流转，而农地承包权的流转相对少见。但由于对于分田到户的认知观念的不同，导致了农户对于土地的集体所有观念不是很强，在广西很多农村，分田到户后，很少有土地调整，且村民普遍认为土地属于农户个人或家庭所有。这种观念促进了在桂平某些地方如金田镇，农地的承包权，流转的实现，金田镇丽泉、宝源、宏业、莫弄等黄沙鳖养殖专业合作社以及一些黄沙鳖养殖户主要采取这种形式，一次性买断承包户的承包权。金田镇农地承包权流转处于这样的背景下，即当地村民普遍认为对土地享有所有权，自身有权处理土地而不受他人干扰，以及养殖黄沙鳖需要建设养鳖池，养殖场水泥固化等将导致农地恢复困难，流转双方均不愿意以出租方式流转农地。

3. 村屯农地集体流转。村屯为了吸引外部投资资金、改善农业投资环境，把村屯的农地集中连片，集体打包流转。集体性或组织化的农地流转方式，使农地转入方面对一个集体或组织而不是直接面对分散的、原子化的农户。如果农地转入方直接面对农户，那么，农地流转的交易成本将会很高，因为转入方须与规划区内的每一个农户进行沟通、协商、谈判，且可能会出现个别农户不愿流转农地导致整个农地流转计划破产，项目得不到实施，甚至出现"钉子户"，即为了索取更高的农地流转价格，不断与农地转入方周旋，而转入方为了土地集中连片和统一经营管理而不得不付出更高代价。在桂平市，基层政府、村委会、村干部乃至农民经济组织和经济能人为了改善农业投资环境、推动农业经济发展，试图将农户的土地集中连片并流转出去，另一方面农地转入方也在寻求基层政府特别是村两委以及村干部的支持，期望农民以集体方式转让农地。在桂平市的农地流转中，两股力量共同造就了农户集体打包流转的农地流转形式，如 PY 屯队长在政府和村两委支持下，为满足投资商的土地要求，把 PY 屯农户的所有土地集中起来，"一体式"流转出去。

二、桂东南地区农地流转市场化存在的问题

桂东南地区以多种农地流转模式以及多个农地流转主体参与土地流转，促使农地集中连片，推动了农地规模化、集约化以及农业产业化发展。通过调研我们发现：① 当地大量青壮劳动力外出务工，实际农业人口人均耕地面积增加；② 耕地碎化成为发展农业机械化、规模化经营的障碍；③ 农业种植收入占家庭总收入比例较低，约占 30%；④ 以出租为农地流转的主要方式，流转年限多数超过 5 年；⑤ 整体农地流转发生率偏低，但也有部分区域农地流转发生率很高，甚至全部转出；⑥ 国家种粮补贴并不与农地合并流转，农户除了获得土地转让金外，还获得国家种粮补贴；⑦ 农户似乎更愿意信任村庄经济能人或农民经济组织，而不是政府部门和村两委；⑧ 农地流转多是农村土地承包经营权的流通与转让，且流转期限往往忽视土地承包期的剩余期限；⑨ 多数农户视土地为一种财产，即拥有土地所有权。但桂平市的农地流转也存在诸多问题，主要表现在以下几个方面：

（一）农地流转率总体偏低

根据我们的调查，整个桂东南地区农地流转率普遍偏低。农地流转率在 10% 左右。如宾阳县农地流转面积为 8.9 万亩，占全部农村家庭承包耕地面积的 13%。桂平市农地流转面积为 11.2 万亩，占总农地面积的 13%，其中 70% 左右的农地以出租方式实现流转，也有少量农地流转通过入股、代耕、置换等方式实现土地权益转让。桂平市拥有优越的农业自然资源禀赋，农业经营条件很好，通过农地流转实现规模化经营，可以取得很好的农业经济效益，被农业投资者视为农业投资的良好区域，而且农村人口流动频繁，大量农村年轻劳动力外出务工，在这样的背景下，桂平市的农地流转率本应很高，但是总体上桂平市农地流转率偏低。农地流转率偏低对于发展现代农业经济会导致诸多不良后果，如不利于改善农业投资环境，限制了农业机械化作业，影响农业规模化、集约化经营，进而成为发展现代农业的障碍。

（二）土地连片规模流转难

《中华人民共和国农地土地承包法》允许土地承包经营权在自愿的基础上实行流转，但在实际操作中这种流转难以实现，特别是连片的土地流转更难以实现。一是部分农民对国家的土地承包政策的认识有误，有的认为土地流转后会失去承包经营权，有的认为土地承包关系 30 年不变，即使抛荒也是自己的事，其他人无权干预，对土地流转的政策存在抵触情绪。二是农民对土地有严重的依赖性，土地是其生存的最基本的条件。三是绝大多数地方的耕地质量不一，在实行土地承包时已按"好、中、差"平均分割给了各个农户，耕地面积小且分散。四是从各个家庭来看，有的在家务农，有的已外出打工。在家务农的需要耕种自己的土地，只有在外打工的家庭可以将土地流转给别人经营。五是大多数农民没有一技之长，外出打工多是临时性的工作，随时都有可能回到农村来务农，所以即使同意流转土地，也不敢签订长期的流转合同。六是由于不能签订长期的流转合同，农民对外来的二次承租人员是否能爱护好土地缺乏信任，多数人宁愿低租金甚至不要租金转让给亲朋好友或本村村民耕种，也不愿意高租金流转给外地人员耕种。七是少数农民对国家的政策了解不够，担心土地流转给了别人后，国家的惠农政策惠及不到自己，甚至外出务工、经商也舍不得将土地流转出去，宁愿抛荒也不肯将土地流转出去。因此，如果不是整村流转，被流转的耕地很难连片，不利于种植大户耕种和管理。

（三）土地流转行为不规范，期限短

主要表现在以下几个方面：第一，流转合同尚待规范。《农村土地承包经营权流转管理办法》第二十一条规定："承包方流转农村土地承包经营权，应当与受让方在协商一致的基础上签订书面流转合同。农村土地承包经营权流转合同一式四份，流转双方各执一份，发包方和乡（镇）人民政府农村土地承包管理部门各备案一份。承包方将土地交由他人代耕不超过一年的，可以不签订书面合同。"以及第二十三条规定："农村土地承包经营权流转合同一般包括以下内容：双方当事人的姓名、住所；流转土地的四至、坐落、面积、质量等级；流转的期限和起止日期；流转方式；流转土地的用途；双方当事人的权利和义务；流转价款及支付方式；流转合同到期后地上附着物及相关设施的处理；违约责任。农村土地承包经营权流转合同文本格式由省级人民政府农业行政主管部门确定。"桂平市农地土地承包经营权的流转，极少签订规范的书面合同，多数以口头约定、中间人证明和书面契约确定农地流转关系，很多农地流转关系仅涉及流转的期限、起止日期、流转方式、土地面积、流转价款等，且当产生农地流转纠纷时，缺乏必要的档案或材料以供查阅。目前，在桂东南地区，乡村的零星土地流转大都采取口头协议的方式，大部分没有使用规范统一的流转合同，或流转合同内容不够完整，双方的责、权、利不够明确，容易引发合同纠纷。第二，流转程序不规范。部分村组未经群众大会同意就将"四荒"、撂荒地擅自流转，损害了村民利益，村民群众对土地连片流转顾虑重重。第三，订立流转合同时间普遍较短。在桂东南地区，农地流转的期限长短不一。在宾阳县，农地流转的期限一般在1—5年。一般而言，农户间的农地流转一般在1年左右，而租赁给公司经营的土地的签约期则为五年左右。5—10年的也有，但不多，10年以上的土地流转则更少。这种短期多变的土地流转形式，给农地流入方带来许多不确定性。而在桂平市，农地流转期限较长，几乎所有流转期限均超过5年，部分甚至达到 10 年或 15 年。过去，农地一般以固定价格转出，但近年来国内宏观经济通货膨胀率比较高，多数年份的通货膨胀率超过 4%，部分年份超过 5%。为了避免因通货膨胀导致农民在农地转让过程中实际转让价格下降，农地流转双方实行了弹性流转价格，即在确定的流转价格基础上，或与通货膨胀率挂钩，通货膨胀率即为农地流转价格上涨幅度（农地流转价格＝本年基数＋本年基数 × 通货膨胀率），或每年以确定的额外价格累积（本年农地流转价格＝上年农地流转价格＋固定增加额），或每年以固定比例增长（本周期农地流转价格＝上一周期农地流转价格＋上一周期农地流转价格 × 增长率）。如马皮镇 JF 村 PY 屯采用第三种方式计算农地转让价格，该屯将农地分级，一类农地每年 900 元 / 亩，二类农地每年 400 元 / 亩，三类农地每年 250 元 / 亩，流转期限为 15 年，之后以五年为一个周期，每个租赁周期土地租金上涨 20%。不管是采用何种农地流转价格计算方式，弹性化的农地流转价格均更加科学，更能维护农地转出方的土地权益，特别是在通货膨胀率较高时期以及农地流转期限较长的背景下。

（四）土地流转管理体制不健全

当前土地流转大多是群众自发行为，缺乏法律法规的有效约束和规范，同时，政府也缺少应有的管理、引导和服务。在调查中发现，多数农民根本不知道向谁去流转耕地，种植大户也不知道何处有土地转租，缺乏正规的土地流转信息渠道和交流平台。

三、桂东南地区农地流转市场化困境的原因分析

（一）农地承包户流转意愿不强

在农村地区，农民享有土地承包经营权，土地承载着农民财产与生存等功能，因此，农地流转应以尊重承包户的意愿为前提。承包户农地流转意愿关系到农地流转的供应量以及流转后农户的行为取向。研究表明，农户农地流转意愿受到非农就业率、恩格尔系数、单位面积农业纯收入、交通便捷

度、签订流转书面合同比率、家庭最高文化程度、粮食安全保障率、经济发展水平、家庭人口数、农业劳动力人数和年龄等因素影响。在桂平市，除交通便捷度外，上述农户农地流转意愿影响因素的指数均比较低，如非农就业率、恩格尔系数偏高、签订书面合同比率低、区域经济欠发达等，在这样的背景下，当地农户普遍农地流转意愿不强。

（二）农业产业弱质性制约了农地流转

即便承包户具有较强的流出意愿，但需土地转入方接手。由于农业的弱质产业性质，从事农业经营的种植大户、龙头企业以及专业合作社普遍面临经营的困境，从而制约了农地流转的规模。农业具有投资回报率低、投资收益周期长、投资风险大、竞争力水平低等特点，使得农业产业与工业、服务业等其他产业相比具有极大的局限性和弱质性。农业本身具有弱质性导致农业吸引投资的能力很低，资本力量不愿意入驻农业行业。此外，与农业经营发展相关的组织或个人，具有与生俱来的弱势地位，其资本力量薄弱、缺乏管理经验与技能、知识技术欠缺等因素制约了其农业开发能力，导致农业经营停留在农产品生产附加值率很低的环节——农产品种养环节，而不是农产品开发、加工以及销售等高附加值率环节。因农业经营处在产业链的最不利位置，致使农业生产经营活动陷入积贫、积弱的局面，农地转入方缺乏收益动力，从而不利于农地流转。

（三）农地流转市场不完善

据了解，桂平市的土地流转处于试点阶段，全市内既无土地交易中心，也无土地流转信息服务中心，农地流转基本上是群众自发性行为，主要是依托优势产业，以村庄经济能人牵头、村集体或村庄自治组织或村党支部引资等方式流转农地，而农地流转方向有老板租赁式集地、农民经济组织土地入股或租赁等。目前，桂平市农地流转市场存在农地流转信息不对称、农地供需脱节、农户害怕丧失土地承包经营权等问题，由此，桂平市农地流转市场仍有进一步完善和拓展的空间。导致上述桂平市农地流转市场存在问题的原因可以归纳为：第一，农村土地承包权产权边界模糊；第二，无专门的农地流转服务机构提供农地流转信息；第三，存在由农地流转引起的利益纠纷，而缺乏有效的利益纠纷调解机制。

（四）当地农业外部经济欠发达

农业外部经济的发展状况直接关系到农业人口的转移与流动。一般而言，农业外部经济越发达，提供的就业岗位就越多，吸纳劳动力的规模越大。桂平市作为一个县级市，第二产业和第三产业的发展目标旨在服务区域社会发展，其提供的就业岗位层次偏低，也就是说，岗位进入门槛偏低，基本上面向低层次的劳动力资源。因此，农业外部经济的发展可以有效吸纳农村剩余劳动力，带动农村劳动力向城镇或非农产业转移。但是，桂平市农业外部经济并不发达，吸纳农村劳动力能力有限，造成整个区域内城市化率过低，农村社会依然维持庞大的人口规模，这些农村人口或选择外出务工[①]，或选择在家继续经营承包地，且多数农户选择外出务工与农业经营的混合形式，即年轻力壮的劳动力外出务工，老弱者留村种地，形成"务工解决消费问题，种地解决吃饭问题"的家庭经济收入模式。

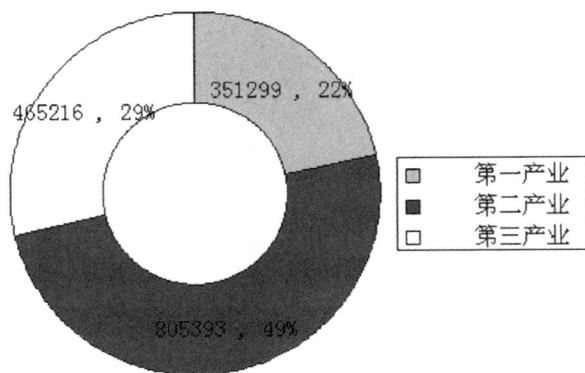

图6-3　2010年桂平市三大产业格局（单位：万元）

---

① 如果本区域内有合适的就业岗位，这些外出务工的人多会选择就近务工。

　　由于农民得不到有效转移，且当地人均耕地偏少，单纯依靠土地转让金不能保证农民的日常生活，农民依然与土地紧密结合。这在一定程度上限制了农地流转速度与规模。

　　（五）政府农地流转管理缺位

　　在农地流转过程中，土地流转的程序、合同等往往不规范，这与政府管理缺位不无关系。首先，缺少具体法律、法规和统一的管理制度。目前，有关农地流转较为具体的法律只有《农村土地承包经营权流转管理办法》。其次，缺乏相应的农地流转服务、管理机构。多数县、乡政府仍未建立土地交易中心或土地流转服务中心，导致农地流转缺乏规范的程序，且乡级土地管理部门——土地管理所———一心"致力于"宅基地审批，对农地流转的监督与管理往往不作为，致使农地流转无人管理，完全任凭承包地农户随意将自己的承包地流转。再次，政府在某种程度上默认非规范化的农地流转。虽然农地流转可以促进农业经济发展，尤其是农地规模化、集约化经营以及农业产业化发展，但因农业税的取消，农业不再是政府财政来源以及工业经济发展的显著性，一些政府官员不再像过去那样积极主动引导农业发展，在农地流转方面持放任态度，既不干预农地流转双方的农地流转关系，也不提供应有的服务。在维持农村社会稳定的背景下，乡、镇政府往往把精力集中于如何维持农村社会稳定，而不是理顺农村可能冲击社会稳定与秩序的因素，忽视了农村社会的土地流转管理与服务。

第三节　资本下乡与新型农业经营主体的嵌入性发展

　　农业规模化、集约化经营，农村产业结构调整以及发展农业产业化，需要一定的农地条件作为支撑。在农地地块碎片化、承包经营权利主体分散化以及小农经营低效率背景下，发展新型农业势必需要有限度地进行农地流转，以重新组合土地权益主体和农地。因此，通过农地流转机制创新，促进农地资源的合理有效利用，便成为农业市场化条件下实现农业产业化经营的必然选择。

一、文献回顾与理论分析

资本下乡作为农村经济社会发展的新现象，引起了学界的广泛关注。学界普遍认为，资本下乡是现代农业发展的必由之路，也是"城市反哺农村、工业支持农业"的新举措，对于促进农业经营体制机制创新具有重大实践价值。一些学者认为，"资本是农业商业化和产业化的重要推动力量，没有资本也就没有今日的农业市场化"[1]。徐勇指出，资本下乡所带来的是一种资本农业。将现代化生产要素以资本形式进入农村，而农户将土地承包经营权作为资本加以转让，从而实现了资本与土地的结合[2]。资本下乡无疑会推动现代农业的发展，为农业发展注入新的强劲动力。但是也有一些学者对资本下乡表示担忧。贺雪峰认为"资本下乡将会与农民争夺本来不多的农业收益"[3]。由于存在资本的逐利本性与农业生产低效性之间的突出矛盾，最终会导致资本选择出逃或选择经营调适的策略改变，将会对农户的土地出租产生不可预测的风险[4]。同时，资本也被认为具有吸纳村庄非正式权威，破坏村庄稳定环境的嫌疑[5]。相关研究基本置于资本与农业、资本与农民的关系框架中。在资本与农业的分析框架中，学者们肯定了资本下乡对于现代农业发展、现代农业经营体系的积极作用。在资本与农民的关系框架中，学者们关

---

[1]　仝志辉、温铁军：《资本和部门下乡与小农户经济的组织化道路——兼对专业合作社道路提出质疑》，《开放时代》2009 年第 4 期。

[2]　徐勇：《现代化视野中的"三农问题"》，《理论月刊》2004 年第 9 期。

[3]　贺雪峰：《小农立场》，中国政法大学出版社 2013 年版，第 60 页。

[4]　陈靖：《进入与退出："资本下乡"为何逃离种植环节——基于皖北黄村的考察》，《华中农业大学学报》（社会科学版）2013 年第 2 期。

[5]　冯小：《资本下乡的策略选择与资源动用——基于湖北省 S 镇土地流转的个案分析》，《南京农业大学学报》（社会科学版）2014 年第 1 期。

注资本下乡对于农民权利、农村社会稳定的影响。不同的研究框架展示了不同的资本下乡图景。

　　资本下乡把现代生产要素如资本、技术、管理等引入农业生产领域，促进现代农业经营体系的变革和创新。但是，资本下乡，首先需要实现与乡村各种资源的结合，这些资源主要包括土地资源和劳动力资源。相对于强势的外部资本，农村各种资源处于分散状态，因此，资本与农村各种资源的结合主要采取资源吸纳的方式，通过资源吸纳，资本与村庄社会发生各种关系。因此，资本下乡并非是一种单向度的资源流动，而是一个与村庄持续互动交流的过程。外部资本在村庄的发展深受村庄个体、组织环境、村庄人情关系网等因素的影响。

　　农业非集体化运动之后，村民个体成为一个重要的行动主体。村民个体对外部资本的态度直接影响到外部资本的生产经营管理活动。针对外部资本对村庄资源的吸纳，村民会采取个体行动，形成对抗外部资本的"保护性反向行动"，进行自我保护。所谓"保护性反向行动"，是指村民对"脱嵌"于村庄的企业采取的以维护个人利益的集体行动[①]。"脱嵌"的企业由于缺乏对农村社区的社会责任，以及尚未同村庄村民形成一种互惠关系，因此，外部资本的经营管理活动也必然会面临村民的不合作甚至抵制。

　　在当下的中国农村，在经历农村改革和农业市场化发展的洗礼之后，村庄社会建立了以村党组织和村民自治组织为核心的各种类型的农民组织。这些村庄组织在贯彻上级党政机构的政令、开展自治和建立经济合作方面发挥了巨大的作用，村庄组织也是村民开展集体行动的重要载体。村庄组织基础好，便于外部资本下乡从事农业经营活动；而村庄组织基础差，直接影响外部资本下乡及其经营管理活动的开展。

　　来自人情社会的拒斥，更加剧了资本在村庄生存以及发展的困难。乡

---

① 熊易寒：《市场脱嵌与环境冲突》，《读书》2009 年第 9 期。

土社会是一个"差序化的"熟人社会，村庄社会中的人们依据关系亲疏远近，形成一个以自我为中心的差序化的社会关系网[①]。村庄中的人们依据"差序人情"展开差异化的交往活动，"人情"往往成为了村庄人与人交往的行动指南。关系亲疏、人情好坏成为日常交易活动的主要依据。在熟人社会里，人情关系维系着村庄社会的联结与互动。虽然资本下乡给农业生产带来了资本、技术和管理，但其对于村庄而言，实际上是一种外来物。外部资本处于村庄场域之外，相离于人们的社会关系网络，以及缺乏与村庄稳定的人情互惠关系基础，无疑就成为一个比较陌生的外来者以及土地的掠夺者。因而，外部资本进入村庄之后，必然会面临村庄社会本能的拒斥问题。总之，如果外部资本"脱嵌"于村庄，不仅无法获得所需的发展资源，而且容易形成与村庄的对立关系，并最终导致资本发展与村庄的冲突，阻碍资本在村庄的发展。

因此如何处理资本与村庄社会的关系，便成为资本下乡后所面临的另一个问题。嵌入性发展理念提供了一条资本下乡从事现代农业经营管理活动的出路。嵌入性发展的概念来源于嵌入性理论。所谓"嵌入"，是指嵌入主体通过某种机制进入客体的过程，进而形成一种稳定的发展状态。嵌入客体是主体发展的影响因素，主体的发展需要与客体环境形成一种互动关系。嵌入客体与嵌入主体之间呈现的往往是一种因果关系的特征。根据祖京（Sharon Zukin）和迪马吉奥（Paul DiMaggio）对嵌入类型的划分，即结构嵌入、政治嵌入、文化嵌入和认知嵌入[②]。可以说，组织结构、政治环境、文化背景以及个体的认知水平不仅被纳入到作为嵌入类型划分的依据，而且也是影响嵌入主体发展的主要因素。外部环境系统对主体是否能够成功嵌入产生了决定性的影响。因而，嵌入性发展能否成功实现，主要依赖于主体能

---

① 费孝通：《乡土中国》，上海世纪出版集团2005年版，第25页。

② S. Zukin. and P. DiMaggio, *Structures of Capital：The Social Organization of the Economy*, Cambridge, Cambridge University Press, 1990：pp.1-36.

否实现对于客体所在环境系统的成功嵌入。

　　就外部资本而言，村庄内的村民成员个体、社会组织以及村庄社会关系网充斥且包围着外部资本，而且深刻影响外部资本在村庄场域的生存与发展。外部资本嵌入村庄社会的主要方式有三种，即认知嵌入、组织嵌入以及关系嵌入。认知嵌入，是指外部资本对于村庄个体的态度从强制性索取向尊重村民个体需求的转换过程，并且引导村民个体重新认知资本下乡，以博取村民群体对于资本下乡的认同与信赖。组织嵌入，则是指外部资本依赖村庄社会组织，并且成为其成员，以及逆向吸纳村庄社会组织成员成立资本公司新的管理团队。关系嵌入，则是指外部资本主动向村庄承担社会责任，建立与村庄的人情互动网络。嵌入性发展的实现机制主要来源于主客体之间的互惠与互信。外部资本通过承担社区责任的方式建立的以信任、互惠为基础的社会资本，构成了嵌入客体与嵌入主体之间形成稳定人情关系的基础。总之，外部资本在村庄中的发展，必须通过嵌入性发展的途径，成为村庄中的一员，并且活跃于村庄公共领域，主动树立责任意识并承担相应的社区责任，而不是"脱嵌"于村庄社区的孤立发展。

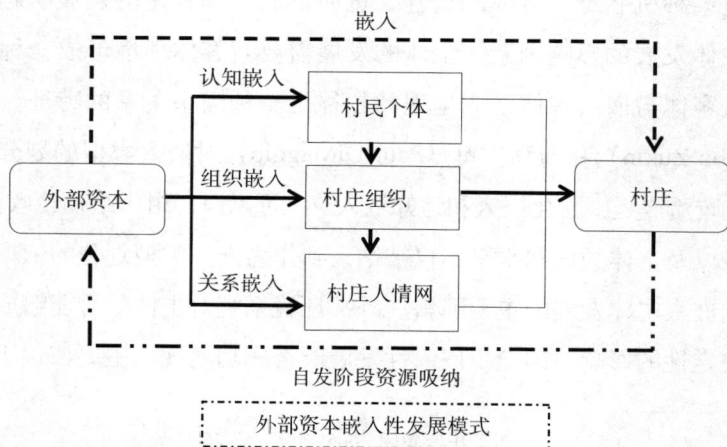

图6-4　外部资本嵌入性发展模式图

二、荷香人间现代农业科技发展有限公司：一个资本下乡的个案

宾阳县位于广西中部，是广西著名的人口大县和农业大县。为了发展现代农业，培育农业经营主体，县政府通过招商引资的方式，大力推动资本下乡，推动农业规模化、产业化发展。广西荷香人间现代农业科技发展有限公司（以下简称荷香人间）就是2010年经县政府通过招商引资方式，由广西昊润投资有限公司在该县黎塘镇青山村委里仁村投资建立的现代农业公司。公司项目从2011年开始实施，截至2014年3月，已经流转土地1122亩，其中，2012年流转土地192亩，2013年流转土地600亩，2014年1—4月流转土地330亩。基层政府以及村干部在土地流转以及完善资本下乡项目配套设施方面发挥了积极作用。在荷香人间现代农业科技发展有限公司的个案中，基层政府和基层组织在农地流转中承担着中介者与协调者的重要角色。通过召开座谈会、讨论会等形式，向农民宣传土地流转政策，解答农户的疑问；在流转户以及承包户之间及时传递信息，鼓动农户参与土地流转的热情，搜寻具有土地流转意愿的农户，及时向承包方传递土地流转信息。同时，将承包方的信息及时向农户反馈，以保障信息在发包方与承包方之间及时顺畅地传递。此外，出于对于土地流转风险的预防，当地镇政府积极参与到《土地流转租赁协议书》等规则的制定之中，以协调双方的利益、合理划分双方责任，从法律等角度对土地流转纠纷予以指导，确保参与其中的企业和农户的利益得到充分保障。同时，在项目落地后，基层政府加强和完善了项目配套设施。2013年协助完成1000米游道步道建设、对项目周边道路进行路基加固和路面拓宽等，这都无疑促进了荷香人间更好地发展。荷香人间公司对外开放，也获得了广泛的社会效益。比如在2013年举办的"2013年'荷香人间'赏荷节开幕式活动"和"首届'金威'杯山歌比赛活动"，无疑增强了荷香人间的知名度与美誉度。

可以说，荷香人间在前期由于获得了基层政府以及村干部体制内权威的支持，获得了较好发展。但是在发展后期，荷香人间由于脱嵌于村庄，来自村庄的拒斥限制了公司的持续化经营。村民以日常反抗这种"弱者的武器"来对抗强势的外部资本。比如村民不愿意流转土地、对农业公司不信任、务工农民消极怠工等，增加了荷香人间在村庄发展的农田管理难度、协调成本以及人员管理成本。

（一）村民不愿流转土地，增加了农业公司的管理难度

在荷香人间项目下乡过程中，尽管政府做了大量的宣传准备、政策解读、疑惑解答等工作，但仍有一部分农户坚持不参与土地流转，导致了农田规模化管理难度的增加。据公司负责人介绍：

　　　　"部分农户坚决不愿意流转土地，最终导致了一些插花地的出现。在一大片承包的土地中，有一小块土地还是农户自己的，这样非常不利于农业公司的大规模耕作，包括土地平整，以及水土管理等。而我们在与承包该地农户交谈的过程中，企图采用"异地"的方式，甚至不惜以更多面积或是条件更好的农业用地与农户进行交换，但是农户还是坚决不换地"（根据对荷香人间项目负责人的采访录音NO.HXRJ20140413整理得到。录音采集时间：2014年4月13日；录音采集地点：宾阳县WL镇。）

农户坚决不参与土地流转，一方面破坏了农业公司进行规模化、整体性耕作的可能性，另一方面也维护了农户自身的生存权与发展权。农户拥有自己承包经营的土地，就是拥有了生存的基本保障，拥有了满足感和踏实感。因此，对于外部资本而言，如若让农户主动将土地流转出来，则需要其为农户的生活提供基本保障，以解决农户生存的后顾之忧。这就需要农业公司进行认知嵌入，充分尊重农户的发展意愿，从而获得农户对土地流转的认同。

（二）农户的直接反抗行为，增添农业公司的协调成本

在村庄"差序人情"格局中，农业资本作为异质于村庄的外部力量，缺乏在村庄的人情互动网络，从而导致了农户对农业公司的不信任。因而，当面临外来资本干扰到自身私有财产甚至私人利益时，农户往往采取明显的反抗行为，以挽回自身的利益。据公司负责人讲述：

> "项目（荷香人间）在进行农业基础设施建设时，不小心把几块建筑材料掉在一位未参与流转的农田里，农户发现后跑到农业公司办公地点，找到管理负责人，要求他们尽快派人来处理。但是在实际上，农户自己可以处理掉，因为也就只有两三块砖而已。本来，从集体效率上来讲，农民自己处理要比农业公司通过层层调拨人员，并且层层下派人到田间，然后再进行处理要高效得多，但是，农民却是硬要通过直接上门找我们来进行处理，这对我们的管理就徒然地增加了许多成本"（根据对荷香人间项目负责人的采访录音 NO.HXRJ20140413 整理得到。录音采集时间：2014 年 4 月 13 日；录音采集地点：宾阳县 WL 镇。）

可想而知，假设将这两三块砖掉入农户田里的同是村里人，那么该农户就会自己捡起来扔掉，并且也不会投诉村里人。由此可见，农民这两种全然不同的行为对比，就表明了农民对于外来资本鲜明的抵抗态度。在农民看来，农业公司是通过外部力量强行植入村庄并谋取发展资源，这是对村庄资源的一种占有。并且农业公司经营所得的利润也仅供农业资本分配，村民无法享受农民公司发展所产生的经营利润。因而农业公司缺乏与村民的互惠关系，更加剧了熟人社会本能地对农业公司产生厌恨与抵抗的态度。

农民对于外来资本的不信任，还体现在农民"先私人利益，而后公司利益"的行为选择。农业公司为确保正常运作，一般都会雇佣当地农民来协助大农场的播种、施肥、收割。

我们首先考虑参与土地流转的农户来管理农场，但是参与农场管理的农户大部分都是属于零工性质，并没有与农业公司签署任何劳动协议。(据访谈录音整理)

这也就决定了农业公司无法建立规则来约束农民行为，导致农民对于上班与休闲的时间分配是比较自由的。并且对农业公司而言，也存在农忙时节出现用工短缺的风险。

因为农作物的生长周期基本相同，而且在同一地理环境下，农业公司大农场中的农作物播种或是收获时节也正好赶上家庭的农忙时节。农民会弃农业公司的集体利益不顾而选择忙于自身事务。此外，在传统乡村社会中，尤其是碰上传统民间节假日，农户们也会选择回家与家人团聚，而丢弃了在农业公司所承担的任务。这给我们公司的整体运作和经营都带来了损害。(根据对荷香人间项目负责人的采访录音NO.HXRJ20140413 整理得到。录音采集时间：2014 年 4 月 13 日；录音采集地点：宾阳县 WL 镇)

农民的行为选择，一方面给农业公司带来雇佣工人不稳定的问题，另一方面也导致了农业公司由于用工短缺而错过农作物丰收最佳的时节，进而影响农产品进入市场交易的最佳时机。然而，站在农民立场来看，每一年流转出去土地的收入仅有土地租金和劳务收入，无法参与农业公司的分红。加之，农业公司的老板为追求个人利益来村庄投资农业，其利润分配仅在农业公司内，而并非真正发展致富建设新农村。因此，农民在权衡利益后，往往会选择关注村庄内的公共利益，而抛弃仅被私人所拥有的农业公司的利益。

因此，由于农民的不信任行为，以及农民对农业公司缺少责任心，导致农业公司管理成本的增加。针对此，农业公司需要站在村庄农户的角度进行换位思考，充分理解村民的所忧所虑，充分尊重农民的发展意愿，并且维护农民的发展自尊，与农民分享发展成果，而非一味地以自身利益为发展根本。

(三) 农民消极怠工，增加农业公司的劳工管理成本

在农业公司承包经营的现代化农场中，"消极怠工"也是农民日常反抗行为的一种。作为劳务工的农民在农业公司从事劳务活动时，往往会采取"磨洋工"的方式来消磨时间。农民成为公司的农业工人，在已经拥有相当可观的日工资收入的前提下，他们所产出的工作效果却是日常的一半。相比较而言，农民在村庄场域中，邻里亲戚之间相互帮忙，不仅不用支付劳动酬劳，反而能够竭尽全力，实现较高的劳动产出。在访谈农业公司的管理人员过程中，他们谈道：

> 大部分农民存在消极怠工的情况。有时候我们巡逻查看劳务情况的时候，发现有一亩地水土流失较为严重，就问相关的农田负责人，农民却回答，'我在查看的时候还是完好的，我也不知道什么时候发生的事情，而且我在农场的另一头工作，也是没法来得及看到的'。农民总是有很多理由来逃脱责任。并且农民本来可以在一天内完成 4—5 亩的工作量，但是到了农业公司，他的工作量却降到仅为 3—4 亩。面对此，我们也无法采取科学化的方式进行避免。并且农民的一些主观因素，比如工作态度、工作责任心我们都无法有效地测量，所以对务工农民进行有效的科学化管理是我们管理的一大难题。(根据对荷香人间项目负责人的采访录音 NO.HXRJ20140413 整理得到。录音采集时间：2014 年 4 月 13 日；录音采集地点：宾阳县 WL 镇)

农民的消极怠工，很显然增加了农业公司的人员管理成本。而工人消极怠工的行为在泰勒时期就已经普遍存在。但是不同于企业工人的是，农民

对于农业公司采取消极的态度，更多体现的是一种策略选择，而非泰勒所说的"故意磨洋工"和"本性磨洋工"。在农民看来，在农业公司劳作纯粹只是作为谋取生活收入的一种途径，以及由于流转出土地而导致农业附加值减少的一种经济补偿。因此即使暂时地消极怠工，也不会给自身带来多大损失，也不会因此而被农业公司"辞退"。而在村庄熟人社会中，在农忙时节村民间彼此相互帮助，已经成为一种生活常态。由于彼此顾及人情关系往来，也就会全力以赴地对待邻里亲戚所托之事。因为，一旦消极怠工，面临的后果就是来自整个村庄的谴责与议论，而最终导致自身声誉在村庄的损害，甚至遭到来自村庄的孤立。这对生活于乡土社会中的人们而言，是不愿尝试的。相比而言，农业公司所给予农民的经济回报甚至任何物质报酬仍比不过乡里乡亲之间低成本的人情交易，人情互惠已经成为村民们之间交易成本的象征。因此，对于立足于村庄发展的外部资本而言，想要改变农民的消极怠工态度，就必须消除外部资本与村庄的藩篱，淡化与村庄社会的边界线，并且通过承担社会责任构筑与村庄的互惠关系，成为农村社会有机体的一部分。

由上可知，外部资本脱嵌于村庄场域，将会遭遇来自村庄无言的抗拒。在村庄差序化人情格局下，农民使用"非暴力性的抵抗"来阻挠外来资本在本村的发展。一方面增加了外来资本的额外成本，另一方面也会导致外来资本与农民之间的矛盾逐步激化，进而带来农民与外来资本之间冲突的恶性循环。

三、外部资本的嵌入机制与现代农业发展

根据祖京（Sharon Zukin）和迪马吉奥（Paul DiMaggio）的"认知嵌入"、"结构嵌入"、"关系嵌入"的类型分类，外部资本在村庄的嵌入性发展，主要有三种方式，即认知嵌入、组织嵌入以及关系嵌入。

（一）认知嵌入：尊重农民发展意愿

认知嵌入，就是外部资本转变对村庄个体的认识，从强制性索取向尊

重发展意愿转变，以及通过与村民个体之间的互动，获得村民群体对于资本下乡的认同。认知嵌入一方面需要农业公司与村民直接互动，宣讲有关资本下乡知识，解答农民的疑虑，培养村民个体对资本下乡的认知，从而逐步消除村民对农业公司的抵触心理；另一方面需要农业公司改变对农民强制性索取的态度，站在农民的立场上，充分理解农民的发展需求，帮助农民解决十分迫切的事情，获得农民的认同。

一是理解农民对于土地流转价格的不满。农业公司应当以企业家精神来关注村民们的基本生活条件，尽可能地保障农民基本生活且给予适宜的流转价格。目前农户不愿意参与流转，一方面是担心流转后的土地收回来之后，土地耕种质量下降或是收回后的面积跟原有土地面积不一样；另一方面是担心拥有逐利本性的资本会存在中途撤资的风险，从而导致自身流转出土地的收益受到直接损害。对于农民们的困惑，农业公司需换位思考，切身考虑农民的担忧与诉求，并通过交流与访谈，逐渐消除农民的担忧与顾虑，参照流转市场价格以及考虑当地村民的生存状况，确定合理的能够保证农民基本生存的土地流转价格。二是适当提高劳务用工价格。农业公司需树立合作共赢的意识，尤其是在分配经营利润的过程中，更需要有所舍得地倾向于农户，让农民分享农业公司发展所带来的成果。通过向农户合理化地分配经营利润份额，不仅能够满足农民基本生活的物质需求，而且还可以在农民心中留下互惠的良好形象，从而获取农民的信任与支持。三是支持农民承担家庭责任的做法。尽管务工的农民"顾己弃彼"的行为，会对农业公司的发展造成影响，但是，换个角度思考，如若农业公司鼓励农民关注家庭生活，并且支持农民对于节假日活动的传承，不仅可以获得农民对农业公司的感激，而且也能够激发农民心中对于农业公司的强烈责任感，更加努力投入工作。四是加强与村庄的人情互动。通过给予村民恩惠，培养互惠关系，展现其作为农业企业具备的公共精神。比如，在大农场丰收时节，将农产品分发给村庄的村民们，回报村民，共同分享发展的成果。同样地，来自农民的感激也会为农业公司立足于村庄的发展提供更加融洽的环境。

（二）组织嵌入：依托与吸纳村庄权威资源

所谓组织嵌入，就是外部资本依托村庄权威资源进入村庄并且吸纳村庄精英成立现代农业生产经营管理团队。

1. 依托村庄权威组织进入村庄场域。外来资本作为相离于村庄的异物，嵌入村庄社会并获得持续发展，首先需要依托村庄权威资源。村庄的权威资源主要分布于村庄正式政权组织和农民集体经济组织，既包括村庄体制内的精英也包括体制外的精英。体制内精英的政治权威以及体制外精英的能人权威能够在熟人社会中形成一种具有带动性的领导力。因此，外部资本充分利用村庄的权威资源，能够为其进行组织结构嵌入创造有利的条件。

就体制内权威资源而言，其对资本下乡项目的重视度高于村庄内的其他成员。原因在于，资本下乡作为一项国家的支农政策，并且通过自上而下的执行方式，不断将资本下乡的具体执行推向基层。而体制内的精英，即村委会，作为基层政权的"代理人"，处于执行这一国家政策的末端，也是这一政策执行的主要承担者。对于村委会集体而言，资本下乡政策较好地执行是提升本村在乡镇政府影响力的一个较好的契机，项目的成功实施可以成为日后向乡镇政府获取更多资源倾斜的筹码。而对于村委会中的个体成员而言，资本下乡项目的执行则是追求"政治生涯"攀升、实现个人"政治抱负"的极好机会，政策较好的执行能够为自身赚取"政治资本"，获取升迁的可能性。因此，无论是基于村庄整体利益还是私人利益的考量，体制内的精英对外部资本进入村庄的发展状况都具有较高的关注度，同时，对于推动外部资本在村庄更好地发展也具有积极性。一方面可以发挥减少外部资本与村庄其他成员之间隔阂的润滑剂作用，为外部资本进入村庄铺路。比如村委会组织召开村民民主会议，介绍外部资本进入村庄的基本状况，并持续做好宣传以及动员工作；另一方面可为外部资本进入村庄安排渠道，在村民民主会议中，外部资本充分表明自身的投资目标以及发展愿景，当面解答农民的疑惑并及时解决问题，消除村民对外部资本的疑虑。就体制外权威资源而言，村庄内德高望重的人士、种植大户、经济能人等这些体制外精英要么在村庄治理中担任重要角色，要么是村庄经济合作组织和社会组织的负责人。村庄体制外精英的支持也是外部资本进入村庄社会的重要凭借。但是，值得注意的是，农业公司嵌入村社组织，并且吸纳权威资源来支持资本下乡的同时，需要清晰农业公司与其他村社组织的边界，防止借依赖村庄能人资源之名而行操纵村庄组织之实。因此，在农业公司嵌入村社组织的过程中，需要给予村社组织充分的自主性，而非垄断社会组织，否则同样会招致来自村庄精英的抵抗。

2. 吸纳村庄精英成立农业生产经营管理团队。除了依托村庄权威资源之外，外部资本的组织嵌入也包括逆向吸纳村庄权威资源进入现代农业公司管理体系之中，成立新的农业公司管理团队。农业公司通过聘任制，用高薪聘请村干部成为农业公司经营管理体系中的管理者。因为村庄精英往往能够成为农业公司处理与其他村民之间纠纷的协调者。一方面，能够为资本在村庄持续发展奠定稳定的权威基础，村庄权威的存在，为资本与其他村民之间冲突的良好解决提供了根本性保障。另一方面，村干部作为村庄权威的同时，也是村庄熟人社会中的一员，人情关系纽带为冲突的化解提供了良好的润滑剂作用。具体而言，在资本参与土地流转过程中，村干部实际上成为了"代理人"，代理资本向村民发放和签订转让合同，向村民发放土地流转租金等，成为了连接村民与农业公司的"中间人"。除此之外，村干部被纳入管理组织体系，成为农业公司的管理人员，负责管理被雇佣而来的本村农民，能够减少农业公司的员工管理成本。可以说，整个公司形成一种层级化的管理体系，由农业公司资本持有者负责统领，由村干部担任中层管理人员，村民则是基层务工人员，负责农田的管理与维护。因此，相比于外来资本对农民进行直接管理，村干部被吸纳进管理组织体系的运作模式能够减少外来资本的用工管理成本。

（三）关系嵌入：承担社会责任

外部资本的关系嵌入，就是指外部资本通过融入村庄公共生活，承担村庄社会责任的方式，嵌入于村庄人情社会关系网，从而成为"企业公民"。具体而言，主要有以下几个方面：一是为村庄提供稳定的就业保障。农业公司在村庄中获得大量土地资源，进而导致原先依赖土地获得生存资源的农民暂时失去了土地。所以农业公司需要主动承担起为农民提供生存保障的责任，提供稳定的就业保障，或是以高工资以及高福利吸引村庄的人们进入农业公司就业，妥善解决农民的生活之忧。二是积极参与村庄公益事业建设。赞助目前村庄正在建设的一些惠农项目，帮助农民构筑便利的生活设施，帮助农民改善生活环境；或是借助于传统节假日的契机，开展惠农的文化娱乐等公益性的活动，丰富农民的日常生活，提高生活质量；捐赠建设村庄基础教育，提高村庄的整体教育水平，改善村民们的文化生活条件，以企业家的精神回馈村庄发展。三是关注村庄的环境保护。外来农业公司在村庄获取发展资源的同时也需要承受其发展给村庄所带来的环境破坏。因此，农业公司需要为改善村庄的环境付出相应的努力，关注村庄的环境保护，积极主动为改善村庄的环境而行动，如修建污水处理池、垃圾处理场以及进行土壤修复、耕种植被等恢复土壤的肥力。四是维护村庄的安全。农业公司作为外来资本进入村庄社会，为了其后续的发展，会吸引更多的外村甚至外乡人进入农业公司务工，随着越来越多外村人聚集村庄，必定会导致村庄发展的安全隐患，给村庄带来不稳定，发生诸如外村人偷盗事件。农业公司为此需要主动采取行动，积极组织并且安排人员昼夜巡逻，维护村庄安全，恢复村庄稳定祥和的乡村环境。最后，农业公司需要承担起维护村庄团结稳定的责任。村庄社区是一个共同体，长期以来奉行守望相助、邻里相照的人际交往原则。尽管改革开放以来，由于村民的原子化、理性化发展，削弱了这种邻里精神，但在村里人的内心深处，对于村庄邻里关系仍然持有一种敬畏感。因此，农业公司入驻村庄，应当保障村庄团结稳定，减少村民之间的冲突，维护和谐稳定的关系，并且重振村庄公共生活，构筑村庄公共空间，提升村庄公共生活品质。

资本下乡是农村经济发展的重要外生变量。外部资本进入农业生产领域必将推动中国农业现代化发展进程。中国的农村社会是一个相对封闭的熟人社会。对于村庄熟人社会而言，外部资本是一个外来者甚至是一个侵入者。面对强势的外部资本，分散孤立的村民往往采取一种"日常反抗"的形式来消解外部资本对村庄社会公共生活的影响。资本下乡，所遭遇的来自村庄场域农民的抵触与反对，构成了外部资本在村庄持续生存和发展的障碍。嵌入性发展提供了一种外部资本的发展战略。外部资本只有嵌入村庄社会，实现嵌入性发展，才能获得村庄社会的支持，减少外部资本从事农业经营活动的阻力。外部资本嵌入村庄社会的方式主要三种，即认知嵌入、组织嵌入以及关系嵌入，认知嵌入就是外部资本首先尊重村民发展意愿，以获取村民群体对于资本下乡的认同与信赖，并引导村庄村民个体的思维意向；组织嵌入即是通过对村庄权威人物的吸纳，实现外部资本组织结构与村庄权威结构的互嵌；关系嵌入就是外部资本通过融入村庄社会生活，与村民形成一种互惠、互信的人情关系网络，构建外部资本与村庄和谐共生的局面。这三种嵌入方式，为外部资本在村庄场域的可持续发展奠定了组织保障和社会基础。资本下乡能否成功，也就取决于外部资本能否实现在村庄社会的嵌入性发展。

第四节　农民主体与桂西北地区农地流转的社会合作机制

农地流转是实现农业规模化、标准化、产业化经营的基础条件。但是，农地流转是属于需求带动型的，也就是农地流入方的存在是启动和完成农地流转的先决条件。在西部地区，由于外部经济条件差，农业基础设施等较为落后，再加上农业自身的收益较低、风险较大，很难吸引资金和技术雄厚的新型农业经营主体来进行土地流转，从事现代农业生产经营。在这种情况下，如何从农业内部挖掘资源，通过农地流转方式创新，实现家庭适度规模经营，就成为一个真正的问题。

一、桂西北地区农业内外部经济条件

桂西北地区包括河池市、百色市和崇左市，是著名的老少边穷地区。众所周知，在 20 世纪 20 年代，中国共产党就在桂西北的左右江地区建立了左右江革命根据地。1929 年，邓小平在这里领导了著名的百色起义，建立了中国工农红军第七军和右江工农民主政府。桂西北地区也是广西少数民族聚居区，少数民族占桂西北地区总人口的 80% 以上。桂西北地区也是中国西南边疆地区，与越南陆海相连。桂西北地区也是中国最大的石漠化地区，山多地少，交通不便，长期以来处于闭塞状态，资金人才缺乏，信息不灵，以致经济社会发展缓慢。

（一）农民收入

在广西桂西北地区，农业外部经济远不如桂东南地区发达，农村居民人均纯收入以及家庭总收入来源分布也不同于桂东南地区。如表 6-3 和表 6-4 所示。

表 6-3　桂东南、桂西北地区农村居民人均纯收入（单位：元）

主要地区		2015 年	2014 年	2013 年	2012 年	2011 年
桂东南	南宁	9408	8576	7685	6777	5848
	梧州	9051	8342	7475	6592	5651
	贵港	10017	9131	8195	7253	6257
	玉林	10292	9341	8272	7269	6269
	合计	38768	35390	31627	27891	24025
桂西北	百色	6766	6145	5409	4774	4052
	河池	6164	5723	5198	4620	4118
	崇左	8308	7707	7077	6263	5370
	合计	21238	19575	17684	15657	13540

资料来源：根据广西统计年鉴 2012—2016 年整理。

表 6-4　2015 年居民家庭总收入来源（单位：元）

主要地区		居民家庭总收入	工资性收入	经营性收入	财产净收入	转移净收入
桂东南	南宁	31499	21122	2139	803	7435
	梧州	27528	16419	2904	844	7361
	贵港	28152	18964	4952	738	3498
	玉林	32409	17277	8274	2245	4613
	合计	**119588**	**73782**	**18269**	**4630**	**22907**
桂西北	百色	29181	21253	1287	837	5804
	河池	28709	17177	2296	1502	7734
	崇左	28784	19551	3788	619	4826
	合计	**86674**	**57981**	**7371**	**2958**	**18364**

资料来源：《广西统计年鉴 2016》，中国统计出版社 2016 年版。

从最近五年农村居民人均纯收入地区分布差异来看（表 6-3），桂西北地区 2015 年农村居民人均纯收入为 21238 元，而桂东南地区则为 38768 元，两者差距相对较大。另外，从表 6-4 中的 2015 年居民家庭总收入来源数据差异来看，桂东南地区与桂西北地区仍有一定的差距。南宁、玉林家庭总收入已经是 3 万多元，而处于西南地区的百色、河池、崇左家庭总收入只有 2 万多元，与桂东南地区差异较大。其次，从家庭总收入来源的分布上看，两个地区的工资性收入均高于其他三项，工资性收入成为两个地区家庭收入的主要来源。

（二）第二、三产业发展情况

由表 6-5、表 6-6 可知，总体来看桂东南地区的第一、二、三产业总产值，第二三产业比重均高于桂西北地区，桂东南地区的二三产业较桂西北地区而言更加发达，且桂东南地区第一产业比重远小于桂西北地区。从当地企业数量来看，桂东南地区远高于桂西北地区，南宁与崇左相差更加悬殊。由此推断，桂东南地区的经济发展水平更高，农业的内外部经济条件都好，农民可能获得更多的就业机会而推动当地的土地流转起来。

表 6–5　2013 年农村居民总收入来源（单位：元）

主要地区		农村居民总收入	工资性收入	经营性收入	财产净收入	转移净收入
桂东南	南宁	11868	2660	8489	265	454
	梧州	9114	3411	4804	124	775
	贵港	12066	3423	7596	177	870
	玉林	12269	4043	7466	85	675
	合计	45317	73782	18269	4630	22907
桂西北	百色	8207	1715	5848	22	621
	河池	6916	2508	3639	55	714
	崇左	9644	1310	7980	59	296
	合计	24767	5533	17467	136	1631

资料来源：《广西统计年鉴 2014》，中国统计出版社 2014 年版。

表 6–6　2015 年第二、三产业发展情况（单位：亿元）

主要地区		第一产业生产总值	第二产业生产总值	第三产业生产总值	企业数量（个）
桂东南	南宁	371.10	1345.15	1693.83	920
	梧州	259.14	635.83	550.94	400
	贵港	173.95	348.5	342.75	411
	玉林	122.44	623.96	332.25	609
	合计	926.63	2983.44	2919.77	2340
桂西北	百色	169.38	511.68	299.36	307
	河池	140.81	200.01	277.21	190
	崇左	155.06	274.61	253.15	159
	合计	465.25	986.3	829.72	656

资料来源：《广西统计年鉴 2016》，中国统计出版社 2016 年版。

在桂西北地区，农业外部经济远不如桂东南地区，农民人均可支配收入以及可支配收入其他来源分布也不同于桂东南地区。桂西北地区农民收入主要来源于家庭经营收入，即以农业生产收入为主，同时也兼业从事第二、三产业活动以获得工资收入。桂西北地区农民与桂东南地区农民收入差距的产生，根源于地区间经济发展差异。由于桂西北地区的农业外部经济不发达，第二、三产业活动相对不活跃，非农就业机会较少，农民仍通过从事第一产业生产获得基本收入。正因为农民除农业生产之外无法获得较多其他产业收入，导致土地抛荒闲置现象并不常见，农地供给量相对较少。加之桂西北地区资源禀赋条件较差，土壤表层薄，土地细碎化严重，以及农业基础设施欠发达，难以吸引外生性新型农业经营主体从事现代农业生产经营。

农业经营主体是指从事农业经营的组织、单位[①]。农业经营主体包括传统农业经营主体——分散经营的农户与新型农业经营主体。新型农业经营主体是现代农业发展的生力军。但是，在桂西北地区，由于农业内外部经济条件差，很难生长出各种新型农业经营主体。在桂西北地区，农民经济合作组织无论在数量、注册资本或经营范围等方面均远远不如桂东南地区，龙头企业、农业公司下乡更是稀少。由此形成了农地流入方需求不足、农地流出方土地供给不足的现象，农地流转市场难以形成。因此，通过出租，把土地流转给种植大户、农民专业合作社以及农业公司等流入方的市场型农地流转模式，缺乏产生条件。

农地流转的实现依赖于一定的农业外部经济条件，外部经济资源禀赋状况影响农地流转实现。桂东南地区发达的经济基础、优越的资源禀赋条件，形成了市场主导型农地流转模式。一方面，桂东南地区经济发展水平较高，第二、三产业相对发达，大多农户愿意放弃农业生产转而从事第二、三产业生产经营活动，造成大量土地被闲置。另一方面，桂东南地区农业外部经济条件发达，在激发农户农地流转意愿的同时，还吸引一些农业经营主体进入农村流转土地，投资农业生产。比如农业公司、种植大户以及农民专业合作社等农地需求方，在市场机制作用下，向农户流转土地，从事规模化农业生产经营活动，进一步优化土地资源配置，增加农地产出效益。

但是，桂西北地区农业内外部经济条件差，无法通过市场机制实现农

[①]　汪发元：《中外新型农业经营主体发展现状比较及政策建议》，《农业经济问题》2014 年第 10 期。

地流转。一方面，桂西北地区第二、第三产业发展较落后，无法产生过多就业岗位吸纳农民就业，农民仍以从事农业生产经营活动为主。在桂西北地区农民的可支配性收入中，家庭经营收入构成首要经济来源。另一方面，桂西北地区大多为大石山区，农地分散化、土壤表层薄、肥力不足，导致农业产出效益偏低。加之分田到户之后，原本零散的土地变得更加碎片化，承载家庭基本生存保障功能的农地产出效率进一步降低。这决定了在内部很难产生新型农业经营主体，也更难吸引外部新型农业经营主体。新型农业经营主体的缺乏，成为激发农民通过自我组织发挥主体创造性的重要刺激因素。正是在缺乏外援的情况下，农民主体性作用才被进一步唤起与激发。农民只能依赖自己，通过自我组织，以互换的方式实现内源性农地流转。

二、农民主体与内源性农地流转

（一）现代农业发展中的农民主体作用

现代农业经营离不开千千万万的小农户。正如有学者指出的那样，"在未来相当长的一个时期，中国小农经营将不仅是被迫的选择，而且也应该是主动的选择。"[1] 在农业市场化背景下，家庭经营仍然是农业经营活动的基本形式。千千万万的小农户应该成为现代农业的经营主体，问题的关键是小农经营的规模问题，即实现小农经营的适度规模问题。农村改革以来，农民自发地以分田到户，实现农业家庭经营。但是在家庭联产承包责任制下，为公平起见，土地按远近、肥瘦等原则加以重新分配，在这种均分背景下的家庭经营是一种超小规模的农业家庭经营，这是农户实现家庭适度规模经营面临的最大障碍。如何在不动摇家庭经营的基础上、稳定农村基本经营制度的前提下实现农业的适度规模经营，关键是发挥农民的主体性。农民的主体性是

---

[1]　贺雪峰：《论农地经营的规模——以安徽繁昌调研为基础的讨论》，《南京农业大学学报》（社会科学版）2011 年第 2 期。

指农民作为一个群体性主体，在现实社会实践中所体现出来的自主性、能动性和创造性，是农民从自己的主体地位出发以不同的方式掌握相对应的客体所表现出来的功能特性①。农民主体性包括农民主体自主性、农民主体能动性、农民主体创造性三个方面的内容。农民主体自主性是指农民的独立性，主要表现为农民对自我的认可，对自我的骄傲和自豪感，包括对自身身份、权利与义务的认可。从主观上来看，农民的自主性是指农民的权利意识和责任意识；从客观上来看，农民的自主性是指农民的权利意识和责任意识在实践中的展现及其作用。农民主体的能动性在农业现代化的进程中，主要是指农民能够顺应现代农业发展的趋势，明确发展现代农业的意义和价值，积极主动地投入现代农业的建设，自觉投入到现代农业发展的实践中。具体来说，农民的主体能动性主要是包括追求财富的欲望及推动现代农业发展的进取心，为了创造财富，追求自身富裕而渴求现代科技、智力开发和政策支持以改造自己的革新精神。农民的主体创造性是农民主体性中最重要的内容，是农民主体性的最高表现和最高层次。农民主体的创造性，主要表现为农民为改变自身的命运，农业和农村现状，个人、家庭和社会的物质文化生活所体现出的创新精神、创业意识和创造性劳动。必须明确，农民是农业经营创新的主体，在农业经营的创新当中，农民从其主体地位出发，发挥其自主性、能动性、创造性来选择和创设适合其经营的具体形式，丰富多样的现代农业经营方式应当是农民自主、自觉选择和创造的结果。

（二）内源性农地流转

在桂西北地区，以市场力量主导的外源性农地流转缺乏实现的基础，必须通过内源性农地流转，实现农户家庭适度规模经营。这种内源性农地流转就是以互换为主要农地流转方式。互换指的是在承包期内，同一集体经济组织的不同农户为了农业经营的需要，相互交换部分或全部土地承包经营权

---

① 张凤云：《农业现代化中的农民主体性问题研究》，《科学社会主义》2012 年第 3 期。

的行为。农户之间通过土地互换实现农地流转，不仅可以提高土地规模化程度，增加农地产出收益，而且有助于增强农民主体性地位，充分发挥农民的主体性作用。以农民之间互换土地形成的内源式农地流转，是一种在缺乏外部流入方主体的情况下，农民发挥自主性，实现自我组织而形成的重要流转方式。

内源性农地流转主要是指集体经济组织内部成员之间，通过谈判、协商方式，在小块并大块的耕地整治的基础上，农户相互之间通过置换土地，形成的一种农地的内部流转。这是一种基于农户家庭适度规模经营需要，以农户为主体的内源性农地流转。内源性农地流转方式的形成离不开一定的基础条件，同时也蕴含内在生成机制。

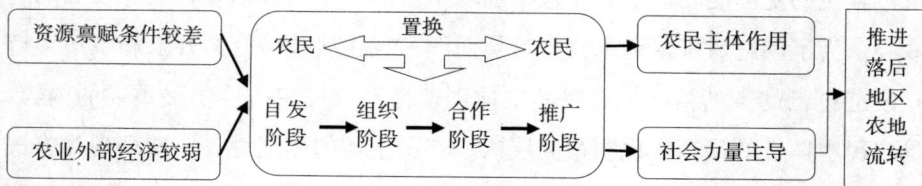

图6–5　落后地区内源性农地流转框架

第一，桂西北地区农业外部经济欠发达以及土地资源禀赋条件差成为引致农民自发性农地流转的重要外部诱因。第二，农民之间互助互惠、信任、合作等社会资本的存在构成了内源式农地流转形成的社会基础。农户与农户之间由于长期生活在一个自然村屯抑或行政村之内，彼此之间成为了"利益相关"、"地域相近"、"文化相连"的命运共同体。一旦达成共同利益，就会彼此联合形成利益联盟，彼此相互合作、相互协商，通过自我组织、自我管理、自我决策，共同解决共同难题。在特定情形下，农户与农户之间的内源式农地流转往往在一个小范围内的自然村屯内形成，尔后扩散到其他村屯，最后在村庄场域内形成规模较大的以农户置换土地为主要方式的农地流转。其原因在于，自然屯规模较小，地域上位置相近，农户之间利益关系联系紧密，在共同面对问题时，能够较快、较容易地形成集体行动，直到问题解决。第三，政府的政策支持与服务供给是实现内源式农地流转的重要推动力量。规模化农地流转的实现离不开政府的支持和引导。政府财政政策提供以及流转过程中的服务供给，不仅能够为实现农户间的农地流转提供保障，而且能够有效促进农户流转过程中的矛盾纠纷的解决，确保农户间农地流转的顺利开展。在内源式农地流转过程中，农民主体性作用的充分发挥是关键前提。

（三）内源性农地流转的过程

内源性农地流转的动态形成过程由自发阶段、组织阶段、合作阶段以及扩散阶段构成。在自发阶段，基于共同利益目标，农民之间的凝聚力被集聚起来，自发形成一个利益结盟团体，达成利益共识。自发形成一个利益团体之后，农民通过自组织机制，进行自我管理、自我服务、自我安排，有序推进农地流转进程。合作阶段是有效实现农地流转的重要保障。农户之间合作的持续性开展是确保农地流转实现的重要基石。通过平等协商机制，农民之间就农地流转过程中的具体问题和具体方案进行公开讨论，并以充分尊重每一位农民的意愿以及主体性为前提，借由平等协商途径推动农地流转问题的解决。农户间农地流转首先发生在自然屯的农户之间，经由扩散机制，继而向隔壁自然屯、整个行政村推广，最后在村庄场域内形成初具规模的农地流转。这种通过发挥农民主体性作用，并由农民自发形成、自我组织、自我合作而产生的农地流转方式，是一种不同于市场机制安排的农地流转新方式，即是一种以发挥农民主体作用的，在社会机制安排下的内源性农地流转方式。这种农地流转方式不仅是推动我国落后地区农地流转、实现农业适度规模经营的一种必要选择，也是有效弥补由于外源性农地流入方不足而导致农地流转率低的重要举措。

1.农民自发阶段。农民自发阶段是农民由最初几个人合议，希望通过并地，扩大耕种面积，实现规模化种植。形成共识后，依靠他们自身的力量联合起来，自发筹集资金，把分散的承包地进行平整。然后在共同整理土地之后，彼此通过相互置换的方式，交换土地位置，保证每位农户各自的土地都连在一起，实现了土地"小块并大块"

2. 农民自组织阶段。在没有外界干预和指导的情况下，农民自发形成"小块并大块"，并通过自组织机制，形成自我组织、自我管理、自我安排，有序推进"小块并大块"的进程。由村干部作为带头人，对农民的"小块并大块"意愿进行统计，并向村民宣传并地的好处，动员农民群众的参与热情。图6-6是根据发源地"小块并大块"的实际情况绘制得到的流程图。

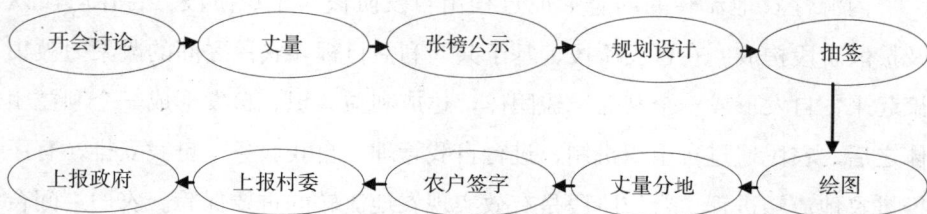

图6-6　农民"小块并大块"自组织流程

在"小块并大块"的多个环节内，农民主体性地位得到充分体现。从开会讨论并地方案，一直到并地完成，重新分地，始终以农民自身作为主体。在体现农民主体性作用的同时，农民通过自组织机制，实现互动，完成"小块并大块"。首先是开会讨论。农民自发地集中起来，通过自组织，形成集体会议。开会讨论共同推选一名领导者，组织和统领"小块并大块"事项，村委以及村支书成为重要带领人，并联合村民自我组织成立共组小组。进一步集体讨论分工方案、资金筹集办法等，促进"小块并大块"有计划、有组织地开展。其次是土地丈量、张榜公示、规划设计。农民自我组织成立工作小组，并在相互分工基础之上组织丈量并地前的土地面积，在核实原地块地类和面积的基础之上张榜公示。参与并地农民若对丈量土地结果有所疑问，可提出要求重新测量，直到村民无异议后再进行土地平整。农民自发组织对并地后的道路、水渠、边沟进行统一修整，并建立相应水利灌溉等农业基础设施，完善土壤水肥条件。最后是分地，在实现并地与土地整治之后，对平整之后的大块土地进行重新分地。重新分地实际上就是将原先农民各自承包的土地进行了互换，在置换之后，农民得到一块面积更大、更成规模的土地。如弄农屯将原先 490 亩纵横交错、星罗棋布的 1324 小块土地并为整齐划一的 121 大块土地，并将大块土地重新分配给农民，便于农民开展规模化农业耕作。

3. 农民相互合作阶段。"小块并大块"的有效完成，离不开农户之间的相互合作。农民之间通过协商机制完成土地合并、土地平整以及土地互换等项活动。在并地过程中，农民的协商精神、公共精神被唤起。农民之间通过平等协商的方式，讨论并地方案、土地平整规划以及重新分地办法。并开展"一事一议"活动，自发筹集资金，筹集劳动力。在"小块并大块"各个环节的公开讨论中，每一位农民都参与其中，将各自诉求与想法表达出来，并一起讨论、一起商议，最后达成一个大家都相对满意的解决方案。尤其是在"小块并大块"三个重要环节，即并地方案、土地平整方案以及重新分田方案，均由农户自身通过自主协商的方式来议定。在这一过程中，没有任何人主导或控制讨论过程，农民通过彼此平等协商的方式，共同参与议定决策方案，最终通过民主决策方式，即抽签确定最终的并地方案、土地平整方案以及重新分田方案。另外，在并地方案、土地平整方案以及分田方案确定之后，农民之间充分发挥互助合作精神，彼此相互出钱、出力、出工，相互合作。农户之间采取"结对帮扶"的方式联合并地，通过召开村民会议，共同协商，采取不同村、不同屯、不同户之间相互结对实施并地，有序实现"小块并大块"。

4. "小块并大块"推广阶段。"小块并大块"在由几位农户发起之后，其带来可观的经济效益和社会效益吸引了其他村屯纷纷进行效仿，其他村屯的农民也自发地进行"小块并大块"。为了继续推广"小块并大块"的做法，基层政府通过"以奖代补、以补代投"的方式鼓励农民开展互换并地，通过发挥示范带动作用的方式，激发农民参与并地的积极性。

三、小块并大块与社会合作机制

广西龙州县地处我国西南边陲地带，是著名的老少边穷地区。2013 年广西统计年鉴数据显示：龙州县下辖 12 个乡镇 127 个行政村（社区），总人口 26 万余人，其中壮族人口占 95%。全县总面积 2317.8 平方公里，其中耕地面积 75 万亩，石山面积 185 万亩，属于典型的大石山区。主要农作物包括水稻、甘蔗、黄皮果等。龙州县地处老少边穷地区，农业外部经济条件较差。主要表现在贫困山区经济条件、交通等落后，很难对资金雄厚的大企业产生吸引力，缺乏土地流入方，缺少引领农业产业化的龙头企业等外部市场力量；再加上农村劳动力大量外出务工，农村中仅剩下老人、小孩、妇女等弱势群体，农村土地撂荒严重。为了改变耕地细碎化经营、土地撂荒的现状，破解耕地零散、农业产出率低等农业发展难题，提高农业的生产效益，广西龙州县农民发挥主体性，创造性地实施耕地整治，实现土地的"小块并大块"，并在此基础上实现"并地联营"，创新了农业经营方式。

（一）小块并大块

龙州县上龙村弄农屯是耕地"小块并大块"的发源地，全屯共有 92 户378 人，耕地面积为 1360 亩，人均耕地面积为 3.04 亩。"并地"前，土地贫瘠、条状分割、农业基础设施落后等不利因素极大地影响了该屯的农业生产。土地细碎化使得"手提肩挑"的耕种方式仍然普遍。为改变土地零星分散导致的粗放型经营方式，发展高效特色农业，从 1996 年始，黄某某等 5户农户之间进行土地并块互换，把原本被石头隔离得零零碎碎的耕地通过清理石头、平整土地把高低不平的小块并联，迈出了"并地"的第一步。1997年，这 5 户相互置换土地的农民每亩收入超千元；之后屯里其他农户纷纷效仿，1999 年全屯"并地"累计完成 520 亩；随着"并地"效益的提高，全屯各户大力跟进，到 2008 年，成功将 490 亩纵横交错、星罗棋布的 1324 块小块土地并为整齐划一的 121 块大块土地，成为龙州县"小块并大块"的先例。

上龙村弄龙屯的"小块并大块"取得了良好的效果，引起了县政府的重视并在全县推广，截至 2015 年，龙州县 12 个乡镇都已推行耕地的"小块并大块"，整治面积累计达 29.3 万亩，占全县耕地总面积的 39%。龙州县在推动"小块并大块"的过程中，形成了规范的运用流程，受到中央农村工作领导小组办公室、国务院农村综合改革工作小组办公室、国土资源部以及各级党委的高度肯定，并建议在西南省区大石山区加以推广。"小块并大块"既是一种耕地整治，同时也是一种以土地置换实现的农地内部流转，即在村庄社区内部，依托村庄熟人社会，农户间通过协商、谈判的社会协商机制，完成耕地置换，以实现家庭适度规模经营。

（二）"小块并大块"与农地流转的社会合作机制

第一，召开村民会议，成立"小块并大块"领导小组。召开村民会议的重点是了解村民"并地"的意愿、确定耕地并块的实施区域、并地的操作方法以及选出村民耕地"小块并大块"的指导小组。大众动员一般由村落精英主导，包括村干部、村庄经济能人等，由他们向村民讲述并地的好处，鼓励村民积极主动参与并地。大部分的村民都是愿意进行土地平整的。

一般情况下，"小块并大块"指导小组的成员为屯（组）正副小组长、群众代表，小组共由 9 人（单数）左右组成，主要负责组织召开群众会议、组织抽签、组织群众签订有关文件和组织群众平整土地等。而在进行分地之前，最主要的是先对土地平整后土地的分配方案进行确定。通过对龙州县县委办公室分管农业的负责人的电话访谈得知：

> 龙州县在进行土地平整前，首先对各家各户的原有土地面积进行测量登记，并张榜公布，让各家各户的户主对自家所测量的土地面积进行签字确认，土地平整后按照平整前的土地面积进行分地。同时对

各家各户的不同的地块的肥沃程度进行测评，确定地块的地类是一级、二级还是三级，便于土地平整后进行抽签。（电话访谈材料，20151227，LDG）

自从开展"小块并大块"以后，L县各村屯形成了召开群众会议的惯例，各村屯通过村委会的广播、喇叭通知村民开会的时间、地点、商讨的事项，同时严格规定开会必须签到，不签到的视为弃权，但是缺席者会后不能违抗群众大会的决议。由于"小块并大块"涉及自身的核心利益，无须村干部进行劝说，村民也会积极参与会议，并主动参加讨论，发表自己的看法。除此之外，指导小组成员还专门派人进行开会录像、录音，并作会议记录，为公共决议保存证据和资料，加强公共会议决策的严肃性。

第二，平整土地，正确处理土地上的经济附着物。成立"小块并大块"领导小组后，接下来就是村民各自平整自家的耕地。L县的土地平整主要是采取农民先自发平整的方式。即农民先自己投工投劳对土地进行平整，平整完成后，农民以村屯为单位向县国土部门申请土地整治补偿金，县国土部门通过财政转移支付的方式对农民进行奖补。平整过程中如何处理土地上的经济附着物（如果树等）成为焦点。该县大部分村屯采取了以下做法：如果种植经济作物的土地的面积较大，可以允许该村民"就地扩展"，也就是以该地块为中心向两边扩展；而土地面积不够大的，则需要将经济作物全部砍掉，不做任何赔偿（土地是否大，由各个村屯自己确定标准，例如以一亩为界限，大于一亩的分地时就"就地扩展"，而不足一亩的则要砍掉自己的经济作物，且得不到任何补偿）。如果指导小组的成员有种植经济作物的土地，且面积较小的，应发挥示范带头作用，主动砍掉地上的经济作物，这能让其他村民心服口服。而对于那些"难缠户"、"钉子户"，就需要村中有威望的人，如村支书、村主任等运用"硬碰硬"的方式，运用手中的公共话语权，从现实利益出发，对其进行劝说和制约。指导小组在劝说"钉子户"时经常强化的一个理由是：

　　大部分村民都同意，你一个人不做，损害的是大家的利益，大家都会埋怨和排斥你。（电话访谈材料，20151229，LDG）

　　第三，社会动员，解决"并地"中的各种利益冲突。并地的关键是平整土地，而在平等土地过程中，存在广泛的利益冲突，需要通过社会动员进行利益整合。

　　龙州县农业局农副局长说：农民都知道并地的好处，大都愿意进行并地，现在哪个村、屯的村委、队长不带领农民进行并地是要挨村民骂的。但是也有农户不愿意进行土地平整。主要是因为有些农民的土地比较好，产量较高，他担心自己抽签抽到二等地（二等地是比较差的地，一等地是最好的地）怎么办？（访谈材料，20150812，NJZ）

　　广西国兴农现代农业发展有限公司的黄经理就提供了一个农户极力反对并阻碍并地的典型案例：

　　板凹屯经过村民动员大会后，大部分农户都愿意进行土地平整，土地平整后进行双高基地建设，双高基地建设有利于全村农户收入的提高。但是有一个农户就是不愿意进行土地平整。理由是该农户有1.6—1.8亩的九层皮树，这些树苗刚刚栽种不久；而且该农户的地块比较好，靠近路边且地块平整而肥沃，而且他认为平整土地进行双高基地建设，种植甘蔗的效益没有现有的经济作物的效益高。更重要的是，当时由于政策不完善，砍掉经济作物后，没有专门的经费对其进行补偿，因此，该农户坚持不同意进行土地平整。为了说服该农户，该屯的工作队对他进行了为期两个月的思想动员，跟他说：如果你不平整土地就把整片区域都影响了，大家对你都有怨言和意见，你拖着大家的后腿，大家都不能平整土地，大家都种不了甘蔗，你不平整土地，道路、水利设施等基础建设都没法规划，你这样做影响了全屯人的利益。经过两个月的晓之以理、动之以情，该村民最终同意进行"小块并大块"。（访谈材料，20150813，HJL）

农民不愿意进行"小块并大块"的原因大都是担心：该活动能否成功，如果不成功就会耽误自己的作物种植和收成；我要是抽到差的地怎么办；"小块并大块"会把我自家土地上的经济作物砍掉；没有并地的资金和劳力。

第四，土地分配：二轮抽签法。土地平整结束之后，土地如何分配被提上议程，土地分配方案是否公平是农民最为关心的问题。通过资料整理发现，L县进行土地分配包括以下几个步骤：首先，绘制道路、水利布局的草图。由指导小组组织各户群众实地观察，征求群众意见，根据测绘图纸进行草拟。其次，确定地类等级数量、地块编号。根据地块的实际情况，如土地的肥沃程度、交通便利程度等，确定地类分为1个等级还是2个等级（如果地类分的等级太多，超过三类的话，那么并地的效果就显现不出来，因此，一般最多分为三类），因为土地还未分配到个人，因此村民在确定土地等级时都极力促进公平；再者是在确定同一等级的地类内，各个地块的顺序编号。第三，确定抽签办法及分地顺序。L县各村屯一般采用"二轮抽签法"，即两轮抽签，第一轮抽签为抽取"抽签顺序号"，也就是农户取得第二轮抽签资格的抽签次序号，以此确定好所有农户进行第二轮抽签的顺序；第二轮抽签为抽取"分地顺序号"，也就是按照第一轮抽签取得的序号，各户再次抽取分地的顺序号，以此确定测量分地时各家各户取得的测量分地顺序。分地时，就以第二轮抽签时农户取得的顺序号，按地块编号测量分地给农户。

　　土地分配也并非一帆风顺，会出现许多新的问题，需要强有力的村庄领导。并地是有益于村庄之事，但是各家各户的土地分布和使用情况不同，土地调整并块必然会损害一部分人的利益，其实施过程也必定不会一帆风顺。在此处，村庄的农民组织化程度、村庄强有力的领导发挥了关键作用。村庄公共事务的顺利开展和完成需要一个强有力的领导者。强有力的村庄领导能够以村庄的整体利益为出发点，将群众凝聚在一起。在"小块并大块"中，强有力的村庄领导在并地前的大众动员阶段、耕地整治阶段以及重新分配土地阶段均发挥了巨大的作用。

　　　　龙州县新联村平整土地结束后，有一户农户抽到了不好的地块，该地块是坡地、又远而且石头又有点多，于是该农户就反反复复地闹。由于这个农户是村长的亲戚，村长也不忍心，就拖了一个多月。最后村长主动提出跟这个农户换地，解决了这一矛盾。（录音材料，20150813，HDG）

　　　　彬桥乡清明村有村民已经签字按手印抽好签，但是由于抽到的地不好，如比较远、灌溉不太方便等，其爱人又大吵大闹，要求重新抽签。面对这种抽到不好的地便又哭又闹的情况，一般是村干部作出牺牲，拿自己的地与其进行交换。（录音材料，20150812，NDG）

　　农业局相关负责人表示：农民会用不参与抽签的方式来抵制土地分配的进行。上金乡某屯三个组的2000多亩平整好的土地至今闲置，无法种植甘蔗，主要是因为三个组之间各有插花地，但是由于各个插花地的土壤肥沃程度不同，土地较为肥沃的农户不愿意置换土地。再加上三个组的组长也不得力，软弱，思想转变不过来，不想分自家的地。组长不想分地，其他的村民也纷纷效仿，导致土地分配无法进行。

（三）农户家庭适度规模经营

经过"小块并大块"，家庭经营实现了连片集中，家庭经营面积达到了20多亩，且土地集中连片，大大地减轻了农业劳动强度，提高了农业经营的效益。在西部地区，农业外部经济条件差，缺乏现代农业经营主体的推动，加之土地细碎化程度严重，成为阻碍农户从事农业经营的重要障碍，制约西部落后地区农业发展的重要因素。土地细碎化既无法充分实现土地作为生产资料的价值，更无法实现土地的规模化经营，制约了农业发展。此外，土地细碎化还会增加农民管理农田的时间成本与劳力成本。土地的碎片化，要求农民在零碎分散的地块来回耕作，不仅耗费时间，而且增加劳动强度。由于土地的细碎化、农作物种植地点的分散化，更增加了农民的辛苦程度，也降低了农业生产效率。

"小块并大块"，就是农民发挥主体性，通过自我组织完成土地适度集中，实现适度规模经营。土地适度规模经营就是在特定的自然和社会条件之下，各种生产要素实现合理配置，达到优化组合，从而带来较好的经济效益。那么，对于农户而言，适度规模经营就是劳动力、资金投入与土地规模成最优组合，获得最佳经济效益产出，各生产要素配置达到均衡状态。

弄农屯在实施"小块并大块"之前，每一个家庭基本上要有4—5个劳动力才能把分散的十几块责任田管理好。在实施并地之后，原本相隔较远的几小块分散田被统一集中到几块。大多农户平均分到3—5块，总面积20—30亩。面积较大的为10—20亩/块，面积较小的也有5—6亩/块。经过并地，农民只需管理好相连的几块田地，就可以形成规模化经营，从而消除地块间来回耕作耗费的时间成本，提高生产效率。此外，弄农屯在实施"小块并大块"之后，农业生产的经济效益得到显著提高。2008年并地之前，弄农屯总耕地面积为762亩，以甘蔗和香蕉为主要种植作物，亩产值分别为糖料蔗1200元/亩，亩产为4吨；香蕉8000元/亩。而在实施并地之后，农民继续种植糖料蔗，并且新种黑皮果蔗，通过规模化、机械化、集约化耕种，农作物经济效益明显提高。黑皮果蔗亩产值达到 12500 元 / 亩，而且糖料蔗亩产产量达到 7 吨，亩产值达 3080 元 / 亩，比并地前增益 2.3 倍。弄农屯农民在并地之后，从事多年规模化的经验种植，包括种植黑皮果蔗、糖料蔗以及间套种植蔬菜等，收入逐步增加。就 2014 年弄农屯农民人均收入而言，已达到 12712 元，相当于东部发达地区的农村居民家庭人均可支配收入。

在完成并地、实现土地适度规模经营的基础之上，农户进一步平整和修复土壤，以期继续获得较高经济效益。在成规模土地上，农民进一步建立水肥灌溉基础设施，增加土壤肥料投入，改造中低产量农田，进而提高土壤单位面积产量，提高土壤肥力，逐步提高土壤种植利用率，提高土壤的集约化水平。此外，并地带来了农田规模化，在成规模化的土地上，为进一步实现农业机械化耕种提供基础和保障。采用先进农业种植技术，培育农作物新品种，利用大型农业机械开展规模化作业，强有力地实现了农业生产机械化与规模化，大大提高了农业生产效益与农田使用效率。

四、社会合作机制与西部地区现代农业发展

自 20 世纪末以来，伴随着工业化、城市化的快速发展，农村大量青壮劳动力持续向城市转移，越来越多的农民选择进城务工、经商。外出务工、经商已经成为农户家庭收入的主要来源。据统计，2000 年农业经营纯收入、外出务工收入和其他纯收入对农户家庭纯收入的贡献份额分别为 27%、95% 和 32%[①]。由于大量农村青壮劳力外流，耕地抛荒现象日益增多。这种情况在经济落后地区尤其突出。如何解决农村大量青壮劳力外流导致的"谁来种地"的问题？龙州县农民在"小块并大块"的基础上，还实现了家庭经营方

---

① 转引自孔祥智等：《当代中国农村》，中国人民大学出版社 2016 年版，第 35 页。

式创新,即"并户联营"。

（一）并地联营

并地联营是指在并地的基础上,把土地通过契约的方式交由一部分有经营能力的农户经营的一种农业经营模式。龙州县上龙乡武权村那郝屯全屯共有 68 户 287 人,耕地面积为 1320 亩,人均耕地面积为 4.6 亩。屯中青壮年常年外出务工或做生意的总共有 115 人,留守从事农业生产的大部分是文化水平低、年龄相对偏大、体力不支的老弱病残。由于劳动力的不足和弱质化,造成耕地撂荒现象严重。2014 年 8 月,龙州县上龙乡武权村那郝屯在"并地"的基础上由三户农户发起成立"甘蔗种植并户联营社",带动形成了"土地入股、并户联营"的农业经营模式创新。该屯以"联营社 + 基地 + 农户"的模式开展并户联营。屯内 68 名成员将各自小块土地并成一大块之后,集中流转给屯内几位种植能手统一经营。合作社实行"入社自愿、退社自由、利益共享、风险共担"原则,引导农户以土地承包经营权入股,组建土地股份合作社。作为合作社的社员,农户有权直接参与理事会及监事会的选举、成本预算以及利益分配方案的决策过程,同时承担生产成本的支出。生产支出由农业职业经理人提出申请,理事长和监事长共同审签列支入账,农资和农机具的放置、申领、使用和处理,实行专人负责,及时公示,接受社员和监事会监督。必须强调的是,那郝屯构建的合作社并不同于通常所说的作为独立经营主体的合作社,而是作为一种交易配置出现的。其本质特征在于:首先,形成农地经营权的集中机制;其次,形成农户经营控制权由分散表达转换为集中表达;再次,降低农户与经理人的缔约成本;最后,监督和保障交易合约的有效实施[1]。种植能手实际上成为农业职业经理人,在完善各项农业基础设施、集约化建设甘蔗现代化生产基地的基础之上,实行统一供应种苗、统一生产技术规程、统一生产资料供应、统一产品销售。并且通

---

① 罗必良:《农业共营制:新型农业经营体系的探索与启示》,《社会科学家》2015 年第 5 期。

过实施优化甘蔗品种种植，建设高效节水灌溉等现代化农业生产方式，全面提高甘蔗种植产量和质量，不仅解决了并地之后谁来经营的问题，而且实现了农业机械化、集约化、规模化发展。流转出土地的 68 位农户只需每年交纳 1200 元给专业种植能手，就能在年底享受利润分成。按照约定，依据当年土地比例投入和收益，按甘蔗种植每年每亩保底 5 吨，超过 5 吨的由种植能人从每吨按利润的 15% 提成，发给这 68 位农户。那么，对农户而言，只需投入年初资金，就可以从土地中解放出来，坐等收成，到年底直接拿到经营利润。"甘蔗种植并户联营社"成为龙州县第一个由农户自发自愿联营甘蔗种植基地，开创了以农民为主体的并地联营农业经营模式。除了在一个屯内实现并地联营之外，还出现并地之后的"跨屯并地，农户联合经营"的模式。不同屯的农民将耕地相邻或交叉的几个屯共同将土地交予农业职业经理人，由农业职业经理人代为经营与管理的新型农经营模式。目前全县共产生了大大小小 123 个农民并地联营种植合作社，并且三分之一以上的农民加入其中，总共辐射带动 35% 的农户，这不仅优化了农业生产资源配置，而且推动建立了新型农业经营主体，实现了农业生产可持续发展。

那郝屯"并地联营"的核心内容是：以家庭承包经营为基础，通过土地股份合作社推进农业的规模化经营，通过农业职业经理人推动农业的专业化，通过与社会化服务组织合作推动农业的组织化，最终形成了社员投资入股、职业经理人经营管理、社会化服务组织提供服务的农业经营方式。职业经理人的出现有效地解决了"谁来种田"和"如何高效种田"的问题，这种经营方式有效克服了小农户家庭经营的规模效益低下、专业管理人员不足等弊端。

（二）进一步加速农地流转

"小块并大块"，实现了耕地整治，有利于推进农业机械化的实现，同时通过确权登记，确权不确地，既强化了农民的土地财产权利，又保障了土地的集中连片，有利于龙头企业、农业公司和种植能人的规模经营。在并地后，龙州县政府通过政策扶持、整合项目资金的办法，大力培育种养大户、家庭农场、农民专业合作社等新型农业经营主体。依托"小块并大块"以及群众的积极性，建立了优质高产高糖糖料基地、现代特色农业示范区，促进龙州品牌农业、现代农业、优势特色农业的快速发展，有效推动农业生产的现代转型。农民将自身土地流转给种植大户，从而获得租金收入。如龙州县上降乡里成村通过并地之后，把整村500亩土地一并流转给由个体老板成立的朔龙农业综合开发公司。个体老板通过建设机械化、水利化设施，建成水肥一体化高效节水灌溉甘蔗基地，从事甘蔗规模化经营。农民在"并地—确权"的基础之上，将土地流转给农业公司，形成了"公司＋基地＋农户"的农业产业化模式。比如在2011年，龙州县政府通过招商引资的方式，引入节节高农业产业开发公司在四个乡镇共同流转土地11500亩，从事甘蔗种植，并建立了高产高糖糖料蔗示范基地。农户将土地流转给农业企业，获得租金收入。也有农户被返聘农业公司从事农作物种植和管理，获得一部分雇工收入。

（三）催生新型农业经营主体

"小块并大块"作为一种内源式农地流转，主要是由以农民为主体的社会合作机制推动的农地流转。农民通过自我发起、自我组织、自我协商的方式，自主完成并地过程。在并地过程中，农民通过参与合作的方式，协调有序推进土地互换，实现土地资源优化配置，推动农业规模化、集约化经营。农民在并地基础上，通过自我组织，组建农民专业合作社，形成并地联营农业经营模式。农民将并地后的土地流转给种植能手，统一由农业职业经理人经营与管理，实现统一规模化经营。并通过农产品深加工，提高农产品附加值，增强农产品市场竞争力，实现了农业生产由传统一家一户自给型向农业市场化、产业化转型发展。此外，"小块并大块"之后形成的并户联营农业经营方式，催生了一批新型职业农民。农业种植能手成为农民职业经理人，代理农民从事土地生产经营工作。这不仅解决了并地之后农业经营主体的问题，而且成为新时期重要的新型农业经营主体。新型农业经营主体是构建我国集约化、专业化、组织化、社会化新型农业经营体系的重要细胞单元。新型农业经营体系的发展离不开新型农业经营主体的培育。新型职业农民作为新型农业经营主体中的重要一员，能够有效解决我国新型农业经营主体缺乏的问题，实现我国新型农业经营体系的构建，进一步推动现代农业发展。

第七章　集体产权制度下的农地
流转机制主体创新

在农村土地集体产权制度框架下，同时存在政府、集体和承包户三个土地权利主体，即政府、集体和承包户均享有土地权利。在农地集体产权制度下，推进农地流转，实现农地资源的优化配置，需要完善农地集体产权结构，增进农地流转各方的土地权益。必须创新农地流转机制，在发挥市场机制在农地资源配置中的基础性作用的同时，发挥政府机制和合作社机制的作用。农地流转的决定性因素是农地流入方主体的存在，因此，必须培育新型农业经营主体。最后，在农地流转过程中，必须发挥政府的服务作用。

第一节　完善农地集体产权制度

正如科斯所言，"一旦考虑到进行市场交易的成本，合法权利（产权）的初始界定会对经济制度运行的效率产生影响"①。农地流转的实质是一种产权交易。因此，不断优化与完善农地产权制度安排，建立"归属清晰、权责明晰、保护严格、流转顺畅"的现代农地产权制度，是切实提升农地流转效

①　R.科斯、A.阿尔钦、D.诺斯等：《财产权利与制度变迁——产权学派与新制度学派译文集》，上海人民出版社 1994 年版，第 20 页。

率、创新农地流转机制、推动现代农业发展的基本进路。

一、基于"两权分离"的农地集体产权制度的弊端

新中国成立以来，我国农地产权制度的发展经历了"土地改革"、"合作化与人民公社化"、"家庭联产承包责任制"等不同时期。不同时期农地产权的法律主体和实践载体屡有变化，所呈现的产权特征也不尽相同。

如表 7–1 所示，新中国成立之初，政府通过进行土地改革，将土地所有权真正交到农民手中，即农地"私有私用"，农民的土地所有权、经营权、收益权、处分权高度统一。在特定的历史条件下，具有重大经济、政治意义。合作化与人民公社化时期，中国农村全面推行公有化改革，一切农地权利归集体所有，呈现出"公有共用"的产权特征。农村改革以来，家庭联产承包责任制成为我国基本的农业经营制度。在这一制度框架下，农地的集体所有权与农户承包经营权开始发生分离，农地的占有、使用、收益、处分四大权能逐步在集体所有权与农户承包经营权之间进行分割，总的趋势是收缩前者的权能、扩张后者的权能，农地的各项权能不断由集体让渡给承包户①。

表 7–1　我国农地产权制度发展历程简表

时期	变迁路径	产权特征	产权配置情况
土地改革时期（1949—1953 年）	强制性制度变迁	私有私用	变"地主所有、租佃经营"为"农民所有、农户经营"，农地所有、经营、收益、处分的权利高度统一在农民手中
合作化与人民公社化时期（1951—1978 年）	强制性制度变迁	共有公用	形成了"集体所有、统一经营"的农地产权结构，农民对土地的所有、使用、收益和处分的权利不复存在

---

① 叶兴庆：《从"两权分离"到"三权分离"——我国农地产权制度的过去与未来》，《中国党政干部论坛》2014 年第 6 期。

时期	变迁路径	产权特征	产权配置情况
家庭联产承包责任制时期（1978年至今）	"自下而上"的诱致性制度变迁，并以"自上而下"的强制形式"固定"下来	共有私用	以家庭承包为主要形式，"统一经营"与"分散经营"相结合，农地的集体所有权与农户承包经营权相分离，农地的占有、使用、收益、处分四大权能逐步在集体所有权与农户承包经营权之间进行分割

基于"两权分离"的家庭联产承包责任制是我国农地产权制度的重大制度创新并取得了良好的制度绩效，对我国农业经济增长、农村社会稳定、农民生活水平提升发挥了巨大作用。但由于制度环境的改变和存在制度的内生缺陷，"两权分离"框架下的农村土地集体产权制度的弊端也日益显现。

（一）制度环境变化：农地承包主体与经营主体发生事实分离

已有越来越多的证据表明，当前农地承包主体与经营主体正逐步发生事实上的分离。首先，我国农地流转比例快速增长。据中国社科院的相关统计数据，1996年全国只有2.6%的农地发生流转，2013年全国家庭承包耕地流转面积达到了3.41亿亩，流转比例超过1/4（25.7%），截至2014年，流转面积进一步增加到4.03亿亩，比上一年增加18.2%，农地流转比例达30.4%。此外，虽然各个省份的农地流转比例有所差异，但几乎所有的省份2014年的农地流转比例都高于2013年的流转比例，其中有8个省份的家庭承包耕地流转比例超过35%[①]。换言之，全国至少有近三分之一的土地并非由真正的土地承包者耕种。其次，从农民就业结构方面的数据来看，2013年全国农民工总量2.69亿人，比上一年人数增长2.4%，其中，外出农民工达1.66亿人，比上一年增长1.7%，并且有3525万人是举家外迁。随着我国工业化、城市化进程的加快，无论是承包农户外出务工人数还是土地流转

---

① 这8个省份分别是：上海71.5%、江苏58.4%、北京52.0%、黑龙江50.3%、浙江48.0%、安徽41.0%、重庆39.7%、河南37.1%。上述相关数据整理自：李光荣《土地市场蓝皮书：中国农村土地市场发展报告（2015—2016）》，社会科学文献出版社2016年版。

率都将在一段时间内呈增长趋势，这也意味着我国农地的承包主体与经营主体分离的情况还将进一步增多。因此，"究竟谁来种地"已成为不可回避的重要问题。完善农村土地集体产权制度是解决这一问题的一个"发力点"。

（二）制度安排的内生缺陷：农村集体土地产权的模糊

一般认为，界定清晰的产权能够为产权交易创造良好条件，从而降低交易成本。所谓"产权清晰"是指不同产权主体之间有产权界限存在，可以分清楚谁对某项财产拥有产权以及拥有何种形式、多大份额的产权。判断某一产权是否清晰的两条重要标准：一是看产权主体是否清晰，二是看产权客体是否清晰①。产权主体清晰是指产权最后归属的主体是否是清晰可辨的自然人，即要求产权主体有独立的民事行为能力并且能够独立承担民事责任。产权客体清晰则是指产权内部的权属关系清晰，包括权属界限清晰和份额分割清晰。对产权清晰与否的讨论实际上涉及产权属性的问题，因此必须联系产权的类型，不同类型的产权其所具有的属性也不同。新制度经济学家们一般将私有产权和共有产权作为产权清晰与产权不清晰的两种极端形式，认为前者是清晰可辨的，而后者往往是模糊不清的，集体产权则介于两者之间。因此，我国农村集体土地产权制度其本身就存在一些"内生缺陷"。

1. 产权主体模糊。首先，从法律制度上看，我国农村集体土地产权制度的产权主体并不明晰。我国的《宪法》、《民法通则》、《土地管理法》、《农业法》和《物权法》都明确规定了农村土地归农民集体所有，但并未对"农民集体"形成一个统一、明确的解释。如《宪法》并未给出"农民集体"的具体所指；《民法通则》将之界定为乡（镇）、村两级；《土地管理法》和《农业法》的定义则是乡（镇）、村或村内农业集体经济组织；《物权法》的界定则是村农民集体、村内两个以上农民集体和乡镇农民集体。其次，在具体实践中，我国农村集体土地所有权属混乱，自然村民小组、行政村民小组、村

---

① 潘勇：《略论产权清晰标准》，《前沿》2005 年第 1 期。

委会、合作社、乡镇政府等都可以成为集体土地的实际所有者，行使其土地所有权。但法律并未规定村委会、乡镇政府拥有农村集体土地的所有权。根据我国《村民委员会组织法》的相关规定，村民委员会是基层群众性自治组织，依照法律规定管理本村属于村农民集体所有的土地和其他财产①。可见，村委会并不等同于"农民集体"，就其职责来看，村委会也只是村集体土地的主要经营管理者。但由于现实中农村集体土地所有权往往被"虚置"，在农地流转、征地中十分容易滋生村委会、村干部的寻租行为，极大地侵害了村集体和大多数村民的合法权益。

2. 产权客体模糊。现有的农村集体土地产权制度明确分离和界定了农村集体土地的所有权和承包生产经营权，但并未对土地承包经营权进行更为明确的界定，在实际操作中也较缺乏相关法规、制度依据。首先，从产权属性来看，土地承包经营权具体包含了承包权和经营权，实际上两者是具有不同属性的权能。承包权属于成员权，只有集体经济组织成员才有资格拥有，具有明显的社区封闭性和不可交易性；经营权属于法人财产权，可以通过市场化的方式配置给有能力的人，具有明显的开放性和可交易性②。在过去人口相对不流动、土地相对不流转的情形下，这两种差异较大的权利可以浑然一体、相安无事。但如前所述，我国当前农村集体土地的承包主体和经营主体已经发生了事实上的分离，并且将呈现分离加速的趋势。因此，具有不同产权属性的承包权与经营权继续混为一体必将带来法律、政策上的冲突，也不利于农地流转市场的健康、有序发展。其次，从产权结构上看，土地承包经营权存在权能残缺的问题。较为完整的农地承包经营权应包括农地的占有、使用、收益和处分四大权能，即农户在承包期内应对所承包的土地享有实际占有权、自主经营和种植权、产品收益权、自由处分权。目前对土地承

---

① 参见《村民委员会组织法》第二条、第八条。
② 叶兴庆：《从"两权分离"到"三权分离"——我国农地产权制度的过去与未来》，《中国党政干部论坛》2014 年第 6 期。

包经营权各项权能的界定有待进一步完善与实现制度化。如在农地占有权方面，多元化发包主体的权责明晰、承包主体的资格确立与妇女土地权益保障、承包期限与土地调整等问题亟待解决；在农地使用权方面，如何对行政机构滥用行政权征用土地进行有效规制，减少行政介入，缓和农地征用中的干群矛盾，切实保障农户的合法土地使用权，成为社会各界共同关注的一个现实课题。在农地收益权方面，在农地流转中防范农业直补政策演变为农地承包补贴，需要对农地收益权进行更为明确的界定。在农地处分权方面，政府正通过制定出台相关法律、政策，不断扩充与完善包括流转、抵押、继承权在内的农地处分权能，但具体细节与细则如流转形式的规定、农地抵押的范围、农地继承与遗赠等问题仍有待在理论与实践中进行探索。

二、"三权分置"与农村改革的又一重大制度创新

现代产权制度认为，可以通过产权界定和制度安排，降低交易费用，从而提升资源配置的效率。美国法律经济学家波斯纳曾给出协议中权利安排应遵循的一般规范，即"如果市场交易成本过高而抑制交易，那么，权利应赋予那些最珍视它们的人"①。那么在一个理想的制度安排中，显然"权利应该配置给那些能够最具生产性地使用权利并且由激励他们这样使用的动力的人"②，即要把权利界定给那些能以较低交易费用解决制度外部性的人。如果说经由家庭联产承包制实现的农地集体产权"两权分离"的目的是解决农民的生产积极性问题从而增加农业产出的话，那么在原来的"两权分离"的基础上进一步实现所有权、承包权和经营权的"三权分置"则是主要解决农地资源的优化配置问题，从而提高农业生产的效率。因此，实现所有权、承包权、经营权的"三权分置"，将成为农地集体产权制度改革与创新

---

① [美] 理查德·A. 波斯纳：《法律的经济分析》，法律出版社 1997 年版，第 20 页。

② [美] 奥利弗·E. 威廉姆森、西德尼·G. 温特等：《企业的性质：起源、演变和发展》，商务印书馆 2007 年版，第 305 页。

的基本方向。

2016年，中共中央办公厅、国务院办公厅印发《关于完善农村土地所有权承包权经营权分置办法的意见》（以下简称《意见》）。正式提出了农地集体产权的"三权分置"改革。根据《意见》，农村土地三权的内涵和权能如下：

第一，农民集体：集体所有权始终不变。土地集体所有权人对集体土地依法享有占有、使用、收益和处分的权利。在完善"三权分置"办法的过程中，要充分维护农民集体对承包地发包、调整、监督、收回等各项权能，发挥土地集体所有的优势和作用。

具体而言，农民集体有权依法发包集体土地，任何组织和个人不得非法干预；有权因自然灾害严重毁损等特殊情形依法调整承包地；有权对承包农户和经营主体使用承包地进行监督，并采取措施防止和纠正长期抛荒、毁损土地、非法改变土地用途等。承包农户想转让土地承包权，应在本集体经济组织内部进行，并经农民集体同意。承包农户想流转土地经营权，须向农民集体书面备案，集体土地被征收，有权就征地补偿安置方案等提出意见并依法获得补偿，集体成员有知情权、决策权和监督权。

第二，农户：享有严格保护的土地承包权。农户对承包土地依法享有占有、使用和收益的权利。在完善"三权分置"办法的过程中，要充分维护承包农户使用、流转、抵押、退出承包地等各项权能。具体而言，农户有权通过转让、互换、出租（转包）、入股或其他方式流转承包地并获得收益，任何组织或个人不得强迫或限制其流转土地；有权占有、使用承包地，依法依规建设必要的农业生产、附属、配套设施，自主组织生产经营和处置产品并获得收益；有权依法依规就承包土地经营权设定抵押、自愿有偿退出承包地，具备条件的可以因保护承包地获得相关补贴；承包土地被征收的，有权依法获得相关补偿。农户享有严格保护的土地承包权，意味着农民集体不得违法调整农户承包地，地方政府不得以退出土地承包权作为农民进城落户的条件。

第三，土地经营主体：对流转土地依法享有在一定期限内占有、耕作并取得相应收益的权利。从事农业生产所需的各项权利受到法律保护，使土地资源得到更有效合理的利用。有权使用流转土地自主从事农业生产经营并获得相应收益；有权在流转合同到期后按照同等条件优先续租承包土地；经承包农户同意，可依法依规改良土壤，提升地力，建设农业生产、附属、配套设施，并依照流转合同约定获得合理补偿。另外，土地经营主体再流转土地经营权或依法依规设定抵押，须经承包农户或其委托代理人书面同意，并向农民集体书面备案。

"三权分置"，顺应了广大农民特别是大量进城务工农民保留土地承包权、流转土地经营权的意愿和继续务农的家庭以及下乡的工商资本实现农地适度规模经营的要求，从而有利于加快新型城镇化和农业现代化步伐，是继家庭联产承包责任制后农村改革的又一重大制度创新。

三、"三权分置"与农地集体产权制度的完善进路

"三权分置"改革，就是要进一步明晰和细化农村产权，明确农地所有权、承包权、经营权三者在占有、使用、收益、处分方面的权能内容及边界，以便更好地维护农民集体、承包农户、经营主体等各方权益，促进农地资源的优化配置。在坚持与尊重农村土地集体所有、稳定家庭承包经营的基本前提下，进一步放活农地经营权。概括起来，就是"坚持集体所有权，落实农户承包权，放活土地经营权"。

（一）坚持农地集体所有权

"三权分置"改革必须坚持农村土地集体所有这条底线。农村土地集体所有制度是我国宪法和其他基本法律规定的土地制度，这是一项根本的土地制度。农村土地制度改革就是在新形势下探索土地集体所有制度的具体实现形式。

农村改革以来，家庭联产承包责任制的推行，农民集体不断弱化、虚化，农民集体土地所有权也不断被抽空，农村集体经济瓦解，基层组织涣散。因此，重振集体经济，必须坚持和完善集体所有权。我们认为应明晰农村土地集体所有权，以确保农村集体土地管理的权、责、利相统一，否则将在土地管理中产生高昂的代理成本，且不利于农民土地权利的保障。在"三权分置"改革中，农地的集体所有权必须坚持，不能被虚置，而且必须强化，即坚持和强化农民集体在管理、处分方面的权能，发挥其在处理土地撂荒方面的监督作用、在平整和改良土地方面的主导作用、在促进土地适度规模经营方面的桥梁作用。为此，必须厘清农民集体和农民个体的关系特别是他们之间的权责关系，这需要进一步完善以村民自治为载体的基层民主制度，在此基础上努力探索并建立农民集体和农民集体成员共同管理集体所有土地的体制和机制。

（二）稳定农地承包权

经由国家政策承诺的"长久不变"以及土地确权颁证，使农户的农地承包权有了越来越大的权利强度和含金量。稳定农地承包权，就是要界定集体成员资格、锁定集体成员范围，在起点公平的基础上落实"长久不变"，并对承包权的权能边界进行清晰的界定。首先，以农户为承包单位，承包主体应限定于本社区集体经济组织内部成员。目前，农户已成为事实上的民事主体，因此确立农户为承包单位具有合法性；而明确土地承包限定于社区集体经济组织内部成员，外地农户承包土地则视为租赁，这一规定使土地承包关系和边界明确，有利于保护农户的土地承包经营权[1]。其次，处理好"长久不变"的起点和期限问题。即需要明确在什么样的基础上稳定承包关系并保持长久不变？长久不变的具体期限如何？具体而言，是在二轮承包的基础上保持长久不变还是在确权登记颁证后再保持长久不变？应从实际出发，尊

---

① 张红宇：《新中国农村的土地制度变迁》，湖南人民出版社 2014 年版，第 180 页。

重群众意愿；借鉴城市用地、集体林地和"四荒"使用期限的相关规定，可将"长久不变"的承包期设定为 70 年。第三，探索农地承包权市场化的退出机制。对那些长期举家外出、无人务农、农地闲置的农户，在其自愿的前提下，引导其有偿退出农地承包。第四，鼓励创新承包权的实现方式。例如，在农民非农就业比重很高、人均土地面积很小的地方，"确权确利不确地"就是一种较好的承包权实现方式。"确权"，就是确认集体经济组织成员资格，取得资格的人有权按份额共有集体土地；"确利"，就是确定每年参与土地收益分配的具体方式；"不确地"，就是不将具体的地块分到每家每户①。

（三）放活农地经营权

农地产权制度改革，本身就是要处理好农民与土地的关系。"两权分离"改革主要解决农户的生产积极性，通过分离所有权与承包权，很好地解决了农民与土地的关系问题。但是，经过 30 多年的发展，农民与土地的关系又发生了巨大变化，经由农民流动和农地流转，农地承包经营权发生了分离，拥有土地承包权的农户并不直接从事农业生产，而从事农业生产的新型农业经营主体却不拥有相应的农地经营权利。因此，"三权分置"的改革目标就是要解决农地流转中作为农地流入方的新型农业经营主体的土地权利。当前，农地承包权主体与经营权主体分离现象越来越普遍，在农业经营收益不断减少的情况下，拥有农地承包权的农民家庭的青壮劳力基本选择进城务工，导致土地撂荒现象十分严重。而新型农业经营主体如家庭农场、农民合作社、农业企业成为真正的农业经营者，但却没有相应的土地权利。如与农户签订的流转合同期限太短，而农业基础设施投资回报周期长，因而不敢作长期投入。另外，农业经营需要的资金量大，而经营的土地不能用作抵押贷

---

① 叶兴庆：《从"两权分离"到"三权分离"——我国农地产权制度的过去与未来》，《中国党政干部论坛》2014 年第 6 期。

款，等等，这些都进一步影响了现代农业发展。

"三权分置"的要点在于放活农地经营权。如何放活农地经营权？一是科学界定三权的内涵、边界及相互关系，以不断巩固和完善农村基本经营制度，更好地维护农民集体、承包农户、农业经营主体的土地权利。二是推动土地确权颁证工作朝向农业经营主体颁发土地经营权证，即根据承包权和经营权分置的原则，探索颁发农村集体土地经营权证。三是完善农地产权价值评估机制，培育农地经营权流转市场，推动农村土地产权交易市场建设，减少农地流转中的交易费用。四是放宽农地经营权的抵押、贷款条件，农业经营主体可以拿农地经营权证到银行抵押、获得贷款。

第二节　创新农地流转的机制

在农地集体产权制度下，农地流转存在三种交易机制，即市场机制、政府机制及社会合作机制。在完善农地流转的市场机制、规范政府机制的基础上，进一步创新农地流转的社会合作机制。

一、完善农地流转的市场机制

市场是实现资源配置的主要手段。但是，在农地资源配置中，由于农地产权本身的残缺、缺乏产权交易的市场化体系、产权交易主体的缺乏等，导致农地产权交易的市场失灵。因此，推动农地的市场化流转，必须完善农地流转的市场机制。

（一）提高农地的市场化程度

农地的市场化程度主要是指农地权利的市场化交易程度。当前，我国农村土地的市场化程度尚低，主要表现在：首先，农地的集体所有权尚无法进入市场进行自由交易，集体土地所有权的交易对象只限于国家，也就是说，国家垄断了农地交易的一级市场。其次，农户的农地承包权的市场化程度也很低，许多承包户宁愿土地撂荒也不愿转让土地。

提高农地要素的市场化程度，一是在实现土地承包权长久不变的条件下，进一步完善承包权的权能，核心是落实土地处分权，除了使用、收益权外，还拥有转让、出租、继承、抵押等权能。二是推动农村的土地确权登记颁证工作。农地属于典型的不动产，不动产的设立、变更、转让和消灭应当依照法律进行登记，只有进行登记的土地物权才发生效力，反之，则不发生效力。土地的所有权、承包权和使用权只有经过依法登记，才受法律保护。相关研究发现：土地承包经营权证书的发放能够促进农地市场的发育，推动农地流转。土地权属证书的颁发强化了土地承包经营权的物权保护，丰富了土地的权能，有利于提高农地的市场化程度。

（二）加强农地经营主体的嵌入机制

在农地市场化流转中，农地经营权的流转范围将不断扩大，农地的经营权进一步向新型农业经营主体集聚。新型农业经营主体流转土地是为了实现农业规模化经营，以获得规模效益。但是，由于这些新型农业经营主体外在于村庄熟人社会，容易遭到村民的抵制、捣乱从而增加其经营管理成本。为此，必须实现新型农业经营主体与村庄熟人社会的和谐相处，其路径就是实现新型农业经营主体的嵌入性发展。研究表明，包括外部资本在内的新型农业经营主体只有嵌入村庄熟人社会，才能降低经营成本，实现其经营目标。

（三）构建和完善农地流转中介平台

在农地经营权流转过程中，中介组织的参与能够降低农地流转交易成本，提高农地流转效率。为此，首先要构建和完善农地流转中介平台，包括专门的农村土地流转管理和服务机构，如土地流转中心、农地资源交易中心、农地流转服务中心等，加强农村土地流转的规范化管理和专业性服务。目前，我国的农地流转服务机构主要是由县、乡政府牵头成立，由于财力等资源禀赋存在地区差异，导致各地的农地流转服务机构的服务质量参差不齐。同时，政府组建的农地流转中介组织大都依附于政府土地管理部门，服务内容也比较单一，运作效率不高。因此，地方政府不仅要构建和完善各种农地流转服务平台，而且还要鼓励和扶持各种民间中介组织为农地流转交易提供专业性的服务。其次，完善中介组织的运行机制。中介组织运行机制的有效性与否决定了农地流转交易成本的高低。当前我国的多数中介组织尚处于"空壳"运作或运作效率低下的阶段，难以向农地流转双方提供高质量的农地流转信息与服务，因此需要完善农地流转中介组织的运行机制。中介组织应该建立自身的农地流转信息搜集与发布平台，如电子交互信息系统、滚动电子屏等；提升自身专业水平，专业评估农地使用权价格，并将价格及时地在电子交易平台上公布；撮合供需匹配的农地流转双方，并为双方提供诸如合同、法律等方面的咨询；经授权，中介组织还可以为流转双方提供档案代管服务或流转纠纷的调解和裁决服务。

（四）加强土地流转的行为监督

农地承包经营权的流转急需建立符合市场经济要求的监管制度。虽然我国的农地流转率总体上不高，而且还存在较大的地区差异，但是，农地承包经营权的流转已遍及广大农村并有不断扩大之势，流转主体也越发多元，流转形式日益丰富，流转的利益关系也日趋复杂。农地承包经营权的流转政策性较强、涉及面广，与农民的土地权益息息相关。因此，必须强化对农地流转行为的监管，确保农地的流转不改变其集体所有的产权特质，也不改变农地的用途和不损害农民的农地权益。农地的市场化流转属于一种市场行为，但离不开政府的管理和服务。农民是农地流转的主体，农地是否流转、以什么样的方式流转、流转的价格等都应尊重农民的意愿，任何组织和个人不得强迫或阻碍农民的农地流转行为，政府在农地流转中应该是作为管理者和服务者，而不是主导者。政府对农地流转过程进行监督，防止出现损害农民利益的行为。政府通过制定相应的监管制度、建立相应的监管机构，履行监管职责，在充分发挥市场机制作用的基础上，作到引导而不干预、服务而不包办、放活而不放任[①]。

(五) 健全农村社会保障体系

虽然我国已经加快了农村社会保障体系的建设进程，但是保障的范围还不够广、保障的水平还比较低，难以满足农村居民的现实需求，数量庞大的农民还游离于我国社会保障体系的边缘。在这一现实情况下，农村土地不仅仅是一种纯粹的生产要素，更被赋予了极强的社会保障功能。因此要推进农地流转、提高农地流转率，就必须加强农村的社会保障体系建设，以此来弱化农地的社会保障功能。当然，加强农村社会保障建设不可能一蹴而就，应该在考虑我国国力和财力的基础上循序渐进。一是多方多渠道筹措农村养老基金。二是加强对农村养老基金的监督和管理，制定严格的管理办法，杜绝挪用农村养老基金行为的发生，保证农村养老基金的稳定性、增值性。三是继续加大农村养老保险、医疗保险等的扶持力度，在财力允许的情况下着力构建农村的失业保险、工伤保险等，实现农村由"土地保障"向"社会保障"的转变，逐渐弱化农地的社会保障功能。

二、规范农地流转的政府机制

农地流转的政府机制是指政府推动农地流转的政策引导、行政指导等方式方法的总和，其本质是政府运用手中的行政权力影响或直接决定农地资源的配置。

在农地流转的政府机制中，由于政府拥有绝对的行政权和话语权，容易出现政府角色的错位、失位和越位，导致农地流转过程中的政府机制失灵问题。具体表现在：首先，政府没有明确自身的职责，与民争利，与农民的关系紧张。如在农用地的流转上，地方政府不顾农民的农地流转意愿，强行将农地进行返租，然后以高价倒包给农业公司、龙头企业或其他新型农业经

---

① 金文成、孙昊：《农村土地承包经营权流转市场分析》，《农业经济问题》2010 年第 11 期。

营主体。在非农建设用地上，地方政府则强行以低于市场价格的价格征收集体建设用地，然后以高价卖给开发商或其他市场主体，从中赚取高额的差价。其次，没有明确自身与市场的界限。在政府机制发挥作用时，不能忽视市场机制的作用。由于政府直接参与和控制土地征收，导致土地征收的补偿标准过低，且大都采用一次性补偿的方法，农民难以获得土地的增值收益。政府为了招商引资还将土地进行低价出让，甚至减免出让金，损害农民利益。因此，在农地流转中，必须规范农地流转的政府机制。

（一）明确政府的角色

农地流转是一个复杂而系统的过程，市场机制发挥了主导作用。但是，地方政府的政策引导和行政指导也发挥了重要的作用。在农地流转实务中，许多地方政府基于推动现代农业发展的需要，盲目引入龙头企业，强制农民流转土地，一旦新型农业经营主体经营失败跑路，则地方政府往往要承担土地租金的责任和社会稳定的风险。因此，在农地流转过程中，地方政府不应该取代农民的主体角色，而是应该将自身定位为组织引导者、管理者和服务者的角色，履行管理和服务职能，包括制定政策与法律制度的职能、执行土地用途管理制度的职能、履行程序性的义务、监理规范有序的农地流转市场的职能①。

（二）正确处理政府与农地流转利益主体的关系

在农地流转中，作为农地流出方的农户和作为农地流入方的新型农业经营主体是两个相互独立的利益主体，地方政府作为中介方主体，主要为农地流入方主体和流出方主体提供农地流转的专业化服务。在发挥农地流转政府机制作用时，一方面必须尊重农户的农地流转意愿，让农户自己决定是否流转农地、流转价格、流转形式、流转期限等；另一方面还必须维护新型农业经营主体的利益。政府与农地流转双方主体形成合作、互助、

---

① 郎佩娟：《农村土地流转中的深层问题与政府行为》，《国家行政学院学报》2010 年第 1 期。

信任的关系既有利于维护农户的土地权益，增强农户的农地流转意愿，也有利于维护农地流入方的权利，并最终提高农地流转效率。政府在农地流转过程中积极履行其服务和监管职能，能有效消除农地流转双方主体的博弈和冲突。

（三）增强土地流转服务能力

政府在农地流转中的职责主要是提供制度规范、政策宣传和服务。目前，我国的农地流转缺乏一套规范化的程序，导致农地流转交易中口头交易居多，较少签订规范化的合同，这不利于流转后纠纷的调解和裁决。因此，地方政府应尽快制定一套规范化的、统一的农地流转程序，规范农地流转行为，减少流转后的纠纷。

在当前的农地流转实务中，无论是我国的东部地区还是西部地区都缺乏市场化的、专业化的农地流转中介服务，往往由基层政府以及农村基层自治组织承担了中介组织和服务的职能，且大都是带领流入方下村考察、联系和召集农户、代理农地流入方与农户签订农地租赁合同等基本服务，而缺少专业化的服务，例如土地价格评估等，无法满足流转双方的专业化服务需求。因此，增强地方政府的专业化服务能力，也是地方政府发挥农地流转中介作用的途径之一。

（四）培育和扶持农地流转的有形市场

政府作为资源配置的手段之一，不应该与市场机制对立，而是形成一种双向的良性互助关系。我国农地流转有形市场匮乏，有形市场的组建和发展需要政府加大软件和硬件两方面的投入。可以以县职能部门、乡镇政府、村委会为依托，建立三级农地流转市场，同时提供办公设备、滚动电子屏等方面的硬件设施。在软件方面，提供相应的办公人员、技术人才，积极培育诸如土地估价师、土地规划师等专业人才。农地有形市场的成立能够为农地流转提供一个高效、公平的平台。

三、创新农地流转的社会合作机制

农地流转的社会合作机制，是指作为农地流转主体的农民，通过自我组织、自我协商等方式，以土地入股、互换等方式实现农地流转。农民之间互助互惠、信任、合作等社会资本的存在构成了社会机制发挥作用的社会基础。原因在于，自然村、屯规模较小，农户之间利益关系紧密，在共同面对问题时，能够较快、较容易形成集体行动。

（一）培育村庄社会资本

社会资本是农地流转社会机制发挥作用的社会基础。农户之间的农地流转并不一定是简单的经济利益的驱动，有时是社会资本推动的结果。并地能否开展、持续推动并取得成功需要领导者巧妙地运用农村社会的人情关系，乡村社会所形成的村民之间紧密的人情关系和地缘关系成为并地的先天优越条件，村民之间基于村庄共同生活所建立的信任、认同和相互理解成为了全村共同开展并地的纽带。农村社会公共事务的开展总会存在一些阻挠者，并不是所有村民都愿意进行并地，这时就需要并地领导小组的成员（一般是村庄中具有威望的人）先对其进行情感动员，以公共利益为切入点，讲明其中的利害关系，让不合作者明白：自己的不合作行为可能会损害和自己关系紧密的同村人的利益、大部分人的利益受损也会让自身遭受公众的谴责，最终使自身的社会资本受损。

（二）积极推动农民组织化发展

农民组织是农地流转社会机制发挥作用的组织基础。农民通过成立农民专业合作社、经济合作组织以及专业协会等有形载体将原子化的农民组织起来，既有利于对外维护农民的共同利益，也有利于对内实现农民自我治理。

在农地流转实务中，通过合作社推动农地流转是实现农业现代化发展的重要途径。通过合作社流转土地可以避免分散化的农民直接接触市场，减少甚至规避了农民可能遇到的市场风险，有利于维护农地流转收益的稳定性；其次，合作社等中介组织有利于减少农地流转双方的交易成本；最后，合作社也能够高效率、低成本地解决农地流转纠纷，拓宽了农民的维权渠道。

（三）创新农地流转方式

农地流转的社会机制主要发生在农地的内部流转过程中，集中体现为"小块并大块"的农地置换方式。"小块并大块"就是发挥农民在农地流转中的主体地位，运用村庄社会的社会资本，通过协商、谈判的方式，通过耕地整治和置换，实现农户的适度规模经营。其基本逻辑就是分散经营的农户可以通过发挥自主性，将土地连片集中，进行以"小块并大块"为核心内容的耕地整治，重新分配土地承包经营权，从而实现家庭适度规模经营。这种内部农地流转之所以能够发生，主要是因为农户与农户之间由于长期生活在一个自然村屯抑或行政村之内，彼此之间成为了"利益相关"、"地域相近"、"文化相连"的命运共同体。可以通过相互合作、相互协商形成自我组织、自我管理、自我决策，以农地置换方式实现"小块并大块"。

第三节　培育新型农业经营主体

新型农业经营主体包括龙头企业、农业公司、合作社、种养大户以及家庭农场等。要推动农地流转，实现农业产业化经营，必须大力培育新型农业经营主体。

一、培育农业经营大户

种植大户是在农业市场化条件下分化出来的一个新型的农民群体。他们是农业生产的行家里手，也是会经营、懂管理的新型农民，更是促进现代农业规模化、产业化发展的新型农业经营主体。

（一）向农业经营大户提供财政援助

调查发现，农业经营大户面临融资困难，其投入的资本几乎来源于自有资金和政府扶持资金，商业贷款很少。因为一方面现有法律与政策禁止农村承包地、农村宅基地和农民房屋作为贷款的抵押品，另一方面农业经营大户除承包地、宅基地和房屋外，再无其他固定财产或资产可供商业贷款抵押使用。为解决农业经营大户的融资困难，政府应提供财政援助，这种财政援助表现为向农业经营大户提供低息或无息小额贷款以及加大农业财政补贴力度，且政府应足额、专项补助，防止挪用农业扶持资金。理论和实践证明，政府利用财政或金融杠杆对于推动经济发展具有重要作用。在发展农业经济过程中，由于农业经营者自身经济实力有限，单纯依靠自有资金难以又好又快地经营农业，这必然需要进行融资，但在农业经营者无法获得商业贷款或商业贷款代价过高的情况下，地方政府有义务、有责任向农业经营者特别是农业经营大户提供融资优惠或财政援助。从全国范围来看，全国各地农业商业贷款规模极小，仅农村信用合作社在有担保的前提下提供短期小额低息贷款，而政府财政补助农业集中于种粮补贴、特殊农产品补贴等领域，且这种补贴往往根据承包地面积进行核算。据调查，承包户在转出承包经营权时，国家种粮补贴金并不随着农地流转而转出，即不管承包户是否亲自经营农地，均能定期获得种粮补贴金。在这种背景下，农业经营者得不到种粮补贴，如果想获得种粮补贴又会拉升农地转入成本，由此便产生"种粮直补悖论"。要解决农业经营大户面临的融资困难，除了按照国家发展农业的政策足额实施财政补贴外，还应提供农业经营专项财政补贴，更重要的是放松农业商业贷款限制或降低农业发展金融支持门槛。

（二）引导农业经营大户向家庭农场转型

家庭农场是以家庭成员为主要劳动力，从事农业规模化、集约化、商品化生产经营，并以农业收入为家庭主要收入来源的新型农业经营主体。2013年"中央1号文件"提出加快发展"家庭农场"这一新型农业经营主体以来，家庭农场作为一种新型农业经营形式在全国范围内受到了广泛关注和积极推广，家庭农场的发展呈快速增长的态势。据农业部的相关调查数据，截至 2012 年年底，全国共有符合统计标准的家庭农场 87.7 万个，经营耕地面积为 1.76 亿亩，平均经营规模为 200.2 亩①。但是，家庭农场的发展呈现出的区域差异性也非常明显。东部地区家庭农场的发展速度和质量明显高过西部地区。

就西部地区而言，农业生产力和市场发展水平还较低，市场发育还不成熟，农业的原始积累不足，农民自我发展的能力有限，单纯地依靠市场机制来培育和发展家庭农场并不适合，更多地需要通过政府的引导和带动来建立并发展家庭农场。因此，在市场机制动力不足的情况下，发挥政府的力量来引导家庭农场发展就显得尤其重要。事实上，从家庭农场概念的引入、组织构建和运行机制的设计到家庭农场在实践中的发展路线等，都是在政府的直接引导下进行的，政府在其中扮演了至关重要的角色。首先是政府力量的着力点问题。农村改革以来，在市场力量的作用下，农村社会打破了均等化的状况，出现了农村经济精英这个群体。农村经济精英主要由种养大户、经济能人、返乡创业大学生等组成，是一支活跃于农村经济发展的有生力量。与普通农户相比，经济精英有更多的机会接触"外面的世界"和现代市场经济，具备丰富的社会资本、较强的竞争意识和先进的管理理念。政府应该有条件地选择那些具备成立家庭农场的种养大户，通过引导和扶持，实现种养大户向家庭农场的成功转型。因此，农村种养大户应是政府力量的着力点。其次是政府力量的作用方式。农村精英是发展家庭农场的重要培育对象，在很大程度上还取决于地方政府的引导和鼓励。应发挥政府的引导作用，通过正式和非正式的引导，实现种养大户向家庭农场经营方式转变。从引导的层面来阐释，可以划分为正式层面的引导和非正式层面的引导。正式层面的引

---

① 孔祥智等：《当代中国农村》，中国人民大学出版社 2016 年版，第 45 页。

导注重在制度安排和政策扶持上，政府通过出台各项促进家庭农场发展的相关政策，特别是围绕发展家庭农场构建一系列相互配套、切实有效的法律法规和家庭农场注册登记、税收、信贷等政策。非正式层面的引导强调培育和引导种养大户转变发展家庭农场的意识。政府各级部门及人员通过下村走访，寻找发展成熟的种养大户引导其组建家庭农场，对农户宣传家庭农场发展的内容、政策和渠道，让种养大户树立对家庭农场培育和深层认识的理念，有意识地、自愿主动地接受和采纳家庭农场的生产经营方式。强化地方政府对经济能人发展家庭农场的引导和扶持，是西部地区加快发展家庭农场的关键环节。最为重要的是，由经济能人领办家庭农场更能发挥政府的引导作用，带动西部地区家庭农场的健康发展。一是提高家庭农场的经营效益。经济能人成立家庭农场依靠"熟人社会"的人际关系带来的信任规则降低交易成本，通过更多的社会资本和更高的经营能力使其在市场竞争中更具经营优势，有利于提高家庭农场的经营效益。二是优化资源配置来加快家庭农场成长。经济能人比普通农户更容易获得相关的信息和资源，了解国家政策和资金贷款信息，对新鲜事物的接受和适应力较强，可以利用"互联网＋"、农超对接、订单农业等多种渠道来实现家庭农场农产品对外的输出规模经济。第三，经济能人领办家庭农场，能有效地实现各种农业资源的优化整合与配置，扩大经营规模。因此，就西部地区而言，发挥政府作用，就是寻找合适的对象，加以引导和培育，并提供相应的服务，帮助经济能人创办家庭

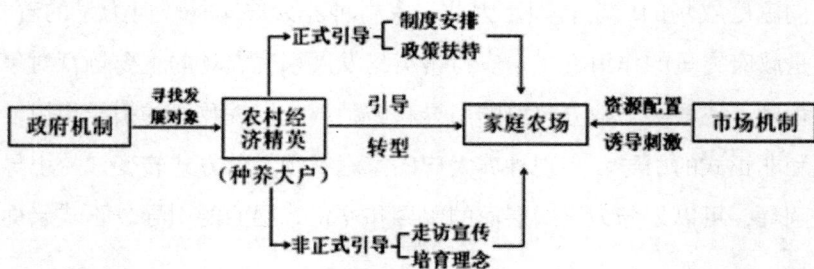

图 7-1　农业经营大户向家庭农场转型的政府引导

农场，以此带动区域内家庭农场的发展。可见，政府引导、精英领办是西部地区培育和发展家庭农场的有效路径。

二、培育农民经济合作组织

农民专业经济合作组织是农民自愿参加的，以农户经营为基础，以某一产业或产品为纽带，以增加成员收入为目的，实行资金、技术、采购、生产、加工、销售等互助合作的经济组织。它具有不改变成员的财产所有权关系、退社自由、专业性强、民办民营民受益、可以突破社区界限、在更大的范围内实行专业合作等特点。当前农民经济合作组织主要有两种类型：农业专业协会和农民专业合作社，专业协会是一个为农业生产提供服务的社会团体，不具备法人资格；而合作社是一个以农民为主体的经济实体，具备法人资格，能够独立开展对外经营，因而成为当前农民组织化的主要类型。事实上，《中华人民共和国农民专业合作社法》出台后，一些地方政府及其部门已把符合条件的专业协会转变成专业合作社。

尽管随着市场经济的深入发展，农村将进入一个深入资本化的过程，但由于中国人多地少的基本国情不可能改变，农业的家庭经营形式将是长期的，而巨大的城乡差距决定了不可能依靠资本主导的大型农业龙头企业带动农民致富来解决这一问题，必须通过扶持农民成立自己的合作社来增强自身的市场竞争力，提高自身在农业发展中的获益能力来增加收入。

农民经济合作组织特别是农民专业合作社是农地流转的重要主体之一，是最能维护农民权益的推进农业产业化、规模化、专业化、组织化发展的最好载体，也是农民承接国家支农惠农政策的载体。农民经济合作组织能够解决从中央到地方再到最基层农村的"最后一公里"问题，使许多支农惠农政策能够落到实处，因为基层政府不太可能和所有的农户直接打交道，这样的交易成本太高了，比如农业科技的推广和服务，不可能直面分散的农户，有了合作社作为载体就能够解决组织农民的问题。农民经济合作组织也是"农民主体"的最好体现，只有合作起来，农民才能更好地发挥集体力量，发展新型集体经济。

（一）从县域经济社会发展全局来看待农民经济合作组织

在农业市场化条件下，地方政府往往通过加大招商引资力度，引进大资本大企业主导的农业龙头企业发展农村经济，并予以大量的财政补贴，而忽视了农民经济合作组织在发展现代农业中的地位与作用。这种做法存在两种认识上的误区，第一，没有认识到农民经济合作组织发展的有利条件，如国家政策资金扶持力度的逐渐加大、经历过城市文明洗礼的第一代农民工的逐渐回流农村。事实上，大量第一代农民工正在结束到东部沿海打工的生活回流西部农村，他们拥有的眼界、知识、技能、资金，使这个群体成为宝贵的人力资源，将越来越成为推动新农村建设和城镇化发展的重要力量[①] 等等；第二，没有充分估计龙头企业（资本）大举进军农村的后果，龙头企业确实能在短期内将农业的潜力开发出来，短期内创造政绩，但企业的根本目的是追求利润，它必然要求最大限度地占有农业发展的增值收益，没有组织化的一盘散沙的农民在与企业交易中处于弱势的不对等地位，往往成为风险的承担者。可见，如果仅仅是农业问题，依靠公司容易解决，但要综合解决农民生存和农村稳定发展的问题，就得重视农民的培养和乡村的建设。因此，地方政府应该从农民、农村、农业的三农全局，而不是仅仅从农业经济发展的角度去认识农民经济合作组织的重要性，进而主动把推动农民组织化作为推动三农工作的重要抓手。

农民经济合作组织的建立最初是一种农民自发的行为，为的是抱团共同应对变幻莫测且竞争激烈的外部市场，提高自身的市场谈判能力和争取更多的利益。实践证明，尽管农民对经济合作有着充分的客观需求和强烈的主观需求，但没有政府的认可和扶持，农民经济合作组织是很难发展壮大的。

---

① 参见苏北：《半月评论：第一代农民工的新梦想》，《半月谈》2012 年第 7 期。

因此，需要加强政府及各部门对农民专业合作社发展的引导。农业、林业、水产畜牧、农机、供销、粮食及工商等职能部门，要充分发挥自身技术及信息服务优势，积极引导组建大部分农民专业合作社。要利用各种渠道向农民广泛宣传合作社法；在登记注册方面，畅通准入渠道，工作人员上门提供实地咨询和指导，实行"零收费、近距离、耐心指导、无障碍"服务，符合条件的当场登记，同时会同其他部门，引导农村专业协会转型为合作社，取得经营主体地位。

（二）整合政府职能，形成推动农民组织化的合力

对农民经济合作组织有了清晰的认识，对合作社的发展制定了明确的目标后，关键在于落实工作去实现目标，而工作的落实有赖于组织机构和人力配备的完善，否则终究会流入"计划计划，墙上挂挂"的形式主义。"三农"工作是党和政府工作的重中之重，重中之重不仅应该体现在中央惠农政策的出台和财政对三农的转移支付上，更应该体现在直接负责政策落实的县级政府观念及其职能转变上。扩权强县、县乡体制改革的一大目标就是增强基层政府在发展城乡经济方面的能力。地方政府各部门必须在推动农民组织化方面形成合力，即使目前还没有条件像中央大部制改革一样形成一个强有力的大部门，但是可以通过功能整合，如各局领导骨干成立专门的领导小组、整合各个局在农民组织化方面的资源，建立专门的半官方的社会机构——如安徽亳州的农民专业合作社联社来统一推动，形成合力，有统一规划、有步骤地去推动农民经济合作组织的发展。

同时，将农民经济合作组织成为落实惠农政策的载体。当前很多惠农政策落实不到位、落实走样，农村工作不好开展的原因，就在于政府工作在农村缺乏有效的对接载体，村两委经济功能弱化，很难将农民组织起来开展新农村建设。调研过程中，民政局的领导反映，有时候民政局依托在农村的专业协会来落实工作，比政府直接去作效果好得多。作为一种新型的农民组织，农民经济合作组织在凝聚人心、动员和组织农民方面是强有力的，政府

的一些政策，如农业技术的推广、惠农政策的宣传、农村水利等基础设施的建设，可以通过农民经济合作组织去落实，这样不仅减少了政府的工作量，而且能够激发农民的主人翁意识，克服"等靠要"思想，使政策得到更好的落实，这也必然会加强农民经济合作组织在农民群众中的影响力，为合作社的发展营造更好的环境，使政府工作和农民组织的发展相得益彰。此外，政府还应该重视作好合作社成立之后的扶持和监管工作，不应只是盯着以及围绕着几个成功的合作社转，更应该把他们的成功经验加以总结，如广泛建立成功合作社的档案以备总结和推广；对于运行困难的合作社，也应该了解和总结其运转不起来的原因，为政府出台更有效的激励措施提供现实依据；还应该广泛建立村庄档案，了解农村的大致情况以及各个村存在的主要问题，从而摸清农村发展存在的主要问题，在工作中作到有的放矢。

（三）充分动员各方力量，引领农民专业合作社发展

农民合作经济组织的发展除了具备良好的农业禀赋、得到政府的重视和扶持外，还需要一个非常重要的条件，就是带头发起的力量，没有人带头和组织，光靠政府是不行的。

1. 动员经济能人、种养大户牵头成立合作社。这是因为种养大户本身有着这方面的需要，通过合作社他们可以扩大自己的种养规模，提高自身的竞争能力；更重要的是，种养大户和经济能人不仅具有较强的经济、技术和经营能力，而且在一盘散沙的农村地区具有较高的地位和威望，得到群众的认可，因而具备了比较强的组织能力，能够把其他农户凝聚起来，形成一个经济能人牵办一个合作社、搞活一个特色产业的良好局面。

2. 基层组织引领发展农民专业合作社。所谓的基层组织，就是村民自治组织，包括村党支部和村委会。在农民专业合作社的发展中，许多专业合作社都是由村级基层组织引领兴办的。由基层组织引领兴办农民专业合作社，具有以下优势，由于村两委的深度参与，使得合作社发展具备了良好环境，能够解决合作社发展过程中面临的土地、农田水利道路设施建设等种种

问题。我们知道，在农村中，村两委是受到政府部门认可的最有权威的农村正式组织，是政府和农民之间的桥梁，在农民经济合作组织发展过程中理应发挥更重要的作用，只有村两委充分发挥自己的经济功能增加农民收入，村庄的各项难题，包括基础设施、村庄治理等才能迎刃而解。事实上这也是东部发达地区农村村两委的普遍做法和经验。

3. 培养带头人、提供激励。在当前农村基础薄弱，农村土地、资金和青壮年劳动力外流等不利条件和环境下，实现农民专业合作社对农村的广泛覆盖和巩固提高，是一项浩大而艰难的工程。调研发现，所有成功的合作社都有一个共同的特点：有一个有能力、肯奉献的好带头人及其带领下的凝聚力强的骨干团队，所以政府推动农民组织化的核心工作应该是发现、挖掘和培养这样的带头人和骨干团队，这样的人在农村并不缺乏，除了在职或退休的村两委干部、村中的种养大户和经济能人，还有一群日益重要的应当引起政府重视的人群——转岗返乡农民工。相关调查发现，近几年第一代农民工返乡转岗态势日趋显现。一些研究表明，近年来返乡的第一代农民工人数已接近 1000 万人，这群人经过城市文明的洗礼，他们拥有的眼界、知识、技能、资金，使他们注定成为推动城乡经济社会发展、促进城镇化加速的重要力量，是农村宝贵的人力资源。如何帮助返乡的第一代农民工顺利转岗，为家乡建设发挥作用，已成为地方政府和相关部门面临的重大课题。全国各地纷纷涌现出一个返乡能人"挣了票子，换了脑子，回到家里办起了项目，几年带富了一个村子"的案例。因此，地方政府各涉农部门应加强对返乡农民工的重视，应对这些能人作一个摸底调查，建立村庄能人档案，重视发挥他们的作用，有计划地引导、培养他们成为农村发展的带头人。

有了带头人，合作社建立起来后，在政府专项资金和资源十分有限的情况下，如何作到广泛扶持合作社的发展，而不是集合重金打造几个不可复制的没有典型示范意义的作为政绩工程的"示范社"呢？关键就在于如何用好有限的资源发挥最大的激励作用，让所有的合作社都能公平地竞争政府的资金、项目等资源和优惠，激发他们的积极性、主动性和创造性。

三、鼓励和引导资本下乡

资本下乡是促进农村变革与发展的重要外生变量。资本下乡成为实现工商资本要素与农村土地、劳动力要素结合的重要方式，优化资源配置，产生资源聚合效应，为实现农村经济发展注入强劲动力。2013 年"中央 1 号文件"提出，"鼓励和引导城市工商资本到农村发展适合企业化经营的种养殖业"。工商资本进入农业生产领域，有利于雄厚资金、先进技术与经营管理方式的增加与提升，加速传统农业向现代农业发展，能够为实现农村变革与发展提供强劲动力。工商资本下乡能够加速推进农地流转，逐步实现资本要素与农村土地、劳动力等生产要素的结合，实现资源聚合，优化资源配置。政府通过招商引资的方式，培育龙头企业、农业公司等新型农业经营主体。龙头企业、农业公司成为实现农地流转的重要农地流入方主体，刺激农地流转，推进农地流转过程的实现。因此，政府应当鼓励和引导资本下乡，一方面为工商资本下乡创造便利条件，吸引工商资本从事农业生产。另一方面合理规范和监督资本下乡的经营行为，有序推进工商资本下乡，激发工商资本在实现农地流转过程中的积极作用。

（一）改善资本下乡经营环境，吸引工商资本下乡从事农业生产

工商资本下乡在我国仍然处于探索和发展阶段，充分发挥工商资本在农业生产中的积极作用离不开政府的扶持与帮助。政府需逐步改善农业生产投资环境，完善农业生产的各项基础设施，不断吸引工商资本进入农村从事农业生产，提高工商资本下乡加入农业生产的积极性。

一方面，政府简化招商引资审批程序，提供高效便捷的行政服务。在资本下乡的工商登记、项目核准、土地使用、环评审批等环节，政府简化程序、限时办结、提高行政效率，为工商资本提供便捷化服务。另一方面，地方政府主动改善资本下乡发展环境，逐步完善水、电、道路等基础设施的建

设，改善投资环境，为实现资本下乡提供基础性保障。进一步完善在金融贷款、农地流转以及劳动力供给等方面的服务，帮助资本下乡走出发展困境。探索农村金融体制改革，推进农村产权抵押融资试点，解决资本下乡融资难问题。政府推动建立农村劳务合作社，加强劳动力的培训，促进劳动力供需对接，解决资本下乡用工难问题。此外，政府积极鼓励社会力量参与社会化服务。依托当地资源禀赋，结合地方民间资源，鼓励建立农业服务社会化组织，为资本下乡提供融资服务、流转中介服务等，协助解决工商资本在发展中遇到的问题。通过将农业基础设施服务推向市场，再向市场购买农业基础设施服务的方式，向资本下乡提供所需的农业生产服务，完善资本下乡经营环境。

（二）积极培育工商资本"企业公民"意识，实现与农民利益共享

政府通过招商引资，吸引农业公司、龙头企业在村庄场域内从事农业生产经营活动。赢利成为工商资本发展的主要动力，但其持续性经营离不开村庄提供的环境。因此，工商资本需要嵌入村庄内部，为村庄社会所接纳，才能实现自身在村庄内部的可持续性发展。一方面，积极培育工商资本的"企业公民"意识，培养工商资本对村庄社会的责任感。另一方面，鼓励企业与农民建立紧密型利益联结机制，让农民更多地分享资本下乡带来的收益，实现与农民利益共享。

第一，培养工商资本的企业家精神。农业属于一种弱质化的产业，投资时间较长，利益回收时间长，受自然环境影响较严重，因此有些工商资本在生产经营过程中，无法承受农业利益回收的缓慢，而早早逃离农业生产领域。对此，政府需要加强对工商资本企业家精神的培养，需要培养工商资本的宽容与忍耐精神，消除工商资本急功近利、一味追求经济利益的观念，鼓励工商资本循序渐进地开展农业生产经营活动。鼓励工商资本持续性开展农业经营的同时，不断鼓励工商资本实现创新。一方面，政府逐渐培养工商资本在改造传统农业、发展现代农业中的创新意识，通过技术创新、科技创新

等形式，不断实现农业产业升级。充分发挥资本下乡发展现代农业的积极促进作用，逐步增强资本下乡对农民的示范作用。另一方面，政府通过建立现代农业发展创新孵化园、为工商资本提供财税政策服务等内容，鼓励和激发工商资本在发展现代农业过程中的创新性，实现农业的创新发展。

第二，培养工商资本的社会责任感。社会责任感也是一个组织使命的重要组成部分，社会责任感体现为一个企业组织对社会、对市场的责任。拥有社会责任感的企业能够不断适应社会环境的变化，获得社会支持。而缺乏社会责任感的企业，也将被社会所淘汰。因此，政府在鼓励资本下乡的过程中，应进一步完善对企业社会责任感的熏陶。将社会责任意识内化为工商资本的日常行为。尤其是培育工商资本对村庄社会的责任感，引导和鼓励工商资本对村庄社会发展的责任，融入村庄发展、农民幸福的建设工程之中，并主动承担建设村庄的发展使命。政府通过给予工商资本发展的优惠政策与资助，奖励工商资本承担村庄社会发展责任的做法，进一步鼓励和强化工商资本履行社会责任的行为。鼓励工商资本正确处理好与农民利益的衔接关系，绝不能损害农民的基本权益，并确保农民在资本下乡过程中的利益分配中不吃亏。鼓励工商资本与农户建立紧密型利益联结机制，采取保底收购、股份分红和利润返还等方式，让农民更多地分享加工销售收益。

（三）有效监督工商资本的经营行为，防止侵农害农现象的发生

工商资本作为一种市场力量，在实现其发展过程中，需坚持市场化运作，同时进一步发挥政府的引导性作用，避免资本下乡背离发展初衷。一方面政府对资本下乡进行规划引导，确保资本下乡经营活动在国家政策法律框架内进行，不偏离农业生产。另一方面，对资本下乡开展有效监督，严格监管资本下乡的生产经营行为。

第一，完善中央政府和地方政府两个层面的政策引导。充分发挥政府政策的指导性作用，严格约束资本下乡在政府政策框架内开展活动，引导工商资本有序进入农村。从中央政府和地方政府两个层面加强对资本下乡的规

划引导。首先，中央政府加强顶层设计，鼓励工商资本进入农村，从事农业生产经营活动。构建工商资本进入农村领域的准入标准，规划工商资本进入农村的准入路径，严格要求资本下乡在国家政策法律框架内进行。其次，地方政府在中央顶层设计基础之上，严格执行国家的政策标准，严把工商资本准入关。地方政府具体开展招商引资项目。最后，地方政府在引入工商资本基础之上，结合地区优势，因地制宜编制农业产业发展规划，合理布局现代农业示范园区，形成现代农业科学化、规模化发展。在突出地区发展特色的基础上，科学规划现代农业发展布局，并逐步实现资本下乡与特色农业发展、生态旅游发展、社区建设的融合，进一步实现资源、产业、人口的有效组合。

第二，加强政府的监督，完善对工商资本的规范化管理。保证工商资本在合法以及合理的框架内开展经营活动。首先，加强对资本下乡的农业公司准入的调查力度，完善政府对工商资本的进入监督，严格审核工商资本进入农业领域的经营资质，掌握工商资本进入农业生产投资的资金状况、经营目标等内容。其次，完善对工商资本文本的规范化管理。制定实现工商资本发展的制度文本，严格规范工商资本的投资生产领域，加强对资本投资行为的监督，杜绝资本下乡非粮化行为的发生。再次，完善对工商资本的过程监督、结果监督。严格约束工商资本的经营活动，确保其在国家法定框架内进行生产经营活动，规范工商资本的经营行为。加强对工商资本的结果监督。严格审核工商资本的经营项目结果，以结果为导向，对于通过从事非粮食化、非农业取得经营结果的工商资本，重新审核其经营资质，对于不符合规定的工商资本，完善监督和管理，严格约束工商资本的经营活动在国家法定框架内进行。最后，建立工商资本务农全过程资金风险控制机制，包括工商资本租赁农户承包地资质准入制度以及农地流转风险补助金和村级风险保障金制度。加强对工商资本的资金约束，严格规定工商资本对财政补助资金的使用，实现从资金源头堵截资本所有者损害国家利益、损害农民利益的行为。

第四节　加强农地流转的政府服务

一般而言，在市场经济条件下，市场机制可以发挥土地资源配置的基础性作用，但市场本身也存在因外部性等导致市场失灵的情况。针对农村土地资源，由于当代中国独特的农地集体产权制度，制约了市场机制在农村土地资源配置中发挥作用。在这种情况下，需要发挥政府的服务作用。

一、培育和发展农地产权交易市场

市场是买卖商品的场所。现代经济发展已突破了市场的原有含义，当代经济发展不一定需要固定商品买卖场所，但需要健全的市场体系保障、推动买卖双方交易。由于市场遵循自愿、平等和互利原则，遵循竞争、价格等机制，资源配置离不开价值规律，离不开市场的基础性作用。在农地流转实践操作中，政府可以不向农地流转双方提供谈判、协商、交易的场所，但应培育和发展科学、完善的农地流转市场体系。因为农地流转市场体系决定了农地流转市场的规模，市场规模则进一步决定了农地流转频率、规模与质量，且健全的市场能够给农地流转双方带来较多的选择。为培育和发展科学、完善的农地流转市场体系，政府应有所作为。首先，应明晰农村土地产权制度。农村土地产权包括所有权、承包权和经营权，法理上农村土地的所有权归村集体，承包户享有承包权和经营权，但当前农村土地存在产权边界模糊等问题，在农户转出承包经营权后，农户的承包权受到挑战，一些农户惧怕农地流转后失去土地承包权而不愿意流转。因此，明晰农村土地产权势在必行，尤其是要明晰土地承包权。其次，尊重农户的农地流转意愿，将行政干预降到最低程度。农户害怕与政府进行利益博弈，对政府采取的行政干预往往持"不信、不满、不服"心态，政府在实践中最好利用法律手段干预农地违法流转。调研中曾有农户直言：若是政府参与土地流转，他会选择亲自经营或自己单独流转农地。再次，政府应主动调控。伴随农地流转的兴起与发展，农村社会出现新的阶层——农业大户。政府本应该支持与鼓励这些农业大户，但其具有地域排他性，即垄断区域内土地流转方向以及农产品销路，甚至出现价格打压、暴力威胁事件。针对诸如此类现象，政府应主动调控，以维持农地流转市场的有序运行。最后，鼓励、推广一些新的农地流转模式或方式。作为农地流转市场的一部分，新的农地流转方式往往产生于流转双方在实践中的创造，也比较容易得到农地流转双方的认可。完善土地流转信息服务平台，建立规范化的市、县、乡（镇）三级农地流转交易平台，完善农地流转信息服务网络。建立镇农村资产资源交易中心，将农村需要流转交易的土地、林地、山地等各类资源要素集中发布，按市场规则进行自主交易，保障农地流转信息传递畅通。

二、为农地流转提供法律服务

发展现代农业，尤其是推动农业向规模化、集约化和产业化方向发展，需要同时整合农民和农地。因农地流动关系涉及农民生存、地方经济发展、农村产业结构调整乃至国家、社会的稳定，农地流转引发的利益关系更加复杂，其影响力更具冲击性。为了实现农地有效流转以及农地资源优化配置，基层政府应在尊重农民意愿的基础上，引导农户调整农地权益，并在农地流转过程中提供相应服务。

（一）基层政府提供基本农地流转服务

为了规范农地流转关系，基层政府应根据《农村土地承包经营权流转管理办法》的规定，明确确定农地流转过程的要件，为农地流转双方提供合同文本服务和农地流转档案管理服务，并要求流转双方按照统一的合同文本确立农地流转关系，防止因农地流转缺乏规范，造成农地流转双方的权利、义务及责任不清而带来冲突。在农地流转中，基层政府应提供下列服务：其一，提供农地流转合同范本；其二，建立专门农地流转档案室，管理农地流转合同及档案；其三，负责审核将要建立的农地流转关系是否违法；其四，负责调解由农地流转引起的冲突；其五，若有必要或有条件，应建立土地流转服务或交易中心，搜集、发布农地流转信息。

（二）加强土地法律宣传，强化农地流转双方法律意识

《农村土地承包经营权流转管理办法》明确规定"流转期限不得超过承包期的剩余期限"。但很多地方的农地流转忽视了这一规定，其原因在于流转双方法律意识不强，农户基本上不知道农地承包期限，甚至认为对农地享有所有权。农民既不懂法律，也不会应用法律，这种现象在农村普遍存在，这是政府与农户共同导致的结果。一方面，农户知识有限，受教育水平偏低，且忙于从事农业生产活动，无时间、无能力更无兴趣学习法律知识；另一方面，政府在"法律下乡"领域存在缺位，法律掌握在基层政府和农村精英手里。在不可能要求农民主动而又普遍性地学习法律知识的背景下，政府应积极主动推动法律知识下乡，加强法律宣传，强化农民的法律意识，使其自觉地遵循法律规定，有序、规范地进行农地流转活动，并能够运用法律维护自身的土地权益。在农民不懂法律的情况下，一旦因农地流转而出现流转双方的冲突，流转双方往往不会使用法律武器，而是选择村集体、村委会或基层政府仲裁、调解，甚至出现大规模上访，这在一定程度上会影响农村社会稳定，并加重基层政府的维稳压力。

三、保障和维护流转双方的土地权益

（一）保护农地承包户的土地权益

农村地区的土地属于村民集体所有，农户仅享有土地承包经营权，且农地流转是在坚持家庭承包制不变的前提下，将土地承包经营权进行流通与转让。农村土地承包经营权的流转，或发生于村集体内部成员之间，或发生于农户与农民经济组织之间，或发生于农户与涉农企业、外商之间，其并不改变农地所有权的集体所有属性，村集体所有的农地总量也未发生变化，这

从制度上保障了村集体内部成员的土地承包权利，也为未来调整农户土地承包经营权奠定了基础。在总量上保证农民集体农地承包经营权的前提下，单个农户或集体土地承包经营权的流转，既不损害村集体其他农户的土地权益，也不减少农户集体的土地总量，且还能通过承包经营权的流转产生正的外部效益，从而增加土地要素收益。但是，涉及农地流向村集体外部成员的组织或个人，以及发生农地承包权流转时，基层政府应注重维护村集体内部承包户的土地权益。

（二）保护农地流入方的合法权益

政府作为公共机关，是公共权力的代表，具有权威性，利用政府权威能够较好地保护农地流入方的合法权益。具体而言，政府保护农地流入方的合法权益应作到：第一，政府首先不能侵害农地流入方的合法权益，更不能以"经济人"角色参与农地流转市场博弈，获取政府利益，造成政府与民争利的局面；第二，政府征收农地流入方的土地时，而转入农地又处于合同期内，应给予农地流入方一定的经济补偿，而不是仅仅补偿享有土地承包权的农户；第三，保护农地流入方的农业经营免受他人干扰、破坏。只有保护好农地转入方的合法权益，促使农地流入方从事农业经营具有稳定的投资收益预期，才能保障农地流入方的投资安全，以利于农业投资带动农地流转。

（三）发挥农村基层组织的中介作用

农村基层组织是指村庄权威性公共组织，包括村两委、村民小组等。在农地集体产权制度下，农村基层组织是一个重要的农地流转主体，既可以是流出方主体，也可以而且是最为重要的农地流转中介方主体。在农地流转过程中，一些基层组织由于具有权威，往往能够充当农地流转的中介，并且能妥善处理在农地流转过后农户与新的农业经营主体之间的矛盾纠纷。但是，在一些地方，由于农村集体经济瓦解以及农村基层组织功能弱化，使基层组织很难发挥农地流转中介方主体的作用。为此，必须加强农村基层组织建设，发挥农村基层组织的中介服务作用。

参考文献

一、著作类

[1] [荷] 何·皮特：《谁是中国土地的拥有者——制度变迁、产权和社会冲突》，社会科学文献出版社 2008 年版。

[2] 张红宇：《中国农村的土地制度变迁》，中国农业出版社 2002 年版。

[3] 廖洪乐：《中国农村土地制度六十年——回顾与展望》，中国财政经济出版社 2008 年版。

[4] 黄韬：《中国农地集体产权制度研究》，西南财经大学出版社 2010 年版。

[5] 赵阳：《共有与私用——中国农地产权制度的经济学分析》，三联书店 2007 年版。

[6] 董栓成：《中国农村土地制度改革路径优化》，社会科学文献出版社 2008 年版。

[7] 刘金海：《产权与政治——国家、集体与农民关系视角下的村庄经验》，中国社会科学出版社 2006 年版。

[8] [美] 西奥多·W. 舒尔茨：《改造传统农业》，商务印书馆 1987 年版。

[9] [美] 道格拉斯·C. 诺思：《经济史上的结构和变革》，商务印书馆 1992 年版。

[10] 徐勇等主编：《土地流转与乡村治理——两岸的研究》，社会科学文献出版社 2010 年版。

[11] 刘艳：《农地使用权流转研究》，北京师范大学出版社 2010 年版。

[12] 李进之等：《美国财产权》，法律出版社 1999 年版。

[13] 梅夏英：《财产权构造的基础分析》，人民法院出版社 2002 年版。

[14] 莫里斯·梅斯纳：《毛泽东的中国及其发展》，中国社会科学出版社 1992 年版。

[15] 周其仁：《产权与制度变迁：中国改革的经验研究》，北京大学出版社 2004 年版。

[16] 吴晨：《农地流转的交易成本经济学分析》，经济科学出版社 2011 年版。

[17] 中国社会科学院农村发展研究所宏观经济研究室编：《农村土地制度变革：国际比较研究》，社会科学文献出版社 2009 年版。

[18] [美] 约翰·康芒斯：《制度经济学》上册，华夏出版社 2009 年版。

[19] 吴毅：《记述村庄的政治》，湖北人民出版社 2007 年版。

[20] [美] 黄宗智：《华北的小农经济与社会变迁》，中华书局 2000 年版。

[21] 张静：《基层政权：乡村制度诸问题》，上海人民出版社 2007 年版。

[22] 赵树凯：《农民的政治》，商务印书馆 2011 年版。

[23] 赵树凯：《乡镇治理与政府制度化》，商务印书馆 2010 年版。

[24] 蔡荣：《农民专业合作社内部交易合约安排研究》，社会科学文献出版社 2015 年版。

[25] 邵科：《农民专业合作社成员参与：内涵、特征与作用机理》，浙江大学出版社 2014 年版。

[26] 吴彬：《农民专业合作社治理结构：理论与实证研究》，浙江大学出版社 2014 年版。

[27] 郭红东、张若健：《中国农民专业合作社调查》，浙江大学出版社 2010 年版。

[28] 郭红东：《中国农民专业合作社发展——理论与实证研究》，浙江大学出版社 2011 年版。

[29] [美] 李丹：《理解农民中国：社会科学哲学的案例研究》，江苏人民出版社 2009 年版。

[30] 吴重庆：《无主体熟人社会及社会重建》，社会科学文献出版社 2014 年版。

[31] 刘卫柏：《中国农村土地流转模式创新研究》，湖南人民出版社 2010 年版。

[32] 黄胜忠：《农民专业合作社经营管理机制研究》，西南财经大学出版社 2014 年版。

[33] 孔祥智、钟真、李宾等：《当代中国农村》，中国人民大学出版社 2016 年版。

[34] [日] 关谷俊作：《日本的农地制度》，生活·读书·新知三联书店 2004 年版。

[35] [英] 安德罗·林克雷特：《世界土地所有制变迁史》，上海社会科学出版社 2016 年版。

[36] 王曙光：《农村金融与新农村建设》，华夏出版社 2006 年版。

[37] 姚洋：《土地、制度和农业发展》，北京大学出版社 2004 年版。

[38] 何增科：《公民社会与第三部门》，社会科学文献出版社 2000 年版。

[39] [美] 埃利诺·奥斯特罗姆：《公共事物的治理之道》，上海三联书店 2000 年版。

[40] 理查德·A. 波斯纳：《法律的经济分析》，法律出版社 1997 年版。

[41] [美] R. 科斯等：《财产权利与制度变迁》，上海三联书店 2004 年版。

[42] 王克强等主编：《土地经济学》，上海财经大学出版社 2005 年版。

[43] [美] 伯尔曼：《法律与革命——西方法律传统的形成》，中国大百科全书出版社 1993 年版。

[44] 黄少安：《产权经济学》，经济科学出版社 2004 年版。

[45] Lawrence C. Becker, *Property Rights*, Boston, 1977.

[46] 拉法格：《财产及其起源》，三联书店 1962 年版，第 67 页。

[47] 陆红生：《土地管理学总论》，中国农业出版社 2011 年版。

[48] 毕宝德：《土地经济学》，中国人民大学出版社 2001 年版。

[49] [美] 巴泽尔：《产权的经济分析》，上海人民出版社 1997 年版。

[50] 蒋永甫：《西方宪政视野中的财产权研究》，中国社会科学出版社 2008 年版。

[51] [法] 马克·布洛赫：《封建社会》，张绪山译，商务印书馆 2004 年版。

[52] 赵文洪：《私人财产权利体系的发展》，中国社会科学出版社 1998 年版。

[53] 《马克思恩格斯选集》第 2 卷，人民出版社 1995 年版。

[54] 张兴定等：《国民党在大陆与台湾》，四川人民出版社 1991 年版。

[55] 赵玉琪、文贯中主编：《台湾的启示：土地改革研讨会记详》，纽约东方新闻出版社 1992 年版。

[56] [英] 凡勃仑：《有闲阶级论》，商务印书馆 1981 年版。

[57] [英] 洛克：《政府论》下，叶启芳等译，商务印书馆 1964 年版。

[58] 王琢、许滨：《中国农村土地产权制度论》，经济管理出版社 1996 年版。

[59] 荆荣华：《我国农村集体土地流转制度研究》，北京大学出版社 2010 年版。

[60] 张红宇：《新中国农村的土地制度变迁》，湖南人民出版社 2014 年版。

[61]《最新土地法律政策全书》，中国法制出版社 2009 年版。

[62] [美] 杜赞奇：《文化、权力与国家——1900—1942 年的华北农村》，江苏人民出版社 2008 年版。

[63] 赵金龙：《中国农地流转问题研究》，中国农业出版社 2014 年版。

[64] [英] 罗纳德·哈里·科斯：《企业、市场与法律》，上海三联书店 1990 年版。

[65] Williamson O. E., *The Economic Institutions of Capitalism*：*Firms*，*Markets*，*Relational Contracting*，Macmillan，1985.

[66] 柯武刚、史漫飞：《制度经济学：社会秩序与公共政策》，商务印书馆 2008 年版。

[67] [美] 迈克尔·迪屈奇：《交易成本经济学——关于公司的新的经济意义》，经济科学出版社 1999 年版。

[68] 杨小凯：《经济学：新兴古典与新古典框架》，社会科学文献出版社 2003 年版。

[69] 贺雪峰：《地权的逻辑——中国农村土地制度向何处去》，中国政法大学出版社 2010 年版。

二、论文类

[1] Terry V. D., "Scenarios of Central European Land Fragmantation", *Land Use Policy*，2003，20，pp.149-158.

[2] John V. Krutilla, "Conservation Reconsidered", *American Economic Review*,

1967，57（4），pp.777-786.

[3] Richard C. Bishop，"Option Value：An Exposition and Extension"，*Land Economics*，1982，58（1），pp.1-15.

[4] Joshua M. Duke，Eleonora Marisova，Anna Bandlerova，Jana Slovinska，"Price Repression in the Slovak Agricultural and Markert"，*Land Policy*，2004，（21）.

[5] Jean C. Oi and Andrew G. Walder，"Property Rights in the Chinese Economy：Contours of Process of Change"，In Jean C.Oi and Andrew G.Walder（eds），*Property Rights and Economic Reform in China*，Stanford：StanfordUniversity Press，1999，p.2.

[6] Ronald H. Coase，"The Problem of Social Cost"，*Journal of Law and Economics* 3，1960，pp.1-44.

[7] R. Coase，"The Nature of the Firm"，*Economica*，Nov. 1937，p.4.

[8] Ruttan，Vernon and Yujiro Hayami，"Toward a Theory of Induced Innovation"，*Journal of Development Studies*，1984.

[9] Feder，C. D. Feeney，"The Thoery of Land Tenure and Property Rights"，*World Bank Economic Review*，1993，5（7），pp.135-153.

[10] Binswanger，H. P. & Deininger，Cz F.，"Power，Distortions Revolt and Reforming，Agriculture Land Relations"，*Handbook of Development Economics*，1993，3（2），pp.2661-2772.

[11] 农业部课题组：《中国农村土地承包经营制度及合作组织运行考察》，《农业经济问题》1993 年第 11 期。

[12] 马晓河、崔志红：《建立土地流转制度，促进区域农业生产规模化经营》，《管理世界》2002 年第 11 期。

[13] 李以学、彭超、孔祥智：《农村土地承包经营权流转现状及模式分析》，《价格理论与实践》2009 年第 3 期。

[14] 张静：《对现行农村土地制度的思考》，《改革与战略》2006 第 6 期。

[15] 马彦丽、孟彩英：《我国农民专业合作社的双重委托—代理关系——兼论存在

的问题及改进思路》，《农业经济问题》，2008 年第 5 期。

[16] 钱忠好：《农地承包经营权市场流转的困境与乡村干部行为——对乡村干部行为的研究》，《中国农村观察》2003 年第 2 期。

[17] 管清友、王亚峰：《制度、利益与谈判能力：农村土地"流转"的政治经济学》，《上海经济研究》2003 年第 1 期。

[18] 钱良信：《土地使用权流转的主要模式及需要注意的问题》，《调研世界》2002 年第 10 期。

[19] 丁关良：《农村土地承包经营权流转的法律思考》，《中国农村经济》2003 年第 10 期。

[20] 郭荣朝：《农村土地流转机制研究》，《科学·经济·社会》2005 年第 2 期。

[21] 王忠林、韩立民：《我国农村土地流转的市场机制及相关问题探析》，《齐鲁学刊》2011 年第 1 期。

[22] 钟涨宝、王绪朗等：《有限理性与农地流转过程中的农户行为选择》，《华中科技大学学报》（社会科学版）2007 年第 6 期。

[23] 贺雪峰：《土地流转意愿与后果简析》，《湛江师范学院学报》2009 年第 4 期。

[24] 白俊超：《我国现行农村土地制度存在的问题和改革方案研究》，《经济问题探索》2007 年第 7 期。

[25] 钱文荣：《农地市场化流转中的政府功能探析——基于浙江省海宁、奉化两市农户行为的实证研究》，《浙江大学学报》（人文社会科学版）2003 年第 5 期。

[26] 德姆塞茨：《关于产权的理论》，《经济社会体制比较》1990 年第 6 期。

[27] 张英洪、李芳：《宪法秩序与农民土地财产权》，《经济问题探索》2008 年第 6 期。

[28] 万举：《公共产权、集体产权与中国转型经济》，《财经问题研究》2007 年第 5 期。

[29] 申静、王汉生：《集体产权在中国乡村生活中的实践逻辑：社会学视角下的产权建构过程》，《社会学研究》2005 年第 1 期。

[30] 徐锋：《股份合作与农业土地制度改革》，《农业经济问题》1998 年第 5 期。

[31] 陈锡文：《关于我国农村的村民自治制度和土地制度的几个问题》，《经济社会体制》2001 年第 5 期。

[32] 骆友生、张红宇：《家庭承包责任制后的农地制度创新》，《经济研究》1995 年第 1 期。

[33] 李昌平：《慎言农村土地私有化》，《学习月刊》2003 年第 12 期。

[34] 曹锦清：《我很反感有人要把土地私有化》，《上海国资》2006 年第 5 期。

[35] 温铁军：《农村政策的底线：不搞土地私有化》，《社会科学报》2008 年 4 月 3 日。

[36] 张红宇：《中国农地调整与使用权流转：几点评论》，《管理世界》2002 年第 5 期。

[37] 李茂：《美国土地审批制度》，《国土资源情报》2006 年第 6 期。

[38] 张谋贵：《论我国农村集体土地使用权的流转》，《毛泽东邓小平理论研究》2003 年第 5 期。

[39] 于金富、胡泊：《从小农经营到现代农业：经营方式变革》，《当代经济研究》2014 年第 10 期。

[40] 金文成等：《农村土地承包经营权流转市场分析》，《农业经济问题》2010 年第 11 期。

[41] 刘文勇等：《农地流转影响因素的研究综述》，《农业经济》2014 年第 10 期。

[42] 曹阳等：《农户、地方政府和中央政府决策中的三重博弈——以农村土地流转为例》，《产经评论》2011 年第 1 期。

[43] 钱水苗、唐光权：《农地使用权流转法律问题探析——从浙江省的实践出发》，《浙江社会科学》2001 年第 5 期。

[44] 贺雪峰：《论农地经营的规模——以安徽繁昌调研为基础的讨论》，《南京农业大学学报》（社会科学版）2011 年第 2 期。

[45] 朱斌、焦柱：《我国农村土地流转现状实证分析》，《经济研究导刊》2008 年第

18 期。

[46] 王春超、李兆能：《农地土地流转中的困境：来自湖北的农户调查》，《华中师范大学学报》2008 年第 4 期。

[47] 王剑锋、邓宏图：《家庭联产承包责任制：绩效、影响与变迁机制辨析》，《探索与争鸣》2014 第 1 期。

[48] 谢正磊、林振山、蒋萍莉：《基于农户行为的农用地流转实证研究——以南京市栖霞区三镇为例》，《农业经济问题》2005 年第 5 期。

[49] 郎佩娟：《农村土地流转中的深层问题与政府行为》，《国家行政学院学报》2010 年第 1 期。

[50] 窦祥铭：《中国农地产权制度改革的国际经验借鉴——以美国、日本、以色列为考察对象》，《世界农业》2012 年第 9 期。

[51] 巴特尔等：《家庭联产承包责任制的创新和困境研究》，《管理现代化》2013 年第 5 期。

[52] 卞琦娟、孙任洁、王玉霞：《日韩土地经营制度的演变及启示》，《江苏农村经济》2010 年第 11 期。

[53] 陈英：《日本农地制度改革对我国农地制度改革的启示》，《学术交流》2004 年第 5 期。

[54] 汪发元：《中外新型农业经营主体发展现状比较及政策建议》，《农业经济问题》2014 年第 10 期。

[55] 王丽娟、黄祖辉等：《典型国家（地区）农地流转的案例及其启示》，《中国农业资源与区划》2012 年第 4 期。

[56] 陈金春：《越南在现代化进程中的土地政策》，《经济参考》2008 年第 3 期。

[57] 王权典、杜金沛：《农地承包制与农地流转的冲突与协调——兼论〈土地承包法〉流转规范设计的不足及完善》，《华南农业大学学报》（社会科学版）2009 年第 1 期。

[58] 于学花、栾谨崇：《农户兼业经营下农地流转市场发展的新思路》，《理论与改革》2009 年第 6 期。

[59] 何一鸣、罗必良：《农地流转、交易费用与产权管制：理论范式与博弈分析》，《农村经济》2012 年第 1 期。

[60] 甘庭宇：《土地使用权流转中的农民利益保障》，《农村经济》2006 年第 5 期。

[61] 钱忠好：《乡村干部行为与农地承包经营权市场流转》，《江苏社会科学》2003 年第 5 期。

[62] 邓大才：《制度安排、交易成本与农地流转价格》，《中州学刊》2009 年第 2 期。

[63] 黄英良：《交易成本和农地使用权流转组织形式的选择》，《理论学刊》2005 年第 10 期。

[64] 付宗平：《中国农村土地制度改革的动力、现实需求及影响》，《财经问题研究》2015 年第 12 期。

[65] 伍振军等：《交易费用、政府行为和模式比较：中国土地承包经营权流转实证研究》，《中国软科学》2011 年第 4 期。

[66] 刘涛：《农地流转需要中介组织》，《中国土地》2008 年第 10 期。

[67] 彭真善、宋德勇：《交易成本理论的现实意义》，《财经理论与实践》2006 年第 4 期。

[68] 唐浩、曾福生：《现实中的农地产权情况还影响农地流转吗？——湖南怀化中方县土地流转的现状调查与思考》，《农村经济》2008 年第 11 期。

[69] 吴记峰、吴晓燕：《农地流转：从必要到现实有多远——来自四川偏远丘陵地区的观察》，《农村经济》2011 年第 5 期。

[70] 郭斌、李伟：《基于交易效率的农地流入方交易费用研究》，《江苏农业科学》2014 年第 2 期。

[71] 王春平：《关于培育新型农业经营主体的几个问题》，《新农业》2013 年第 17 期。

[72] 杨成林：《中国式家庭农场形成机制研究——基于皖中地区"小大户"的案例分析》，《中国人口·资源与环境》2014 年第 6 期。

[73] 滕明雨等：《成长经验视角下的中外家庭农场发展研究》，《世界农业》2013 年

第 12 期。

[74] 税杰雄：《浅析我国农村土地产权制度的缺陷》，《农村经济》2005 年第 9 期。

[75] 王环：《我国农村土地产权制度存在的问题与改革策略》，《农业经济问题》2005 年第 7 期。

[76] 于建嵘：《土地承包经营权流转的主体是农民》，《中国经贸导刊》2008 年第 23 期。

[77] 周娟、姜权权：《家庭农场的土地流转特征及其优势——基于湖北黄坡某村的个案研究》，《华中科技大学学报》（社会科学版）2015 年第 2 期。

[78] 孔祥智、伍振军：《土地流转的有益探索——浙江省平湖市渡船桥村土地股份合作社调查》，《农村经营管理》2010 年第 7 期。

[79] 吴晨：《不同模式的农地流转效率比较分析》，《学术研究》2012 年第 8 期。

[80] 张凤云：《农业现代化中的农民主体性问题研究》，《科学社会主义》2012 年第 3 期。

[81] 李炳坤：《发展现代农业与龙头企业的历史责任》，《农业经济问题》2006 年第 9 期。

[82] 乐章：《农民土地流转意愿及解释——基于十省份千户农民调查数据的实证分析》，《农业经济问题》2010 年第 2 期。

[83] 陈水生：《土地流转的政策绩效和影响因素分析——基于东中西部三地的比较研究》，《社会科学》2011 年第 5 期。

[84] 钟菲：《不同类型农户土地流转意愿影响因素差异分析》，《价值工程》2015 年第 7 期。

[85] 聂建亮、钟涨宝：《保障功能替代与农民对农地转出的响应》，《中国人口·资源与环境》2015 年第 1 期。

[86] 郜亮亮：《中国农地流转发展及特点：1996—2008 年》，《农村经济》2014 年第 4 期。

[87] 夏玉莲、曾福生：《农地流转效益、农业可持续性及区域差异》，《华中农业大

学学报》（社会科学版）2014年第2期。

　　[88] 叶男：《农民的土地流转意愿及其影响因素研究》，《统计观察》2013年第9期。

　　[89] 裴厦、谢高地、章予舒：《农地流转中的农民意愿和政府角色——以重庆市江北区统筹城乡改革和发展试验区为例》，《中国人口·资源与环境》2011年第6期。

　　[90] 徐勇：《村干部的双重角色：代理人与当家人》，《二十一世纪》1997年第8期。

　　[91] 宋辉等：《中国农村土地制度的缺陷与创新》，《当代经济研究》2009年第3期。

　　[92] 叶兴庆：《从"两权分离"到"三权分离"——我国农地产权制度的过去与未来》，《中国党政干部论坛》2014年第6期。

后　记

在当代中国农村，土地问题的重要性不言而喻。在中国现代化进程中形成的"三农问题"被形象地概括为"农村真穷、农民真苦，农业真危险"。"三农问题"的核心是农村土地问题，无论是农村、农民还是农业问题，只不过是附着在农村土地问题上的三种不同的表现形式。抓住了土地问题，就把握了解决"三农问题"的金钥匙。农村土地问题的核心又是农村土地产权制度问题，农地的产权制度安排既关系到农村社会经济发展和稳定，也关乎农地资源的合理有效配置。在当代中国农村社会变革中，农地集体产权制度既是变革的瓶颈，也是创新的源泉。近三十年来农村改革起始于农村土地制度的改革，而农村土地制度的变革又带来了农村社会经济的巨大变化。农村土地集体产权制度如何影响农地流转即农村土地资源的合理有效配置，是拙作《让农地流转起来——集体产权视角下的农地流转机制主体创新研究》所关注的核心问题。

本书是作者承担的教育部课题"集体产权视角下的农地流转机制主体创新研究"的研究成果，尽管该课题最终以系列论文形式完成结项。自课题立项后，作者及其研究团队便进入了一种全新的暑假模式，冒着酷暑，行走在乡间田野，深入到村庄的各个角落。在这里，我要感谢我的研究生们，他们是 2010 级的石菊常、韦凯芳，越南留学生蔡陈国宝、陈文忠；2011 级的杨祖德、李松、甘凤；2012 级的何志勇、黄林海、郭慧、唐宇婷；2013 级的应优优、徐蕾、宁琳映、弓蕾、常晓露；2014级的张小英、莫荣妹、韦潇竹、李良以及2015级的王宁泊、卢素冬、蔬春晓、王艺、刘广之等。其中，杨祖德、蔡陈国宝、陈文忠、徐蕾、应优优、张小英、韦潇竹、李良八位研究生参与了本书部分内容的写作。同时，感谢调研期间接待我们的基层干部，没有他们的帮助，我们的调研活动就不会那么顺利。

感谢华中师范大学中国农村研究院院长徐勇教授对作者从事农村问题研究给予的极大支持和鼓励。在本书即将付印前，徐教授更是百忙之中抽出宝贵时间审阅书稿并为之作序，使我感受到学术大家的平易近人和亲切可敬。感谢广西大学公共管理学院一批从事农村问题研究的同人，特别是谢舜教授、王玉生教授的大力支持。感谢人民出版社武丛伟编辑，在第一时间阅读了本书稿并决定向社里申请出版立项，使本书得以顺利出版。

最后感谢我的妻子张东雁副教授，她在承担了大量本科教学工作的同时也承包了大量的家务，使我能专心于暑假期间的农村调研和平时的办公室工作。

本书的相关章节内容作为课题研究的前期成果，已以学术论文的形式在相关学术期刊上发表，在此予以说明。

作者于西大碧云湖畔

2017 年 2 月 20 日

责任编辑:武丛伟
封面设计:姚 菲

图书在版编目(CIP)数据

让农地流转起来:集体产权视角下的农地流转机制主体创新研究/蒋永甫
　著. —北京:人民出版社,2017.7
ISBN 978－7－01－017761－8

Ⅰ.①让…　Ⅱ.①蒋…　Ⅲ.①农业用地-土地流转-研究-中国
Ⅳ.①F321.1

中国版本图书馆 CIP 数据核字(2017)第 127092 号

让农地流转起来

RANG NONGDI LIUZHUAN QILAI

——集体产权视角下的农地流转机制主体创新研究

蒋永甫　著

人民出版社 出版发行

(100706　北京市东城区隆福寺街 99 号)

北京中科印刷有限公司印刷　新华书店经销

2017 年 7 月第 1 版　2017 年 7 月北京第 1 次印刷
开本:710 毫米×1000 毫米 1/16　印张:22.75
字数:302 千字

ISBN 978－7－01－017761－8　定价:58.00 元

邮购地址 100706　北京市东城区隆福寺街 99 号
人民东方图书销售中心　电话 (010)65250042　65289539